普通高等教育规划教材

Daolu Yunshu Tongji

道路运输统计

张志俊 袁长伟 等编著
左庆乐 主审

人民交通出版社

内 容 提 要

本书以统计学、运输经济学等学科的理论为指导，阐述了道路运输统计的基本理论和基本方法，重点介绍了道路运输的统计方法、统计制度、基础设施、运输工具、旅客运输量、货物运输量、运输车辆运用情况、燃油消耗、运输服务质量、运输产值、运输相关业务、运输经济效益、交通经济运行分析等方面的理论和方法。

本书可作为统计学、交通运输、物流管理、信息管理等专业本科生及交通运输规划与管理、产业经济学等专业研究生学习用书，也可作为道路运输管理、统计实务工作者的参考用书。

图书在版编目(CIP)数据

道路运输统计 / 张志俊，袁长伟等编著．—北京：人民交通出版社，2010.5

ISBN 978-7-114-08316-7

Ⅰ.①道… Ⅱ.①张…②袁… Ⅲ.①公路运输—运输统计 Ⅳ.①F540.35

中国版本图书馆 CIP 数据核字(2010)第 048297 号

书　　名：道路运输统计
著 作 者：张志俊　袁长伟　等
责任编辑：韩亚楠
出版发行：人民交通出版社股份有限公司
地　　址：(100011) 北京市朝阳区安定门外外馆斜街 3 号
网　　址：http://www.ccpress.com.cn
销售电话：(010) 59757973
总 经 销：人民交通出版社股份有限公司发行部
经　　销：各地新华书店
印　　刷：北京市密东印刷有限公司
开　　本：787×1092　1/16
印　　张：13
字　　数：300 千
版　　次：2010 年 6 月　第 1 版
印　　次：2020 年 10 月　第 5 次印刷
书　　号：ISBN 978-7-114- 08316-7
定　　价：28.00 元
(有印刷、装订质量问题的图书由本社负责调换)

前　言

道路运输统计是道路运输管理工作的重要组成部分，是一项重要的基础性工作，同时也是道路运输行业管理与决策的重要支撑。在道路运输业由传统产业向现代服务业转型的过程中，要使道路运输业决策更科学、管理更规范、服务更透明，就必须以准确、全面、科学的道路运输统计信息为基础。统计信息不准确、不全面、不科学，有可能会导致道路运输业决策失误、管理混乱，从而影响道路运输业的正常发展。

经过多年的实践和探索，我国道路运输统计指标和调查方法日趋完善，以全面调查为基础，经常性抽样调查和重点调查为补充的道路运输行业统计调查体系已基本形成；电子计算机和现代信息技术在道路运输统计工作中的应用日益深入，道路运输统计的工作手段和工作环境得到了明显改善，工作效率显著提高；道路运输统计内容和统计信息服务领域不断拓展，各项统计工作日趋法制化和规范化。但随着多种经济成分、多元利益主体的出现，道路运输统计的工作环境、调查对象和信息需求正发生着深刻的变化，新情况、新问题层出不穷。现行的道路运输统计指标已不能充分满足多主体、多元性的需要；受各利益主体的影响，统计信息存在失真和缺失等问题，统计数据质量有待提高；统计工作重视程度不够，基础相对薄弱，调查手段还比较落后，现有的道路运输统计数据在及时、全面地反映道路运输业经济运行状况方面还存在一定差距；统计调查方法不够科学灵活，缺乏快速应急调查机制，不能适应新形势的需要。针对这些问题，客观上要求我们要准确把握道路运输业的发展趋势和内在规律，深刻理解道路运输统计的基本内涵，加强道路运输统计的理论研究和实践探索，建立道路运输统计工作的长效机制，增强统计数据的准确性、科学性、及时性以及统计工作的权威性。

本书作者长期从事道路运输统计的教学、科研工作，承担了全国公路运输量专项调查（陕西省项目）的调查研究工作，主持和参与过多项道路运输统计、道路运输经济管理领域的科研课题，讲授过汽车运输企业统计、公路运输统计、公路交通统计和综合运输统计等相关课程。在多年从事道路运输统计教学、科研工作的过程中，作者深感缺少一本能够全面系统地阐述和介绍道路运输统计理论和实践的教材。现有的相关教材大多以介绍统计学理论为主，缺少系统地介绍道路运输统计的教材。作者在总结多年从事道路运输统计教学、科研工作经验的基础上，根据教学讲义编写了本书，期望对我国道路运输统计的理论建设、学科发展和人才培养尽绵薄之力。

本书以统计学、运输经济学等学科的理论为指导，阐述道路运输统计的基本理论和基本方法，重点介绍了道路运输的统计方法、统计制度、基础设施、运输工具、旅客运输量、货物运输量、运输车辆运用情况、燃油消耗、运输服务质量、运输产值、运输相关业务、运输经济效益、交通经济运行分析等方面的理论和方法。

本书可作为统计学、交通运输、物流管理、信息管理等专业本科生及交通运输规划与管理、产业经济学等专业研究生学习用书，也可作为道路运输管理、统计实务工作者的参考用书。

本书由张志俊、袁长伟等编著，左庆乐主审。具体分工为：第一、八、九、十、十一、十三章由张志俊编写；第二、四、五、六、七章由袁长伟编写；第三章由袁长伟、余娜编写；第十二章由张志俊、李小娟编写；第十四章由曹锦文编写；全书由张志俊统稿。

本书作为长安大学立项教材，得到了长安大学教务处、经济与管理学院等单位领导和老师的支持和帮助，在此深表感谢！本书在编写过程中参考了大量道路运输管理、道路运输统计方面的著作、教材和论文，在此谨向这些文献的作者表示感谢！同时，对人民交通出版社为本书的出版给予的全力支持表示诚挚的谢意。

由于作者水平和编写时间有限，书中不当之处在所难免，欢迎读者和同行批评指正。

作　者

2010 年 3 月

目　　录

第一章 绪 论

在日常生活中，人们经常会听到“道路里程”、“运量”、“百公里油耗”、“座位利用率”等术语，在媒体中也经常会看到一些有关“春运”、“黄金周”旅客运输的数据以及我国道路运输网发展变化的图表。这些术语、数据和图表都与道路运输统计有关。本书就我国道路运输统计的理论、方法和实践等问题进行阐述和讨论，以帮助读者全面了解道路运输统计这门学科，系统地掌握道路运输统计这一数据分析工具。

本章将讨论道路运输统计的一些基本问题，包括道路运输统计的含义、性质、特点、范围、内容和研究方法等。

第一节 道路运输统计及其职能

一、道路运输统计的含义

1. 统计

对于“统计”这一术语常常有不同的说法。例如，每年春运期间，火车站、道路客运站、港口和飞机场都要“统计”旅客发送情况，这是将其作为一种工作对待。媒体也经常会报道全国主要旅客运输枢纽的旅客发送情况，这是将其作为数据运用。而学生们在学校学习“统计”，则是将具作为一门学科。

那么，究竟什么是统计？所谓统计，是人们认识客观世界总体数量变动关系和变动规律的活动的总称。它是人们认识客观世界的工具。与其他认识活动相比，统计是通过“量”的方式，借助于“指标”，反映客观世界总体数量变动关系和变动规律，从而达到认识客观世界的目的。统计学是收集、分析、表述、解释数据的科学，其内容包括数据收集、数据整理、数据分析和数据解释等。统计学已被广泛地应用到自然科学和社会科学的众多领域。它为自然科学和社会科学提供了一种共同的数据分析方法。从某种意义上讲，统计仅仅是一种数据分析方法，与数学一样，是一种数据分析工具。而这种数据分析工具也可运用在道路运输领域。

2. 道路运输

运输是人类社会的基本活动之一，它是每个人生活中的重要组成部分，同时也是现代社会经济活动中不可缺少的重要内容。人类社会由散乱走向有序，由落后迈向文明，运输发挥了不可低估的作用。运输已渗透到人类社会的各个方面，并且成为最受关注的社会活动。

道路运输是指在公共道路上使用汽车或其他运输工具从事旅客运输或货物运输的位移活动。与其他运输方式相比，道路运输具有送达速度快、机动灵活，可以实现“门”到“门”运输等优点，是一种重要的运输方式。

道路运输业是交通运输业的重要组成部分，是国民经济中的先行部门，也是一个重要的基础部门。从国民生产角度来看，道路运输业是第三产业的重要组成部分，为社会提供旅客、货物运输服务。它处于生产和消费的中间环节，是生产过程在流通领域中的继续。它把社会生产、分配、交换和消费各个环节有机地联系起来，是社会再生产不可缺少的一个重要环节，在国民经济中发挥着重要的作用。对于道路运输业的发展规模、速度、水平如何，道路运输业与国民经济其他部门的发展是否协调以及道路运输业对国民经济的贡献如何等一系列问题的回答都离不开统计，都需要借助统计这个工具进行分析和研究。

3. 道路运输统计

道路运输统计是统计学原理和方法在道路运输领域的应用。道路运输统计是对道路运输经济现象在数量方面所进行的一种调查研究活动，包括道路运输统计的数据收集、数据整理、数据分析、数据解释等活动。

道路运输统计是以道路运输经济现象的数量表现为研究对象，研究道路运输经济现象的具体数量、数量之间的关系、数量变化的界限等。

二、道路运输统计的职能

道路运输统计具有信息、咨询和监督三种职能。

1. 信息职能

统计的信息职能是指统计具有的信息服务功能。因此，道路运输统计具有按照法定程序，依照科学的统计指标体系和调查方法，有组织、有计划地开展道路运输统计调查，系统地收集、整理和提供大量的道路运输统计信息，为道路运输相关部门和社会公众提供信息服务的职能。

2. 咨询职能

统计的咨询职能是指统计具有提供咨询意见和对策建议的服务功能。因此，道路运输统计可以充分利用掌握的丰富统计数据资料，经过分析、综合、判断，为道路运输宏观、微观决策以及行业的科学管理提供咨询意见和对策建议。

3. 监督职能

统计的监督职能是指统计具有揭示社会经济运行中的偏差，促使社会经济运行不偏离正常轨道的功能。因此，道路运输统计可根据统计调查和统计分析的成果，对道路运输行业的运行状况和各项政策的执行情况实行定量检查、监测和预警，揭示决策和执行中的偏差，提出对策建议，从而促进道路运输行业又好又快地发展。

第二节　道路运输统计的性质、特点和任务

一、道路运输统计的性质

道路运输统计是对道路运输经济现象在数量方面所进行的一种调查研究活动。通过调查活动从总体上反映和研究道路运输经济现象的数量、规模、构成、发展速度、发展水平、经济效益、与国民经济其他部门和其他运输方式之间的联系及其发展变化的规律性。

依照统计学的含义，也可以将道路运输统计学理解成为一门收集、整理、分析和解释道路运输统计数据的科学。统计学依据统计数据所描述和反映的客观现象总体的不同，分为社会经济统计学、自然（技术）统计学和数理统计学三种。社会经济统计学是研究社会经济现象总体数据的理论和方法，如经济统计学、工业统计学、农业统计学、商业统计学、交通运输统计学等；自然（技术）统计学是研究自然现象总体数据的理论和方法，如生物统计学、物理统计学、气象统计学、地质统计学等；数理统计学是研究随机现象总体数据的理论和方法，其研究对象

是无限总体的数据。从性质上说，自然（技术）统计学和数理统计学是自然科学，而社会经济统计学是一门独立的社会科学。道路运输统计学应属于社会经济统计学中的一门部门统计学。

二、道路运输统计的特点

道路运输统计是对道路运输经济现象的一种调查研究活动，除具有社会经济统计的一般特点外，还具有以下特点：

（1）道路运输业是一个不创造新的物质产品的生产部门，生产过程只是实现旅客和货物在空间位置上的转移，并不改变其劳动对象的形态或属性。因此，道路运输统计具有独特的产品统计指标体系。

（2）道路运输业的生产和消费过程是同时发生的，其产品既不能储存，也不能调拨。为适应和满足客、货流通不均衡的需要，道路运输业在线路、通行能力和车辆载运能力等方面要有一定的储备。在此过程中反映运输线路和运输工具数量、质量及其运用情况的相关指标便构成了道路运输统计的重要内容。

（3）道路运输业的经济效益不仅体现在本行业内，而且更多用于反映社会经济效益。因此，道路运输统计指标的设置要满足国民经济各有关部门的需要，并取得协调一致。

（4）交通运输业包括铁路运输、道路运输、水路运输、航空运输和管道运输五种运输方式，虽然它们各具特点，但其共性都是以实现运输对象的"位移"为目的。为分析和研究各种运输方式的生产协作关系和经济效益，道路运输统计建立了既有专业特点，又便于分析和比较的相关统计指标。

（5）道路运输业具有特殊的生产环境，给统计资料的收集和传递增加了困难。为此，根据各种管理形式，道路运输统计建立了多种有针对性的统计调查方式。

三、道路运输统计的任务

道路运输统计的基本任务是对道路运输业的发展情况进行统计调查、统计分析，提供统计资料和统计咨询意见，实行统计监督职能。具体表现为：

（1）为国家调控宏观经济、制订国民经济发展计划、进行国民经济核算，提供资料。

（2）为道路运输部门加强行业管理、加强基础设施建设、进行行业经济核算，提供科学依据。

（3）为道路运输经营业户加强经济管理、提高经济效益提供支持。

（4）及时向社会提供道路运输信息，为客、货流通和国际交流提供服务。

（5）搜集积累国内、国际的道路运输统计资料，为科学研究和经济预测及决策提供资料和依据。

第三节　道路运输统计的范围和内容

一、道路运输统计的范围

道路运输活动按其在社会再生产过程中的作用不同，分为生产过程运输和流通过程运输。道路运输统计的范围是全社会道路运输业在流通领域中进行的运输生产活动。

道路运输统计的范围是动态的，在不同的历史阶段、不同的研究层面，出于不同的研究目的，道路运输统计的范围就不同。依据目前我国对道路运输行业界定的不同，道路运输统计的范围分为两类。

1. 按照行业管理范围确定

自 2004 年 7 月 1 日起开始施行的《中华人民共和国道路运输条例》把道路运输经营界定为，道路旅客运输经营、道路货物运输经营和道路运输相关业务。道路运输相关业务包括场(站)经营、机动车维修经营、机动车驾驶员培训等。作为政府统计的重要组成部分，道路运输统计是道路运输行业管理的基础工作，应为行业管理服务，所以道路运输统计的范围应包括道路旅客运输统计、道路货物运输统计和道路运输相关业务统计。依照这一口径进行的道路运输统计，能够为行业进行科学和有效的管理提供数据支持。

2. 按照国民经济核算确定

依据最新颁布的我国现行产业分类标准《国民经济行业分类》(GB/T 4754—2002)，道路运输业包括公路旅客运输、道路货物运输和道路运输辅助活动。

公路旅客运输主要包括：城间、城市与乡镇间、乡镇间的旅客长途、短途汽车运输及旅客非汽车运输(摩托车、人力车、畜力车等)。

道路货物运输主要包括：普通货物运输，特殊货物及专用货物运输；集装箱运输，专用车辆运输；零担货物运输和整批货物运输；城市小型货车(含小面包车)运输；搬家公司的运输服务；专门为连锁店、连锁超市、连锁快餐店提供送货的服务；以道路运输为主的物流公司(中心)的运输活动；以送货为主的配送公司(中心)的运输服务；其他未列明的道路货物运输。

道路运输辅助活动主要包括：客运汽车站，公路管理与养护，停车场的管理，货物运输中转站的管理，道路运输货物打包服务，其他未列明的道路运输辅助活动。

需注意的是，在《国民经济行业分类》中，搬运装卸、运输服务属于单独的一个行业——装卸搬运和其他运输服务业，而汽车维修归属于工业范围，出租车客运和城市公交客运则属于城市公共交通业。因此，道路运输统计的范围包括公路旅客运输、道路货物运输和道路运输辅助活动等。

道路运输业的统计范围是构建道路运输统计指标体系和研究道路运输经济活动的基础。道路运输统计的范围与道路运输生产活动的发展及道路运输的管理模式等因素有关。

在计划经济体制下，物资生产、调配都是按照国家计划进行。当时道路运输经营单一，国有运输企业一统天下，道路运输统计主要是统计国有运输企业完成的运输量。由于受当时统计工作的技术条件、能力和水平的限制，道路运输统计主要统计流通领域的道路运输活动。

在目前，随着社会分工的细化和道路运输的进一步发展，道路运输经营领域进一步延伸，道路运输活动不仅服务于流通领域，还服务于生产领域，而且在有些地区还比较突出。为加强行业管理，更好地反映道路运输整体水平及发展情况，道路运输统计也在不断地进行尝试，逐渐地把生产领域的运输活动、非营业性的运输活动列入统计范围。至此，道路运输业的统计工作跨出了一大步。道路运输统计的范围不仅包括了流通领域的运输活动，也包含了生产领域的运输活动；道路运输统计不仅统计了营业性运输，也统计了非营业性运输。

然而，在我国道路运输业的统计实践中，由于技术、财力、人力等方面的原因，流通领域的运输统计工作做得较为完善、扎实，而生产领域的运输统计工作做得就很不到位；营业性运输统计工作做得相对系统，而非营业性运输统计工作较少涉及。

无论是流通领域的运输活动，还是营业性运输活动，都是整个运输生产活动的重点，占整个运输生产活动的很大部分，应进行重点统计。但是生产领域的道路运输活动和非营业性的道路运输活动在整个道路运输生产活动中也占有相当大的一部分，若这部分道路运输活动得不到完整、准确的统计，势必影响到整个道路运输业的统计工作，造成道路运输业运力、运能、运输成果、运输效益的减少，从而低估了道路运输业对国民经济发展的贡献。这些问题已经引起人们的重视，在2008年交通运输部组织的全国公路运输量专项调查中，已经开始对非营业旅客运输、非营业货物运输进行统计。

二、道路运输统计的主要内容

1. 道路运输生产条件

道路运输生产条件包括道路运输设施、道路运输装备和从业人员三个方面。道路运输生产条件是道路运输生产活动不可缺少的要素，也是进行道路运输生产活动的物质基础。道路运输基础设施主要包括道路运输的线路及其构造物、道路运输场(站)等。道路运输装备主要包括道路运输车辆、装卸搬运车辆、机械和筑养路机具以及汽车维修和检测设备等生产资料。

2. 道路运输生产过程

道路运输生产过程主要指劳动者使用道路运输生产资料完成道路运输及与运输相关的生产活动的过程，包括道路运输生产、线路维护、车辆维修和检测等生产活动的相关资料。生产过程统计还包括各种生产资料在生产过程中的运用情况和使用效率以及燃料物料消耗、劳动力消耗、运输安全质量和环境保护等。

3. 道路运输生产成果

道路运输生产成果是指对道路运输业提供的社会产品及相关的生产活动。

运输成果一般有实物量和价值量两种表现形态。用实物量表现的指标主要有货运量、货物周转量、客运量、旅客周转量、换算周转量等。用价值量表现的指标主要有道路运输产值、增加值等。加强对道路运输价值量指标的统计是道路运输统计的发展趋势。

4. 道路运输生产经济效益

道路运输行业经济效益是指道路运输生产活动中投入与产出的比较。主要指标有单位运输产品能源消耗量、运输成本收益率、运输成本利税率、运输成本利润率、劳动生产率、资金利税率、资金利润率、固定资金产值率、流动资金产值率等。

5. 道路运输统计综合分析

利用道路运输统计资料进行科学系统的分析研究是道路运输统计的重要内容。为全面反映道路运输业的经济效益，研究道路运输业的发展是否与整个国民经济的发展相适应，研究道路运输业与国民经济其他部门之间、运输业内部各种运输方式之间和道路运输内部各个部门、环节之间的各种比例关系以及运输企业内部的经济活动等，必须开展道路运输统计的综合分析。

6. 近期需要研究的主要问题

目前，道路运输统计学理论与方法在我国尚未发展成熟，仍然需要加强建设。根据道路运输的发展实际及社会对道路运输统计数据的需要，在今后一段时期，道路运输统计研究的重点内容主要有以下方面：

(1)典型统计调查方法在道路运输业的应用研究。

(2)道路运输量统计长效机制研究。

(3)道路运输的区域运输量、线路运输量统计方法研究。

(4)道路运输业的适应性、满意度研究。

(5)道路运输与国民经济的关系及对国民经济的贡献率研究。

(6)道路运输能源消耗与节能降耗统计问题的研究。

(7)新形势下道路运输统计手段与统计队伍研究。

(8)新形势下道路运输统计制度与统计机制研究。

(9)道路运输统计基础信息平台建设与信息共享问题的研究。

(10)道路运输可持续发展的统计问题研究。

第四节　道路运输统计的研究过程与研究方法

一、道路运输统计的研究过程

道路运输统计是收集、整理、分析和解释道路运输统计数据的科学,包括道路运输统计的数据收集、数据整理、数据分析和数据解释等过程。

1. 数据收集

数据收集是指取得统计数据的过程。数据收集是统计分析的前提,如何取得准确可靠的数据是统计研究的重要内容之一。数据的收集方法有三大类:询问调查法、观察法和试验法。询问调查法是调查人员通过访问、电话、访谈等询问方式来收集数据;观察法是通过对调查对象的观测来收集数据;试验法是通过在试验中控制试验对象来收集数据。道路运输统计数据主要采用前两种方法收集。

2. 数据整理

数据整理是对统计数据的加工处理过程,其目的是使统计数据系统化、条理化,符合统计分析的要求。数据整理是介于收集数据与分析数据之间的一个必要环节。数据整理的内容包括:数据筛选(纠正数据中的错误,修补数据),数据分组(将数据按需要进行分门别类),数据表述(将数据用图表等形式展现出来,以便找出数据的初步特征或方便人们学习使用统计数据)。

3. 数据分析

数据分析是统计学的核心内容。它是通过统计方法探索数据内在的数量特征、数量关系和数量变化规律的过程,是统计研究的目的所在。数据分析方法可归纳为两类:描述统计方法和推断统计方法。描述统计研究如何取得反映客观现象的数据,并通过图形或表格形式对所收集的数据进行加工处理和显示,进而通过综合、概括与分析得出反映客观现象的规律性特征。推断统计是指利用概率理论,在一定的置信度条件下,根据获得的样本信息,科学地推断总体的数量特征。

4. 数据解释

数据解释是对分析结果进行说明,说明结果为什么是这样,结果所隐含的事物的特征是什么以及从数据中得出了哪些规律性的结论等。

二、道路运输统计学的研究方法

道路运输统计主要是研究道路运输经济现象总体的数量特征、数量关系和数量变化规律,用以揭示道路运输经济活动的现状、发展、态势和规律性。它是一门方法论科学,其研究方法秉承了统计学的研究方法，并在道路运输领域加以具体化和个性化。道路运输统计的研究方法有道路运输统计的调查方法、分析方法和预测方法。

1. 道路运输统计的调查方法

从统计数据本身的来源来看，最初的数据都来源于直接的调查或试验。从使用者的角度看，数据的主要来源有两种渠道：一种来源于直接调查或科学试验，称为直接数据；另一种来源于别人的调查或试验的数据，称为间接数据。间接数据主要是公开出版或公开报道的数据，如统计年鉴、各种报刊媒介中公布的数据。直接数据主要来源于调查或试验。

统计调查是取得统计数据的重要手段。常用的统计调查方法有抽样调查、典型调查、重点调查、普查、统计报表等。抽样调查、统计报表是道路运输统计应用较为广泛的调查方式，在道路运输统计中发挥着重要的作用。

2. 道路运输统计的分析方法

统计分析是指运用统计方法及与分析对象有关的知识，进行定量分析与定性分析相结合的研究活动。统计分析在深化统计认识中发挥着重要的作用。只有对统计资料进行由表及里、由此及彼的分析研究，才能掌握事物的本质特征、内在联系和发展变化规律，使统计认识得到进一步深化，使统计数据资料得到广泛的应用。常用的统计分析方法主要有评价分析方法、依存关系分析方法和动态分析方法三类。评价分析方法主要有简单评价法、差异评价法和综合评价法等。依存关系分析方法主要有相关分析法、回归分析法、因素分析法等。动态分析方法主要有描述的方法和判别检验的方法。此外，统计分析方法还有层次分析法、模糊分析法和功效系数法等。

3. 道路运输统计的预测方法

预测是对前期发生的和在本期发生的事物进行科学的归纳和总结，从中找出事物的发展规律，并利用这一规律，对今后事物的发展作出预见。统计预测是应用十分广泛的一种方法。它是通过对大量统计资料的分析、研究，建立相关的数学模型，来推断今后事物的发展趋势。搞好统计预测是更好地发挥统计整体功能、为经济发展进行科学决策提供重要依据的根本保证。常用的道路运输统计预测方法有时间序列分析法、直线趋势预测法、季节变动预测法和回归分析法等。

与统计学一样，道路运输统计也是一门方法论的科学。它是道路运输统计工作、道路运输统计数据、道路运输统计学的统一体。道路运输统计数据是道路运输统计工作的成果。道路运输统计学是对道路运输统计工作的总结和概括，同时又对道路运输统计工作具有指导作用。道路运输统计的研究离不开统计学、运输经济学的理论和方法，而统计学、运输经济学等学科由于有了道路运输统计的支持，显得更加丰富、更有生命力。

复习思考题

1. 什么是道路运输统计？进行道路运输统计有什么意义？

2. 道路运输统计具有哪些特点？查阅资料，了解这些特点在道路运输统计中是如何体现的。

3. 如何正确认识和理解我国道路运输统计的范围？

4. 结合道路运输统计的内容，谈谈你对重点统计内容的认识和理解。

5. 道路运输统计的研究方法有哪些？查阅资料，了解这些方法在道路运输统计中的应用情况。

第二章　道路运输统计方法

道路运输统计学主要研究道路运输活动总体的数量特征、数量关系和数量变化规律,用以揭示道路运输业的现状、发展态势和规律性。它是一门方法论科学,其研究方法秉承了统计学的研究方法,并在道路运输领域实现具体化和个性化。统计学研究的基本方法有大量观察法、动态分析法、相关与回归分析法、统计指数法、综合指标法和统计推断法等。

第一节　道路运输统计调查的种类与方法

任何完整的统计工作都分为三个阶段,即统计调查、统计整理和统计分析。统计调查是统计工作的初始阶段,是统计工作的基础。

道路运输统计必须从统计调查入手。首先,必须搜集反映道路运输生产、运行的各种数字资料。其次,要对搜集到的资料进一步加工整理,使之系统化。最后,应对整理后的资料进行分析研究,探讨认识研究道路运输生产运行的发展规律与发展趋势。统计调查、统计整理和统计分析三个阶段的工作紧密联系,形成道路运输统计工作的全过程。

统计调查是按照统计研究的目的和要求,采用科学的调查方法,有组织、有计划地搜集反映客观实际的原始资料的全过程。统计调查在整个统计工作中占据重要的地位。统计调查所取得资料的真实与否直接影响到以后两个阶段的工作质量的好坏。因此,要求统计调查的工作深入、细致,统计调查的资料准确、及时。

一、统计调查的种类

统计调查从不同的角度划分,有不同的种类。

1. 按照调查的组织形式的不同划分

按照调查的组织形式不同,统计调查可分为统计报表和专门调查。

统计报表是以原始资料为基础,按照一定的表格形式,自上而下布置,自下而上定期提供统计资料的一种形式。统计报表是国家统计部门和各个部门搜集资料所依靠的一种基本组织形式。统计报表一般由国家统计局及各个业务局统一制订、统一颁发,下级单位定期层层上报,保证按时、准确地提供所需的统计资料。

专门调查是为了研究某些专门问题而组织的一次性调查形式,其调查的具体形式还可细分为普查、重点调查、典型调查和抽样调查等。

2. 按照调查对象(包括范围)的不同划分

按调查对象(包括范围)的不同,统计调查可分为全面调查和非全面调查。

全面调查是对调查对象范围内的所有调查单位进行调查。例如,要了解北京市营业性道路旅客运输车辆保有量,就需要对北京市所有运行中的营业性旅客运输车辆进行调查。

非全面调查则只对调查对象中一部分调查单位进行调查。例如,要了解上海市出租车日营业额情况,只需对上海市部分出租车进行调查。而在具体的调查中,可根据实际需要分别采取重点调查、典型调查和抽样调查等非全面调查方式。

3. 按照统计对象连续性的不同划分

按照统计对象连续性的不同,统计调查可分为经常性调查和一次性调查。

经常调查是按照统计对象发生的时间,连续不断地进行统计的一种调查方式,适用于变动较大的调查对象。经常性调查是定期进行的,其调查周期可短至数小时,长至一年。例如,道路货物(或旅客)运输量必须随着时间的变化不间断地进行统计汇总,从而取得一定时期内的总量。

一次性调查则是针对某些事物的特点不必进行连续登记,而是隔一段时间只进行一次登记即可取得所需的统计资料。如道路运输车辆调查可以隔若干年进行一次。在一次性调查中,调查间隔时期的长短则根据统计对象的性质和统计目的而定。但是间隔时期的一般原则是同一统计项目的间隔时期一般相等,以有利于不同时期数据的动态分析。一次性调查属不连续调查,适用于变动不大的调查对象。这种调查一般不定期进行,但为了便于资料的对比,也可定期进行,如我国开展的道路通达情况调查等。

4. 按照搜集资料方法的不同划分

按搜集资料方法的不同,统计调查可分为直接观察法、报告法和采访法。

直接观察法是调查人员亲临现场对调查对象直接进行点数或计量的一种调查方法。采用这种方法所取得的资料准确性高,但是需要消耗较多的人力、物力和时间。对于某些特殊事物或已成事实,不可能采用直接观察法以取得一些资料,如驾驶员的年龄、车辆行驶时间等。凡属这样的统计对象,必须采用其他方法取得所需资料。

报告法是各个统计调查机构以各种原始资料为依据,根据所发下来的统计调查表向有关单位提供统计资料的一种调查形式。统计报表多采用这种调查方式。

采访法一般是调查人员向被调查者提出问题而由调查者提供情况的一种调查方式。在实际工作中,通常采用口头询问法和被调查者自填表法两种方式。口头询问法是调查机关派人向被调查者询问所要了解的资料,将得到的结果填入表中。这种调查方式能够保证资料的质量,但需要较多的人力和时间。被调查者自填表法是将调查表发给被调查者,根据要求让其自行填写,然后收回调查表的一种调查方式。在 2008 年全国公路水路运输量专项调查中,对于班线客车客运量的调查采取由被调查者自填表法的方式,而对于货车运输的货物种类、运量、运输距离和耗油情况等则采取口头询问的方法进行。

以上几种调查分类方法不是孤立的,而是互相联系的。就某一种调查方法而言,由于观察角度的不同,可以分用于不同的类别。如车辆调查,就范围而言,属于全面调查;就组织方式而言,属于专门调查;就登记事物的连续性而言,属于一次性调查。其他调查方式也有类似的情况。

道路运输统计调查中道路运输量调查是涉及面最广、调查工作量和难度最大的一项调查。由于道路运输车辆分布在全社会不同的行业和部门,其使用性质、使用效率、在社会再生产过程和国民经济整体体系中的作用各不相同,为了全面、准确、客观、及时、省时、省力地统计道路运输全行业的运输量,应针对车辆分布的特点,采取不同的调查方法,如图 2-1 所示。

二、统计调查方案

统计调查是一项复杂的工作,必须有目的、有组织、有计划地进行。因此,在调查前需要拟订一个科学的、周密的调查方案,以保证调查工作的顺利进行,同时获取满足调查目的和要求的准确资料。

一份完整、科学、可行的调查方案包括以下内容：

1. 确定调查目的

调查目的是指该次调查要掌握哪些资料，解决什么问题。只有明确调查目的，才可能进一步确定调查的具体内容。

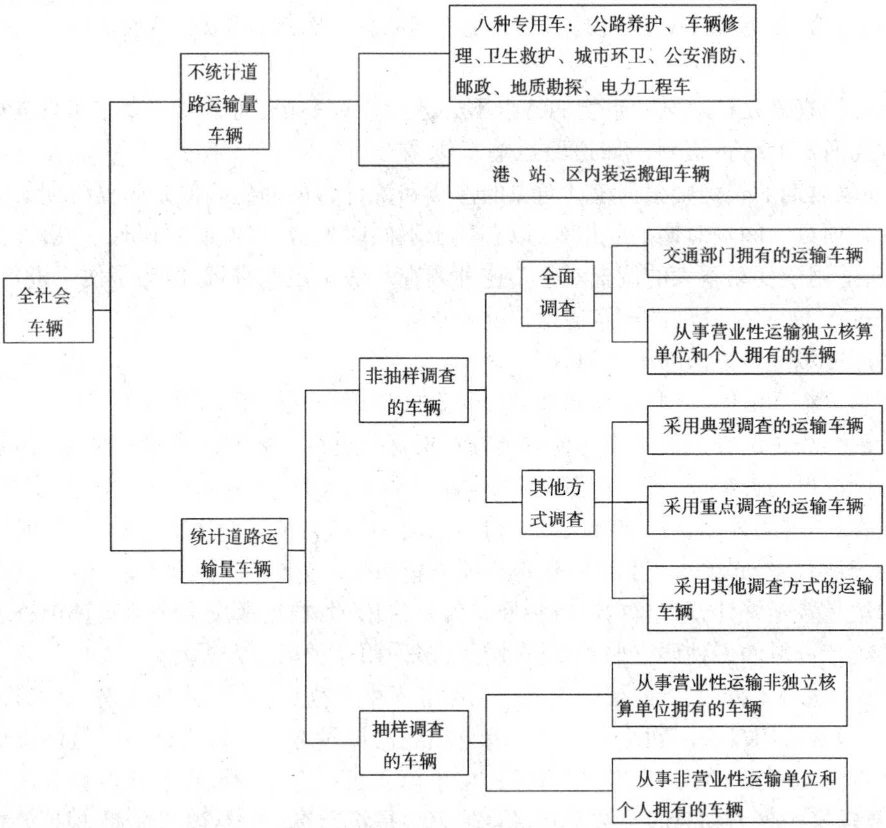

图 2-1　道路运输统计范围及调查方式示意图

调查的目的要根据统计分析研究的实际需要，并考虑实际可能的条件进行确定。调查目的要明确、具体，避免大而空泛。如 2008 年交通运输部组织的全国公路水路运输量专项调查，其目的为：全面、准确掌握全国公路水路运输行业发展状况，如实反映公路水路交通发展成果，摸清全国公路水路运输量基数，掌握结构性和区域性运输量数据，规范统计的范围和口径，并以此为基础研究建立公路水路运输量统计长效运行机制。

2. 确定调查对象和调查单位

调查目的确定后，就要根据调查目的的要求确定调查对象和调查单位。调查对象是指要调查的客观事物的总体，由性质相同的许多个体所组成。调查单位就是调查总体中每一个个体，也就是调查中所要登记其特征（标志）的个体。确定调查对象和调查单位，实际上就是规定调查的范围和界限。例如，对车辆运行情况进行调查，所有的货车、客车都属于调查统计对象的范围，每一辆货车或客车就是调查单位（个体）。调查对象和调查单位的确定，随着调查目的的不同而有所不同。

在实际调查中，有些调查对象和调查单位确定起来比较复杂，必须规定科学的概念和具体的含义，才能取得准确的数字资料，否则很容易因界限不清而造成混乱，如调查道路运输企业，必须在统计调查中给道路运输企业以科学、清晰的定义，然后才能确定所要调查的总体和总体单位。

3. 确定调查项目，拟订调查表格

确定调查项目就是确定所要调查的具体内容，它是确定对调查单位所要登记的各项标志，调查项目的确定随着调查目的不同而有所不同。调查项目的含义要明确与具体，不能产生不同的解释，所列项目必须能够取得确切的答案，否则需要进行调整。此外，在完成调查项目的基础上，项目之间应尽量相互关联，以便进行核对。

为完成调查中各个项目的调查，必需拟订调查表格，往往采用一张或几张简捷、科学的统计调查表，以便将调查项目按照合理的顺序排列在一定的表格上。这样的表称为调查表，是统计调查的主要工具。通过统计调查表能够取得一致的结果，便于进行综合整理，尤其是对于大规模的调查，采用调查表有利于利用现代计算机软件进行统计整理分析。

统计表一般有两种表格形式——单一表与一览表。单一表是在一张表中只登记一个调查单位的材料，可容纳较多的调查项目，能够取得较丰富、较详细的材料。一览表是在一张表中登记多个调查单位的材料。使用一张一览表可以对调查单位的共同项目只登记一次，节省人力和时间，项目之间可进行核对，但不能在一览表中列出很多的调查项目。

为了正确地填写调查表，必要时应附上“填表说明”，对调查项目的含义、解释、填写方法以及注意事项等作出详细的说明。

4. 规定调查时间

调查时间有两种含义：一种是指调查资料的所属时间（或时点），常称为标准时点。对于某些事物，如流动中的运输工具，只能登记一个时点上的数字。另一种是指进行调查工作的期限，对于一项调查工作，要求其在一定时间期限内完成，以保证上级单位汇总工作顺利进行，发挥资料的时效性。调查工作期限的长短服从调查目的和调查对象的特点。一般说来，缩短调查期限有利于迅速取得最后的结果。

5. 制订调查的组织计划

为了使调查工作顺利进行，应制订具体的计划。具内容一般包括：组织调查的单位（机构），调查前的准备工作，调查的方式和方法，经费的开支等。另外，对于大型的调查，在正式开展之前还需组织试点工作，目的在于训练人员、摸清规律、取得经验，必要时修改原来调查方案的部分内容。例如，2008 年全国公路水路运输量专项调查在进行全国范围内的调查前，首称四川、湖北等省市进行了试点调查。通过试点工作的总结，修正了原来调查方案的部分内容，有利于正式调查的开展。

每种调查方式，都需要制订合适的调查方案。而在具体的统计调查过程中，需结合各种不同调查方式的特点，采用不同的调查方式完成统计调查。以下几节将分别介绍道路运输统计中应用比较广泛的几种调查方式。

第二节　统 计 报 表

统计报表是按照国家统一规定的表格形式、统一的指标和内容、统一的报送时间和程序、自下而上报送统计资料的一种调查方式。以表格形式提出的书面报告称为统计报表，而这一整套的组织形式都称为统计报告制度。

统计报表由国家统计机关或上级领导部门依据相关法律规定，在法律允许的范围内，统一制订和颁发，下级所属单位必须严格执行，不许擅自修改指标内容和统计范围，更不允许拒报或滥发统计报表。

统计报表是我国定期取得统计资料的一种主要组织形式，报表中所提供的资料都是国民经济发展情况的重要指标，是政府决策、行业发展规划等不可缺少的决策支持资料。因此，建立和健全统计报表制度显得十分重要。

一、统计报表种类

统计报表根据不同的分类标准有不同的分类结果。

按主管系统和报表内容不同，可分为国家统计报表和业务部门统计报表两种。国家统计报表是由国家统计部门统一制订和颁发的报表，指标内容都是反映全社会经济活动的基本情况。业务部门统计报表是为了适应本部门管理、决策的需要而制订的统计报表。另外，还有地方统计报表，也是为适应地方领导需要而补充制订的统计报表。上述几种统计报表既有联系，又有区别。国家统计报表是统计报表制度的基本部分，其他两种统计报表是国家统计报表的补充，各有侧重，要求不同，作用也不同，不能有所偏废。值得注意的一点是，指标的重复部分应尽可能减少。

按报送周期长短的不同，统计表报可分为日报、旬报、月报、季报、半年报和年报。周期的长短与报表的内容有关。除年报外，其他报表又称为定期报表。一般说来，多数部门或单位重视月报的各项指标，用以评估机构月度或季度的运营情况，以便随时了解相关情况，作出新的决策。年报是对全年工作成果的总结，一般年报项目最全，以年报资料检查年度规划执行情况，作为下个年度制订发展规划的依据，同时年报资料积累起来也是编制统计年鉴的重要基础。

二、交通运输统计报表制度

目前，我国交通运输统计报表制度分为国家运输邮电统计报表制度和交通统计报表制度两种。

1. 国家运输邮电综合统计报表制度

这是政府综合统计部门对下级统计部门及同级业务主管部门提出的基本要求。现行的综合年报制度包括：民用运输车辆拥有量、民用运输船舶拥有量、全社会客货运输（吞吐）量、独立核算运输邮电单位产值及非交通系统民用载货汽车抽样调查总体推算表 5 种。综合定期报表有重点城市交通运输企业经济效益指标季报。

2. 交通统计报表制度

这是交通行业主管部门为满足行业管理及统计主管部门的需要而制订的统计报表制度。目前，交通统计报表制度涵盖了交通行业管理的主要方面，如交通运输综合统计报表制度、交通固定资产投资统计报表制度，其内容包括了道路、航道数量，运输装备情况，生产成果及固定资产投资等诸多方面。

随着我国新国民经济核算体系的建立，交通统计报表制度的内容已逐渐从偏重实物量统计向偏重价值量统计转变。

我国现行的道路运输统计资料报送体系主要依托现行的交通管理体制，4 个基本层次：一是道路运输基层单位按照规定，向当地的道路运输主管部门报送统计资料；二是县级道路运输统计主管部门按照规定，搜集整理本行政区域内统计调查对象的统计资料，向地（市）级道路运输统计主管部门报送；三是地（市）公路运输统计主管部门审核、汇总下级统计资料，同时综合其他统计调查资料，向省级道路运输统计主管部门报送；四是省级道路运输统计主管部门审核、汇总下级统计资料，同时综合其他统计调查资料，向交通运输部统计主管部门报送。由于我国目前统计管理实行政府统计部门和行业管理部门双重管理，因此各级公路运输统计部门在上报统计资料时，也向同级政府统计部门报送。

上述报送关系如图 2-2 所示。

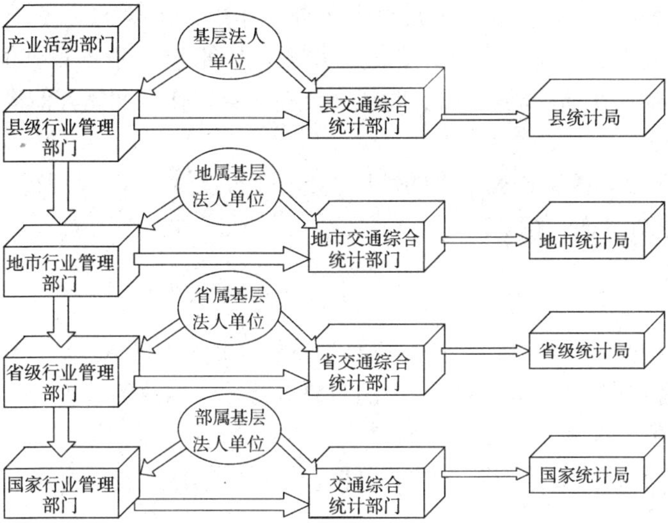

图 2-2　道路运输统计资料报送关系示意图

第三节　普查、典型调查与重点调查

一、普查

普查是统计部门专门组织的一次性全面调查，用来调查处于一定时点上的社会现象的总量。普查涉及面广，调查总体庞大，人力物力的需要量大，要求时效性高。为了保证资料的准确性，在组织普查时必须特别注意集中统一领导。

普查的基本方式有两种：一种是专门组织的普查机构，培训专门的普查人员，直接进行登记和汇总；另一种是利用企事业单位的原始记录和核算资料，按一定的调查表格，由基层单位填报。

组织好普查工作应注意以下两个问题：

第一，规定好普查的标准时点。普查对象反映某个时点上的状态，因此必须规定一个标准时点。如果没有统一的普查时点，所取得的数字资料无法统一，势必造成数字混乱。规定普查的标准时点是普查工作中一项十分重要的问题。各调查单位进行普查的具体时间可以在规定的标准时点以前或以后，但必须按标准时点进行登记。规定统一的标准时点，可以避免普查中出现重复或遗漏现象，保证取得的数字准确可靠。

第二，尽量缩短普查的期限。普查工作要求在较短时期完成，在方法、步调上应一致，从而确保统计资料的准确性和时效性。另外，还要考虑普查的周期性问题。最好按一定周期进行一次同类事物的普查，以便将历史资料进行对比分析，观察客观事物的发展趋势和规律性。

普查属于大规模的社会调查，要有一个全盘、周密的调查计划。普查的步骤大体分为三个阶段。

(1)准备工作阶段。首先，制订普查方案，普查方案与调查方案的内容相同，是指导普查工作顺利进行的基本文件，其中包括普查目的、普查对象、普查单位等。其次，建立和健全普查领导机构和办事机构，使普查工作有组织、有领导地进行。再次，培训普查人员，做好宣传教育工作，以掌握工作要点，保证资料的准确性。

(2)正式调查登记阶段。调查登记是整个普查工作中最重要的阶段，是取得准确可靠数字的基本环节。普查人员按要求采用直接观察法或口头询问法，根据得到的结果认真填写清楚。为保证普查调查工作的顺利展开，有时还需要在普查工作全面铺开前进行一次试点，从中取得经验。

(3)整理总结阶段。根据普查工作的性质、工作量的繁简程度，采用适当的整理方式和工具，并对普查工作进行全面总结。

二、典型调查

典型调查是一种非全面的专门调查。它是根据调查的目的和要求，在对调查对象进行全面分析的基础上，有意识地挑选具有代表性的对象进行深入细致的调查研究。通过典型调查，可以了解事物的一般情况和发展变化的规律性。典型调查具有以下几个特点：

第一，在总体中抽选少数具有代表性的单位，进行细致、深入的调查研究，从中掌握大量真实的情况。

第二，由于典型调查是有意识地抽选调查单位，从而保证了资料能够满足调查的需要。

第三，在总体中抽选部分调查单位进行研究，能以较小的成本费用满足调查需求。

典型调查一般可以起到以下几方面的作用：

第一，适用于研究特殊事物。如对新生事物的调查研究，可以总结经验加以推广。

第二，补充报表的不足。统计报表中所反映的是全面情况，而且多用数字表示。典型调查可以取得更多细致的情况。将数字资料与细致情况结合起来观察问题与分析问题，对加强企业经营管理与决策十分重要。

第三，深入实际，有利于取得第一手材料。

第四，在一定条件下，典型调查可以推论总体。如果总体单位差异不大，采用解剖“麻雀”的办法，可以了解到总体的一般情况。如果差异较大，利用分组方法划分不同的类型(以缩小类型内差异)，抽选不同的类型单位进行调查，从而达到推论总体的目的。

三、重点调查

重点调查是了解事物基本情况的一种非全面调查，是在总体范围内选择若干重点单位进行调查的一种方法。所谓重点单位就是在总体中只有一小部分单位，但这一小部分的标志量在整个总体中占有绝大比重，而且对总体起到举足轻重的作用。例如，要了解道路货物运输的情况，只要从全国货物运输枢纽场站中选择几个重点枢纽场站进行调查，就能大体了解道路货物运输的基本情况。通过重点调查所得到的资料要求在全部资料中占有相当大的比重。一般说来，是否采用重点调查是由事物本身的特点所决定的。在调查的任务无需取得全面资料的情况下，可以用重点调查来解决既定要求。

重点调查取得资料的方法，可采用临时组织的一次性调查，也可以采用定期统计报表，指定重点单位,按时填报。

重点调查的优点是以较少的人力和物力得到较大的效果,并能满足各级数据用户及时掌握基本情况的要求。

第四节　抽样调查

抽样调查是专门组织的一种非全面调查。它是按照随机原则,在全部被调查单位中抽取一小部分单位进行调查,根据调查结果推算总体的一种调查方法。抽样调查具有两个特点:第一,必须遵守随机原则(或称同等可能原则),即在抽取调查单位时,排除人的主观意图,使总体中每个单位都有同等机会被抽中。第二,从数量上推算总体。抽样调查与其他专门调查的不同点在于它能从数量上推算总体。由于这种方法是以概率理论为依据,能使推算结果具有一定的置信程度。

一、抽样调查的应用范围

抽样调查在实际工作中常用于以下几种情况:

(1)有些事物不可能或不必要进行全面调查时,可采用抽样调查方法。例如,具有破坏性的产品质量检查,如汽车轮胎的里程试验,不能毁去所有的轮胎加以鉴定。在这种情况下,抽样调查是最适宜的方法。

(2)总体相当庞大或总体中包括无限个单位,只能采用抽样调查方法,以较少的人力、物力和时间,取得必要的统计资料。

(3)以抽样调查资料修订全面调查资料。由于全面调查是由许多人参与进行的,难免产生一些差错,因此全面调查完毕后,在全部总体中抽选一小部分调查单位再进行一次复查。将两种调查结果核对,求出差错率,以抽样调查资料修订全面调查资料,从而提高全面调查的质量。利用这种办法,还可以对年报数字资料进行质量调查。

然而,抽样调查的范围并不仅限于上述几方面。凡是能用抽样调查取得可信的资料,就不一定要用全面调查。

二、抽样调查的优点

抽样调查是实际中应用最广泛的一种调查方式方法,它具有以下几个优点:

(1)经济性。这是抽样调查最显著的优点。由于调查的样本单位通常是总体单位中很小的一部分,调查的工作量小,因而可以节省大量的人力、物力、财力和时间,降低调查费用。

(2)时效性强。抽样调查可以迅速、及时地获得所需要的信息。由于工作量小,调查的准备时间、调查时间、数据处理时间等都可以大大缩减,从而提高了数据的时效性。

(3)适应面广。抽样调查可以获得更广泛的信息,适用于对各个领域、各种问题的调查。从适用的范围和问题来看,抽样调查既可用于全面调查能够调查的现象,也可用于全面调查所不能调查的现象,特别是适用于对一些特殊现象的调查。

(4)可靠性较高。抽样调查的数据质量有时比全面调查更高。抽样调查由于工作量小,可使各环节的工作做得更细致,误差往往很小。当然,用样本数据去推断总体时,不可避免地会有推断误差,但这种误差的大小是可以事先计算,并加以控制的。因此,推断的结果通常是可靠的。

抽样调查主要适用于不可能或不必要进行全面调查的现象，也可以对全面调查的资料进行检查、补充及修正。

三、抽样调查的组织方式

由于社会现象的复杂性，要求采用多种多样的抽样调查方式。在实际工作中，抽样方式分为纯随机抽样、机械抽样、分层抽样、整群抽样和多阶段抽样等。

1. 纯随机抽样

纯随机抽样也称简单随机抽样，是从抽样框内的 N 个抽样单元中随机地抽取 n 个单元作为样本。在每次抽选中，所有待选单元入选样本的概率是相等的，这 n 个被抽中的单元就构成了简单随机样本。抽样的随机性是通过抽样的随机化程序体现的，实施随机化程序可以使用随机数字表，也可以使用能产生符合要求的随机数序列的计算机程序。

简单随机抽样是一种最基本的抽样方法，是其他抽样方法的基础。这种方法的突出特点是简单直观，在抽样框完整时可以直接从中抽选样本。由于抽选的概率相同，用样本统计量对目标量进行估计及计算抽样误差都比较方便。

2. 机械抽样

这种抽样方式是将总体各个单位按某一个标志排队，然后依据相等的距离抽取预定的调查单位数目。由于被抽出的单位之间距离相等，又称为等距抽样。排队的标志可以采用与被研究的标志有关或无关的标志。不论采用哪种标志排队，被抽出来的总体单位都是均匀地分布在调查总体中。因此，机械抽样所得结果会比纯随机抽样具有较高的代表性。例如，对道路货物运输的运输情况进行抽样调查时，可以按车辆属地排队，也可以按车主姓氏排队。一般说来，在抽取相同单位数的情况下，按有关标志排队比按无关标志排队的误差要小一些。

3. 分层抽样（类型抽样）

分层抽样是将总体各单位按共同性划分几个不同的组（或层），然后在各组（或层）中采用纯随机抽样或机械抽样选取调查单位。在进行抽样时，还需要将预先确定的抽样数目采取合理的分配办法。分配方法一般有两种：一种是以各组单位数占总体单位数的比例大小均匀分配；另一种是以各组中差异程度大小适当分配，差异大的多分配些，差异小的少分配。第一种办法又称分层比例分配法。这种抽选方法能使抽样单位的分布更接近总体的分布，从而使抽查结果具有较高的代表性，在实际工作中应用较广。

4. 整群抽样

整群抽样的特点在于抽选调查单位不是一个一个地抽，而是一次抽选一群，一群包括许多个调查单位，被抽中的群中无一例外地全部都在调查之列。这种抽样方式所抽选的调查单位在总体中分布不够均匀，代表性自然也差。若要提高代表性，可以多抽几群来弥补缺点。

以上介绍的 4 种抽样调查方式，要结合现象的特点与不同的抽样目的适当选用。有时，几种抽样方式可以结合起来应用。在选择抽样方式时，要以调查结果对总体具有充分代表性为标准。

四、现行道路运输量抽样调查

我国现行的道路运输量统计，采用了对全社会运输车辆按一定标志进行分层抽样、等距抽样相结合的方式，在一定的精度要求下，通过样本车辆所完成的运输量推算全社会道路运输量。这种方法解决了由于道路运输车辆多、流动分散，难以进行全面调查的困难。现行道路运输量抽样调查是抽样调查方法在道路运输业最成功的应用。

1. 半年一次抽样方案

该方案的正式名称为《道路运输定期抽样调查方案(试行)》,由交通部[1] 1998年5月正式发文要求各省(区、市)执行,目前全国31个省(区、市)均在执行此方案。方案规定,每半年开展一次抽样调查,并且集中安排在其中一个月中进行,由此可推算出半年的全社会运输量。

调查范围:从事营业性运输非独立核算单位和从事非营业性运输的单位私人所拥有的车辆(含汽车、轮胎式拖拉机和其他机动车辆)所完成的道路运输量。

抽样方法:该方案采用的是分层随机抽样方法。对于要求进行抽样调查的每类车辆,包括载客汽车、载货汽车、运输用拖拉机和其他机动车,各省(区、市)要建立每类车辆的总体车辆数据库。首先按地市分层,称为大层;大层内再按车辆的营业性质和核定客位或吨位分为若干子层(一般营业性和非营业性各有4~5个子层,共8~10个子层)。子层内按简单随机抽样的方法或随机起点、等距抽样的方法抽取样本车辆。

总体目标量和调查方法:执行该方案可以获得的主要指标是旅客运量及其周转量、货物运量及其周转量,同时可获得的参考指标有燃油消耗和工作率、实载率、里程利用率、平均运距、客位或吨位月度运输量等运输效率指标。调查方式要求以调查员直接访问车主的"访户调查"为主,由调查员在访问中填写调查表。

具体的工作流程如下:

(1)省级抽样调查主管部门确定每一轮抽样调查(周期一般为半年)的具体调查月份,在调查月前召集各地市人员进行布置,并下发本轮抽样调查各地市每类车辆的样本量。

(2)各地市统计人员建立本地市的总体车辆数据库,已建立的要更新维护。根据省级下发的每类车辆的样本量,使用抽样调查数据处理软件抽取样本车辆,下发给各县区的调查员。

(3)各县区调查员按规定在调查月中对样本车辆的车主进行"访户调查",认真填写调查表,并将填写完并经审核的调查表上报给地市。调查表的内容主要包括:样本车辆调查访问日前3d的运输情况,以"运次"为单位逐个记录样本车辆在每个运次中的运量、总行程、重载行程和周转量,样本车辆调查访问日前10d中的未工作天数,样本车辆调查访问日前1个月中的大致燃油消耗。

(4)调查月末,地市统计人员将收集的调查表录入计算机,使用抽样调查数据处理软件推算出本地市的半年度社会运输量,并以磁盘的形式上报给省。

(5)省级抽样调查主管部门使用抽样调查数据处理软件接收各地市的运输量上报数据,汇总生成本省半年度社会运输量数据,上报交通运输部。

2. 分月抽样调查方案

该方案的正式名称为《道路运输分月抽样调查方案(试行)》,1998年5月交通部正式以部文下发各省(区、市)执行。从1998年下半年开始,全国36个试点地市已陆续开展道路运输的分月抽样调查工作。该方案要求在原来执行半年1次《道路运输定期抽样调查方案(试行)》的基础上,即在其中1个月进行样本车辆调查的同时(该月因调查的样本车辆比较多,被称为大月),利用样本轮换方法,在剩余的5个月份中也抽取相当于大月样本量1/5~2/5的样本车辆进行调查(这些月份因调查的样本车辆比较少,被称为小月)。同时,要求在每个小月

[1] 现为交通运输部。

所调查的样本车辆中，一般要求包括1/2或2/3数量的在大月已进行1次调查的样本车辆（称为拼配样本），从而应用回归估计方法直接推算出每个小月的运输量，实现按月提供全社会运输量的目标。具体的调查范围、样本抽样方法、调查内容、调查方法基本工作流程等与半年1次抽样调查方案一致。

第五节　道路运输统计分析

经过对调查资料的汇总归类和加工整理，分散、零乱的数据变成了比较系统的材料，在一定程度上能够反映总体的某种特征。但是这还不够，还需运用各种科学的方法，对所获得统计基础资料进行进一步的定量分析，也就是统计分析。只有这样，才能真正认识所研究对象的本质，把握研究对象的发展规律，从而为实施科学的管理和决策提供依据。

统计分析是以统计指标的形式来进行的。换言之，统计分析是通过指标的计算及指标之间的运算来实现的。统计指标是一些用来表示统计总体的规模、水平、特征的概念，必须有明确的内涵和外延，且便于统计计算。例如，旅客和货物的位移是交通运输业提供的产品，旅客周转量和货物周转量是衡量产量多少的统计指标，前者指的是“一定时期运送的旅客人数与相应的运送距离之乘积的总和”，后者指的是“一定时期运送的货物吨数与相应的运送距离之乘积的总和”，分别以“人公里”和“吨公里”作为单位计算。上面的例子中，都有“一定时期”的字样，“一定时期”就是统计研究的时期，统计学上称之为报告期。

统计指标有多种分类。按所起的作用不同，可分为数量指标和质量指标。数量指标反映总体量的特征，也称总量指标，一般用绝对数表示，故又称绝对指标。质量指标反映总体质的特征，一般用相对数（或平均数）表示，故又称相对指标（或平均指标）。

国内生产总值用来衡量一国的经济总量，显然是数量指标，如果将其除以一国总的人口数，成为“人均国内生产总值”，则变成质量指标。同样，旅客（货物）周转量是数量指标，若除以总的营业里程，成为“平均客运（货运）密度”，则变为质量指标。如果不除以营业里程，而是除以总的从业人数，则成为劳动生产率指标，仍然是质量指标。

按计量单位的不同，统计指标可分为实物指标和价值指标。实物指标以实物单位计量，包括自然单位、度量衡单位、复合单位等，如货物周转量按吨公里计算等。价值指标以货币单位计量，如运输成本等。

按反映时间的不同，统计指标有时期指标与时点指标之分。时期指标反映总体某一时期的水平，如关于产量、产值的指标，往往统计一月、一季、一年完成的总量，属于时期指标。时点指标反映总体某一时点的水平，如从业人数、车辆数等，统计某月末、年末的数量，属于时点指标。

由于统计工作在经济活动中有着十分重要的作用，各行各业都规定有适合于本行业、本部门的统计指标，许多指标之间往往是互相联系的，它们共同构成一个指标体系。在进行统计分析时，既要分析单个指标的情况，也要分析指标之间的相互影响和关联。

下面介绍一些道路运输统计中常用的统计分析方法。

一、对比分析法

对比分析法是把有关的指标进行对比，一般用除法得到一个相对数，以此反映两种现象之间的相对差别程度；如果用减法，则得到一个绝对数，反映的是两种现象之间的绝对差别程度。常用的对比分类法有下列几种：

(1)实际数与规划数对比。

(2)本期实际数与上期实际数对比。

(3)本期实际数与去年同期实际数对比(简称“同比”)。

(4)本期实际数与历史最佳水平对比。

(5)本单位的实际水平与国内同行业的先进水平对比。

(6)本单位的实际水平与国外同行业的先进水平对比。

上面的三种对比最为常用,通称为“三对比”分析法。此外,还有一种部分与总体对比的方法,用以反映各部分占总体的比重,这种方法在统计分组一节已经介绍,不再赘述。

上面的(1)~(6)都是很容易理解的。对于第(1)种方法,作以下说明:

实际数与目标数对比,就是把某一指标在报告期的实际完成数与该指标的目标数对比,算出该项指标的规划完成程度和偏离规划目标量。计算公式为:

$$目标完成程度 = \frac{实际完成数}{目标数} \times 100\% \tag{2-1}$$

$$偏离目标量 = 实际完成数 - 目标规划数 \tag{2-2}$$

【例2.1】 某旅客运输公司2008年旅客运输人数年度目标为120万人,实际第一至第四季度分别完成22万、32万、38万、29万人,那么2008年旅客运输规划完成程度为:

$$\frac{22+32+38+29}{120} \times 100\% = 100.8\%$$

$$偏离目标量 = (22+32+38+29) - 120 = 1(万人)$$

计算结果表明,该公司2008年旅客运输超额完成目标0.8%,实际比目标多运输旅客1万人。

若问该公司上半年旅客运输完成年度目标规划的多少,则报告期是上半年,目标规划期为一年,目标完成程度为:

$$\frac{22+32}{120} \times 100\% = 45\%$$

即上半年旅客运输只完成全年目标的45%,还差66万人。可见,在这种情况下算得的目标完成程度实际上是该项指标累计完成目标的进度。

在用实际数与目标规划数作对比时,需要注意以下两点:

第一,注意区分所比较的指标是绝对指标,还是相对指标(平均指标)。对于绝对指标,求实际完成数时,可以累计相加,如例2.1;若是相对指标(平均指标),则不能累加。

【例2.2】 道路货物运输中有一项指标称为货车平均载质量,是指平均每辆车所装载的货物吨数,计算公式为:

$$货车平均载质量 = \frac{货物发送吨数}{车辆数}$$

已知某货运公司货车平均载质量年度目标为50t,第一、二季度平均载质量分别为45t、51.5t,货车装车数分别为1 000车、1 200车,问该公司上半年平均载质量指标是否完成年度目标?

货车平均载质量是个相对指标,如果把第一、二季度的平均载质量相加作为上半年实际平均载质量,显然不对。将第一、二季度相加除以2,也是不对的(理由见后面介绍的平均分析法)。正确的算法为:

$$上半年货车平均载质量 = \frac{上半年货物发送吨数}{上半年车辆发车数}$$

$$= \frac{第一、二季度货物发送吨数之和}{第一、二季度货车发车数之和}$$

$$= \frac{45 \times 1\ 000 + 51.5 \times 1\ 200}{1\ 000 + 1\ 200}$$

$$= 48.55(\mathrm{t})$$

$$目标完成程度 = 48.55/50 \times 100\% = 97.1\%$$

第二，注意区分所比较的指标是正指标，还是逆指标。有些相对指标，如人均国内生产总值、劳动生产率等，其数值越大越好，称为正指标。相反，有些指标数值越小越好，称为逆指标，如运输成本、原材料消耗一类的指标。若是正指标，按式(2-1)计算的计划的完成程度大于100%为超额完成计划；若是逆指标，则小于100%为超额完成计划。

上面的6种对比方法，都是就某一单项指标进行比较，其中的(2)~(6)，均是用同一指标的实际数作对比，只是比较的时期有所不同。因此，可以把它们的计算方法统一表示成下面的计算通式：

$$某一指标的相对差别程度 = \frac{该指标的报告期水平}{该指标的基期水平} \times 100\% \qquad (2\text{-}3)$$

$$某一指标的绝对差别程度 = 该指标的报告期水平 - 该指标的基期水平 \qquad (2\text{-}4)$$

这里，基期是指用作比较基础的时期，如上期、去年同期等。对于第(1)种对比方法，只要把计划数作为基期水平，就可以把式(2-1)、式(2-2)与式(2-3)、式(2-4)统一起来。

二、平均分析法

平均分析法是利用平均数来分析社会经济现象的方法。平均数有多种，如算术平均数、几何平均数、调和平均数、众数、中值数等。其中，最常用的是算术平均数。

1.算术平均数

算术平均数分为简单算术平均数和加权算术平均数（简称加权平均数）。下面用一个简单的例子来说明它们之间的区别。

【例2.3】 某货运公司有3个分公司，分别有（折合标准车）26辆、35辆、25辆车。某天一公司平均每辆车平均货运量为78t，二公司、三公司平均货运量分别为68t、85t，如表2-1所示。

车辆货运量分析表

表2-1

公　司	平均货运量 x	车辆数 f	权重 w	贡献 xw
一	78	26	0.302	23.556
二	68	35	0.407	27.676
三	85	25	0.291	24.735
合　计		86	1.0	75.967

简单算术平均数为：

$$\frac{78 + 68 + 85}{3} = 77(\mathrm{t})$$

加权算术平均数为：

$$\frac{78 \times 26 + 68 \times 35 + 85 \times 25}{26 + 35 + 25} = 78 \times \frac{26}{86} + 68 \times \frac{35}{86} + 85 \times \frac{25}{86} = 76(\mathrm{t})$$

可见,两个平均数并不相等,原因在于各平均数代表的意义不同:简单算术平均数表示的是每个公司平均的货运量;加权算术平均数则表示的是平均每辆车的货运量。很明显,简单算术平均数较为粗略,而加权算术平均数较为细致、精确。

设统计总体按变量(数量标志)分组,共分成 N 组,变量用 x 表示,第 i 组($1 \leqslant i \leqslant N$)的变量值(标志值)记作 x_i,x_i 也称作第 i 组的水平。总体所包括的单位总数为 n,第 i 组的单位数记作 f,$n = \sum_{i=1}^{N} f_i$,则算术平均数用下式计算:

$$\bar{x} = \frac{\sum_{i=1}^{N} x_i}{N} \tag{2-5}$$

加权算术平均数用下式计算:

$$\bar{x} = \frac{\sum_{i=1}^{N} x_i f_i}{n} = \sum_{i=1}^{N} x_i w_i \tag{2-6}$$

式中:w_i——第 i 组的权重(也称权数),即频率,$w_i = \frac{f_i}{n}$。

若对每个 i($i = 1, 2, \cdots, N$),有 $f_i = 1$,则 $n = N$。此时,式(2-6)变成式(2-5)。由此可见,简单算术平均数是加权算术平均数的特殊情形。

应当指出的是,对于组距变量数列,一般用组中值代表各组水平。如果数列中有开口组(只有上限,或只有下限),那么

组中值 = 本组上限 - 邻组组距/2

或

组中值 = 本组下限 + 邻组组距/2

2. 均方差和均方差系数

平均数可以反映统计总体的一般水平,但这个水平的代表性究竟怎样,还要看各组水平与平均数的偏离程度。偏离程度越小,代表性越高。在概率论和数理统计中,我们曾用方差和均方差这样的概念来表示随机变量(或样本值)与其均值的偏离程度。在社会经济统计学中,同样用方差和均方差来表示总体单位水平与总体平均水平的偏离程度。由于均方差与平均数的计量单位一致,故在实际中更多采用的是均方差。

均方差仍记作 σ,其计算公式为:

$$\sigma = \sqrt{\frac{\sum_{i=1}^{N} (x_i - \bar{x})^2 f_i}{n}} = \sqrt{\frac{1}{n}\sum_{i=1}^{n} x_i^2 - \bar{x}^2} \tag{2-7}$$

如果两家货运公司,一家货运公司的年均利润为 $\bar{x} = 683.75$ 万元。均方差为 $\sigma = 137.8$ 万元。另一家货运公司年均利润 $\bar{x} = 850$ 万元,均方差 $\sigma = 140$ 万元,那么哪家公司的 $\bar{x}$ 更有代表性呢?由于两公司的 $\bar{x}$ 不相等,不好直接比较,必须转为相对数才可比较。为此,令

$$V = \frac{\sigma}{\bar{x}} \tag{2-8}$$

称 V 为均方差系数(也成变异系数,或离散系数)。显然,V 越小,变量集中程度越高,平均数的代表性越好。

将上述例子中的两家货运公司分别称为甲公司、乙公司,计算它们的均方差系数,得:

$$V_{甲} = 137.8/683.75 = 0.20$$

$$V_{乙} = 140/850 = 0.16$$

可见,乙公司的平均利润较甲公司集中,平均利润的代表性较好。

利用均方差系数还可以在不同性质、不同计量单位的总体之间进行比较。从均方差系数的大小可以看出不同经济现象的波动性大小、生产的均衡性和稳定性状况。因此,将平均数、均方差和均方差系数结合起来进行分析,是经常采用的统计分析方法之一。

三、动态分析法

任何事物都处在不断的发展变化之中,道路运输活动也不例外。因此,统计分析不仅需从静态上研究道路运输活动的特征、水平、规模、比例关系等,而且要从动态上,即从时间的角度分析研究各种道路运输活动的变化规律和发展趋势。这就需要运用动态分析的方法。

1. 动态数列

动态分析法的基础是动态数列。所谓动态数列,就是把统计指标的数值按时间先后顺序排列所形成的数列。由于按时间先后排序,故动态数列又称时间数列。

例如,表 2-2 为某省 1996 年 ~ 2008 年道路货运量动态数列,表 2-3 为某客运集团公司员工数动态数列。

1996 年 ~ 2008 年道路货运量动态数列 表 2-2

年 份	1996	1997	1998	1999	2000	2001	2002
货运量(万 t)	72 377	73 953	75 166	78 048	80 636	89 496	91 855
年 份	2003	2004	2005	2006	2007	2008	
货运量(万 t)	96 996	102 456	124 038	147 626	163 693	177 469	

某货运公司 2008 年下半年职工人数动态数列 表 2-3

日 期	6-30	7-31	8-31	9-30	10-31	11-30	12-31
职工人数(人)	1 430	1 456	1 444	1 515	1 400	1 480	1 530

由于统计指标有绝对指标、相对指标、平均指标之分,动态数列也分成绝对数、相对数和平均数动态数列。其中,绝对数动态数列是最基本的,另外两种数列是由它派生出来的。表 2-2 和表 2-3 都是绝对数动态数列。其中,表 2-2 中的指标属于时期指标,表 2-3 中的指标属于时点指标,这两个表又分别称为时期数列和时点数列。

2. 序时平均数

表 2-2 列出了 1996 年 ~ 2008 年各年份的道路货运量,但若想知道这项指标在这 13 年间的一般水平,还需引入序时平均数的概念。

序时平均数是动态数列中各项指标值的平均数。按照动态数列的种类不同,序时平均数的计算方法有所不同。下面介绍绝对时点数列和绝对数时期数列的计算方法。

以 n 表示动态数列的项数,$a_i(1 \leqslant i \leqslant n)$表示各项指标值,$\bar{a}$表示序时平均数。对于绝对数时期数列,计算$\bar{a}$的公式为:

$$\bar{a} = \frac{1}{n}\sum_{i=1}^{n} a_i \tag{2-9}$$

以表 2-2 的数据为例,1996 年 ~ 2008 年货运量平均水平为:

$$\bar{a} = \frac{1}{13} \times (72\,377 + 73\,953 + \cdots + 177\,469) = 105\,678(\text{万 t})$$

对于绝对数时点数列,计算$\bar{a}$的公式为:

$$\bar{a}=\frac{1}{n-1}\left(\frac{a_1}{2}+a_2+a_3+\cdots+a_{n-1}+\frac{a_n}{2}\right) \tag{2-10}$$

根据表 2-3 的资料，该公司 2008 年下半年平均每月末职工人数为：

$$\bar{a}=\frac{1}{7-1}\times\left(\frac{1\ 430}{2}+1\ 456+\cdots+1\ 480+\frac{1\ 530}{2}\right)=1\ 463(\text{人}) \tag{2-11}$$

3. 动态分析指标

动态分析指标包括增长量、发展速度、增长速度、平均增长量、平均发展速度、平均增长速度。其中，增长量计算的是绝对数，发展速度和增长速度计算的是相对数。

动态分析的方法有逐期比较（环比）和定基比较两种。逐期比较是指每期指标值与上期指标值对比，定基比较是将每期指标值与基期（一般是初始期）指标值对比。

设动态数列中初期水平为 a_0，此后各期水平依次记作 $a_1,a_2,\cdots,a_n$，则动态分析指标的计算公式如下：

（1）增长量

$$\text{逐期增长量}=a_i-a_{i-1} \tag{2-12}$$

$$\text{累计增长量}=a_i-a_0 \tag{2-13}$$

式中：$i=1,2,\cdots,n$。

（2）发展速度

$$\text{环比发展速度}=\frac{a_i}{a_{i-1}} \tag{2-14}$$

$$\text{定基发展速度}=\frac{a_i}{a_0} \tag{2-15}$$

（3）增长速度

$$\text{环比增长速度}=\frac{a_i-a_{i-1}}{a_{i-1}}=\frac{a_i}{a_{i-1}}-1 \tag{2-16}$$

$$\text{定基增长速度}=\frac{a_i-a_0}{a_0}=\frac{a_i}{a_0}-1 \tag{2-17}$$

（4）平均增长量

$$\text{平均增长量}=\frac{\sum_{i=1}^{n}(a_i-a_{i-1})}{n}=\frac{a_n-a_0}{n} \tag{2-18}$$

（5）平均发展速度

$$\text{平均发展速度}=\sqrt[n]{\prod_{i=1}^{n}\frac{a_i}{a_{i-1}}}=\sqrt[n]{\frac{a_n}{a_0}} \tag{2-19}$$

（6）平均增长速度

$$\text{平均增长速度}=\sqrt[n]{\frac{a_n}{a_0}}-1 \tag{2-20}$$

4. 动态数列的修匀

动态分析的一个重要目的是认识事物的发展趋势，以便据此作出科学的预测。有的动态数列能比较鲜明地反映社会经济现象的发展趋势及规律性，有的则呈现出上下波动、忽高忽低的情况。遇到这种情况，可以对原来的动态数列进行加工，以消除或削弱某些短期因素和偶然因素的影响，使新的动态数列能反映现象的长期趋势。这种对动态数列的重新加工称为动态数列的修匀。下面介绍两种常用的修匀办法。

(1)时期扩大法

时期扩大法是将动态数列的时期适当扩大、形成新的动态数列。例如,某物流公司某年货运量完成情况如表2-4所示。

某物流公司某年货运量资料(单位:万t)　　表2-4

月份	1	2	3	4	5	6	7	8	9	10	11	12
货运量	320	280	350	340	380	410	400	390	420	450	420	400

由表2-4可见,货运量时高时低,有起有伏,总的趋势似乎是上升的,但不明显。如果把指标的时期由一个月扩大为一个季度,计算季度货运量总数和月平均数,形成新的动态数列(表2-5),则明显地反映出货运量向上增长的趋势。

时期扩大后的货运量动态数列(单位:万t)　　表2-5

季　度	一	二	三	四
货运量总数	950	1 130	1 210	1 270
货运量月平均数	317	377	403	423

需要注意的是,用时期扩大法修匀动态数列,扩大后的时期应相等。至于扩大多少合适,应以能明显反映现象的发展变化趋势为原则,视具体问题的特点及研究要求而定。

(2)移动平均法

移动平均法是按一定的时间项数对原动态数列计算序时平均数,并逐项移动,以计算出的序时平均数构造新的动态数列。这种方法一方面通过扩大时期(扩大时间项数)来削弱偶然因素引起的波动;另一方面,由于逐项递移,照顾到事物发展变化的连续性,使修匀后的数列不但被动减小,变化特征明显,而且与原动态数列保持相等的时间间隔,从而可利用同一时间坐标描画出趋势曲线,便于比较。

关于移动平均法移动的时间项数,一般取为3项或者5项。若一次移动3项,则新的动态数列较原数列减少2项;若一次移动5项,则新的数列减少4项。虽然移动平均的项数越多(即时间跨度越长),数列所表现的长期趋势越明显,但新的数列项数太少,对分析研究也是不利的。另外,若现象的变化呈现出周期性,则以周期的长度来确定移动平均的项数,这样可以比较准确地反映出长期趋势。

【例2.4】　从某市道路运输统计资料中得知1990年~2000年全市旅客周转量的完成情况,发现数据有些波动。对原始数列进行移动3项平均和移动5项平均计算,结果列于表2-6,从中可以看出移动平均法的效果。

1990年~2000年旅客周转量资料及移动平均计算表　　表2-6

年份	旅客周转量(万人·km)	环比增长速度(%)	三年移动平均		五年移动平均	
			序时平均数(万人·km)	环比增长速度(%)	序时平均数(万人·km)	环比增长速度(%)
1990	2 610	—				
1991	2 825	8.2	2 861	—		
1992	3 148	11.4	3 157	10.3	3 143	—
1993	3 497	11.1	3 426	8.5	3 329	5.9
1994	3 633	3.9	3 558	3.9	3 429	3.0

续上表

年份	旅客周转量（万人·km）	环比增长速度（%）	三年移动平均		五年移动平均	
			序时平均数（万人·km）	环比增长速度（%）	序时平均数（万人·km）	环比增长速度（%）
1995	3 543	-2.5	3 499	-1.7	3 508	2.3
1996	3 322	-6.2	3 470	-0.8	3 547	1.1
1997	3 544	6.7	3 519	1.4	3 629	2.3
1998	3 691	4.1	3 760	6.8	3 804	4.8
1999	4 046	9.6	4 051	7.7		
2000	4 415	9.1				

由表2-6可知，原始数列的最大值为4 415，最小值为2 610，极差（最大值与最小值之差）为1 805，环比增长速度最大值为11.4%，最小值为-6.2%，极差为17.6%；三年移动平均的数列中，最大值为4 051，最小值为2 861，极差为1 190，环比增长速度最大值为10.3%，最小值为-1.7%，极差为12%。可见，新的动态数列较原数列波动幅度减小。再看五年移动平均的数列，最大值为3 804，最小值为3 143，极差为661，环比增长速度最大值为5.9%，最小值为1.1%，极差为4.8%，波动幅度进一步减小，而且消除了负增长。

5. 季节变动分析

季节变动分析也是动态分析的内容之一。有些经济活动受季节的影响较大，如某些农副产品的生产、时令商品的销售、旅客运输的春运和暑运、货物运输的淡季和旺季等，使得产品的产量、产值、销售额等指标在一年中呈现季节性波动，具有较强的规律性。季节变动分析就是根据若干年（至少3年）的历史资料，统计计算季节比率这一分析指标，从量上认识和把握季节变动的规律性，以便合理地编制规划，组织生产，采取措施缓和或消除季节变动引起的不利影响，同时也可充分利用某些季节的有利条件来发展经济和安排人民生活。

季节比率也称季节指数，是表示季节波动程度的分析指标。它的计算步骤如下：

（1）根据历年统计资料编制动态矩阵。动态矩阵是 $m \times n$ 的矩阵，记作 $\boldsymbol{A}$，这里 m 是年份数，n 是月份数，一般 $n=12$，矩阵元素 a_{ij} 表示第 i 年第 j 月的统计指标值。

（2）计算各月的序时平均数 $\overline{a}_{\cdot j}$：

$$\overline{a}_{\cdot j} = \frac{\sum_{i=1}^{m} a_{ij}}{m}, j = 1, 2, \cdots, n \tag{2-21}$$

（3）计算各年的序时平均数 $\overline{a}_{i\cdot}$：

$$\overline{a}_{i\cdot} = \frac{\sum_{j=1}^{m} a_{ij}}{n},\ i = 1, 2, \cdots, m \tag{2-22}$$

（4）计算月总平均数 $\overline{a}$：

$$\overline{a} = \frac{\sum_{i=1}^{m}\sum_{j=1}^{n} a_{ij}}{mn} \text{ 或 } \overline{a} = \frac{\sum_{i=1}^{m} \overline{a}_i}{m} \tag{2-23}$$

（5）计算各月的季节比率：

$$k_j = \frac{\overline{a}_{\cdot j}}{\overline{a}},\ j = 1, 2, \cdots, n \tag{2-24}$$

四、因素分析法

社会经济现象不是孤立存在的，而是相互联系、相互影响的，反映在统计指标上，就是一个指标往往由两个或多个因素组成，其中任何一个因素的变动都会引起总体指标的变动，而总体指标的货物周转量这项指标，它的计算公式为：

$$货物周转量 = 货运量 \times 运输距离$$

由上式可知，货物周转量由货运量和货物运输距离两项因素组成，其中任一因素发生变动，都会对货物周转量产生影响，或者使它增加，或者使它减少，而货物周转量的最终取值是这两个因素综合作用的结果。如果用对比分析法（不妨假定用第 2 种）分析货物周转量的完成情况，发现本期较上期有所减少，那么是什么原因引起的呢，是由于货运量的减少，货物运输距离的缩短，还是由于两者都有所下降造成的呢？进一步的问题是，这两个因素的变动对货物周转量这一总体指标的影响程度分别有多大。对这些问题的回答，需要运用因素分析的方法。简言之，因素分析法是根据社会经济现象之间的相互联系，分析各个因素的变动对总体指标的影响程度和影响方向的方法。比较常用的因素分析法是所谓的“指数分析法”，下面就来详细介绍这个方法。

1. 指数的概念

用指数分析法对统计指标进行因素分析，需要用到指数的概念。所谓指数，广义地说，是指社会经济现象数量对比关系的相对数。比如，对比分析法中的 6 种对比所得的相对数都是指数，动态分析法中的发展速度、增长速度也都是指数，还有甲地与乙地对比所得的相对数也都是指数。狭义地说，指数是一种特殊的相对数，用来反映不能直接相加（称为不可同度量）的现象总体变动程度。下面以商品销售为例，简要地解释这个概念。

商场里经营多种商品，不同种类的商品数量是不能直接相加的。既然如此，报告期的商品销售总量与基期的商品销售总量是没法进行对比的。为了使这种不可同度量的现象总体成为可比的，统计学家想出了一个办法，就是引进一种“媒介因素”，使不能直接相加的现象变得可以汇总比较，这种媒介因素称为同度量因素。如上面说的不同种类的商品数量不能直接相加，若引入同度量因素——价格，以单位商品价格乘以对应的销售商品数量，得到商品销售额，便可以相加了。这样一来，商品销售总量也就可以进行对比了，由对比的结果获得一相对数，称为销售量总指数，记作$\overline{K}_{\mathrm{p}}$。对比的方法如下：

以 p 代表商品价格，q 代表商品销售量，下标 1 表示报告期的量，下标 0 表示基期的量，则销售量总指数为：

$$\overline{K}_{\mathrm{p}} = \frac{\sum q_1 p_0}{\sum q_0 p_0} \tag{2-25}$$

表面上看，式(2-25)的分子和分母都是商品销售额，所得相对数应是销售额指数；但由于价格这一因素在式中固定不变，所以式(2-25)反映的实际上是总销售量的变动程度，即报告期的销售量是其销售量的$\overline{K}_{\mathrm{p}}$倍。

同样，各类商品的价格也是不能直接相加的，以销售量作为同度量因素，便可以进行比较，其相对数称为价格总指数，记作$\overline{K}_{\mathrm{p}}$。计算公式为：

$$\overline{K}_{\mathrm{p}} = \frac{\sum q_1 p_1}{\sum q_1 p_0} \tag{2-26}$$

即报告期的价格是基期价格的$\overline{K}_{\mathrm{p}}$倍。

借助同度量因素的“媒介”作用,通过指数的计算,使不能直接加总对比的经济现象成为可比的,并能计算其变动程度的方法在统计学上称为指数分析法,也称综合指数法。从上面的例子可知,用指数分析法研究分析某一因素的变化时,总是假定只有该因素在变动,而其他因素是固定不变的。关于固定时期的选择,一般的做法是:计算数量指标指数时,把作为同度量因宗的质量指标固定在基期;计算质量指标指数时,把作为同度量因素的数量指标固定在报告期。

2. 双因素积指标因素分析法

一个统计指标由两个因素组成,且恒等于这两个因素的乘积,则该指标称为双因素积指标。在各行各业的统计中,双因素积指标是最为常见的。下面列出的都是双因素积指标。

货物周转量 = 货运量 × 货物平均运距

旅客周转量 = 客运量 × 旅客平均运距

总产值 = 产品产量 × 单位产品价格

商品销售额 = 商品销售量 × 单位商品价格

双因素积指标中的两个因素,通常一个是数量指标,另一个是质量指标,它们互为同度量因素。分析数量指标对总体指标的影响时,把作为同度量因素的质量指标固定在基期;分析质量指标对总体指标的影响时,把作为同度量因素的数量指标固定在报告期。

这与指数分析法确定同度量因素所属时期的一般原则是一致的。

具体分析各因素对总体指标的影响程度时,需要计算两个数值:影响指数和影响绝对数,它们统称为因素影响值。某因素对总体指标的影响指数,就是由于该因素的变动使得总体指标变动的相对数,在数量上等于该因素的指数,一般表示成百分数。某因素对总体指标的影响绝对数,就是由于该因素的变动使得总体指标变动的绝对数,即绝对差额。至于影响方向,从百分数的大小及绝对数的正、负号即可看出。

设总体指标 F 由 a、b 两因素组成:$F = ab$,其中 a 是数量指标,b 是质量指标。F_0、a_0、b_0 分别表示指标 F、a 因素、b 因素在基期的数值;F_1、a_1、b_1 分别表示它们在报告期的数值;a、b 对 F 的影响指数分别记作 δF_a、δF_b;a、b 对 F 的影响绝对数分别记作 ΔF_a、ΔF_b,则由指数分析法原理,有:

$$\delta F_a = \frac{a_1 b_0}{a_0 b_0},\ \Delta F_a = a_1 b_0 - a_0 b_0 \tag{2-27}$$

$$\delta F_b = \frac{a_1 b_1}{a_1 b_0},\ \Delta F_b = a_1 b_1 - a_1 b_0 \tag{2-28}$$

【例 2.5】 某运输公司某年货物周转量、货运量和货物平均运距的统计资料如表 2-7 所示。

运输公司某年货运量的有关资料 表 2-7

	货物周转量(亿 t · km)	货运量(亿 t)	货物平均运距(km)
实际	1 056	2.2	480
规划	1 000	2.0	500

本例中,货运量是数量指标,货物平均运距是质量指标,实际和规划分别对应报告期和基

期。应用式(2-27)、式(2-28)计算因素影响值,得:

(1)货运量对货物周转量的影响指数

$$\delta F_{a}=\frac{a_1 b_0}{a_0 b_0}=\frac{2.2\times 500}{2.0\times 500}=\frac{1\ 100}{1\ 000}=110\%$$

(2)影响绝对数

$$\Delta F_{a}=a_1 b_0-a_0 b_0=1\ 100-1\ 000=100(\text{亿 t}\cdot\text{km})$$

(3)货物平均运距对货物周转量的影响指数

$$\delta F_{b}=\frac{a_1 b_1}{a_1 b_0}=\frac{2.2\times 480}{2.2\times 500}=\frac{1\ 056}{1\ 100}=96\%$$

(4)影响绝对数

$$\Delta F_{b}=a_1 b_1-a_1 b_0=1\ 056-1\ 100=-44(\text{亿 t}\cdot\text{km})$$

我们再运用对比分析法将货物周转量的实际数与规划数对比,得:

$$\text{规划目标完成程度}=\frac{1\ 056}{1\ 000}=105.6\%$$

$$\text{偏离目标量}=1\ 056-1\ 000=56(\text{亿 t}\cdot\text{km})$$

由上面的计算结果可以得出结论:货物周转量超额完成目标5.6%,是由于货运量高于目标10%、货物平均运距低于目标4%共同影响造成的。从绝对数来看,由于货运量超目标完成使货物周转量超过目标100亿t·km,货物平均运距未完成规划使货物周转量低于目标44亿t·km,两者的综合影响,使货物周转量实际比规划多了56亿t·km。

在实际统计中,除了积指标外,还会碰到两因素相除的商指标:$F=\frac{a}{b}$。这时只需将上式写成$F=a\cdot\frac{1}{b}$,便变成双因素积指标,完全可以套用式(2-27)、式(2-28)来计算因素影响值,即

$$\delta F_{a}=\frac{\frac{a_1}{b_0}}{\frac{a_0}{b_0}},\ \Delta F_{a}=\frac{a_1}{b_0}-\frac{a_0}{b_0} \tag{2-29}$$

$$\delta F_{b}=\frac{\frac{a_1}{b_1}}{\frac{a_1}{b_0}},\Delta F_{b}=\frac{a_1}{b_1}-\frac{a_1}{b_0} \tag{2-30}$$

3.复合指标因素分析法

复合指标是比较复杂的统计指标,它由若干项组成,各项包含的因素可能是两个,也可能是多个,除了积指标,还可能有商指标,其因素可能出现在两项,甚至多项。例如,下式所示的指标就是复合指标:

$$F=\frac{ab}{c}+\frac{abd}{e}+fg \tag{2-31}$$

像这样的复合指标貌似复杂,但仔细分析一下,与前面介绍的各种指标的区别其实只有一点:有的指标不止在某一项出现,如因素a既出现在第一项,又出现在第二项,而因素b也一样。分析a(或b)对F的影响值时,应将它所在的两项作为一个整体来看待,计算a(或b)对

这一整体的影响值。又因为这一整体有多个因素相乘，故要用连环替代法来计算，即

$$\delta F_{\mathrm{a}}=\frac{\dfrac{a_1b_0}{c_0}+\dfrac{a_1b_0d_0}{e_0}}{\dfrac{a_0b_0}{c_0}+\dfrac{a_0b_0d_0}{e_0}} \tag{2-32}$$

$$\delta F_{\mathrm{b}}=\frac{\dfrac{a_1b_1}{c_0}+\dfrac{a_1b_1d_0}{e_0}}{\dfrac{a_1b_0}{c_0}+\dfrac{a_1b_0d_0}{e_0}} \tag{2-33}$$

a、b 对 F 的影响绝对数 ΔF_{a} 和 ΔF_{b} 分别等于对应指数的分子减分母。

至于 c、d、e、f、g 五项因素，均只在一项出现，故只计算对该项的影响值即可。当然，仍要采用连环替代法。

4. 平均指标因素分析法

平均指标，特别是加权平均数指标，在统计工作中用得非常普遍。事实上，将总量指标变换一个形式，便成了平均指标。比如：

$$\text{货车平均静载质量}=\frac{\text{货物发送吨数}}{\text{装车数}}$$

$$\text{员工平均工资}=\frac{\text{员工工资总额}}{\text{员工人数}}$$

$$\text{单位产品成本}=\frac{\text{总成本}}{\text{产品总量}}$$

由计算加权平均数$\bar{x}$的公式知道，影响$\bar{x}$变动的因素有两个：一个是各组水平的变动；另一个是各组权重的变动，即总体内部结构的变动。对平均指标进行因素分析，就是要分析各组水平的变动和总体内部节后的变动对总平均数的影响程度。考虑到符号的统一性，用 F 表示总平均数指标。设

$$F=\frac{U}{V}=\frac{u_1+u_2+\cdots+u_n}{v_1+v_2+\cdots+v_n},f_1=\frac{u_1}{v_1},f_2=\frac{u_2}{v_2},\cdots,f_n=\frac{u_n}{v_n},$$

则

$$F=\frac{v_1f_1+v_2f_2+\cdots+v_nf_n}{v_1+v_2+\cdots+v_n}=\sum_{i=1}^{n}\frac{v_i}{V}\cdot f_i \tag{2-34}$$

式中：v_i——数量指标，表示各组单位数；

V——单位总数；

f_i——质量指标，表示各组水平，$i=1,2,\cdots,n$（n 为组数）。

各组水平变动对总平均数指标的影响程度称为水平变动影响值，包括影响指数和绝对数，分别记作 δF_{f} 和 ΔF_{f}；各组权重变动对 F 的影响程度称为结构变动影响值，同样包括影响指数和绝对数，分别记作 δF_{v} 和 ΔF_{v}。通过计算以上 4 个值，并对其结果进行分析，从而得出正确的结论。

从式（2-34）容易看出，F 实质上是一个积和指标，与 $F=\sum_{i=1}^{n}a_ib_i$ 具有同一形式。因此，可以利用式（2-31）和式（2-32）来计算因素影响值，即

（1）结构变动影响指数（也称结构影响指数）：

$$\delta F_v = \frac{\sum \frac{v_1}{V_1} \cdot f_0}{\sum \frac{v_0}{V_0} \cdot f_0} \tag{2-35}$$

(2)水平变动影响指数(也称固定结构指数):

$$\delta F_f = \frac{\sum \frac{v_1}{V_1} \cdot f_1}{\sum \frac{v_1}{V_1} \cdot f_0} \tag{2-36}$$

结构变动影响绝对数 ΔF_v 和 ΔF_f 水平变动影响绝对数分别等于对应指数的分子减分母。

令

$$F_1 = \sum \frac{v_1}{V_1} \cdot f_1 \tag{2-37}$$

$$F_0 = \sum \frac{v_0}{V_0} \cdot f_0 \tag{2-38}$$

$$F_k = \sum \frac{v_1}{V_1} \cdot f_0 \tag{2-39}$$

式中:F_1——F 的报告期数值;

F_0——F 的基期数值;

F_k——将 F 的两个因素中的数量指标代入报告期数值,质量指标代入基期数值而算得的,称之为换算指标值。

自上述的规定后,则有:

$$\delta F_v = \frac{F_k}{F_0},\ \Delta F_v = F_k - F_0 \tag{2-40}$$

$$\delta F_f = \frac{F_1}{F_k},\ \Delta F_f = F_1 - F_k \tag{2-41}$$

很明显,这样写出的计算公式既简捷,又有规律。事实上,凡是双因素积指标,都可以采取这种办法来统一公式的形式。

【例 2.6】 某公司货车平均载质量指标值比上月下降,现分析其原因。有关资料如表 2-8 所示。

货车平均载货量有关资料

表 2-8

货物种类	货物发送吨数(t)		车辆数				平均载质量(t)		平均载质量对比
	上月 v_0f_0	本月 v_1f_1	上月 v_0	v_0/V_0 (%)	本月 v_1	v_1/V_1 (%)	上月 f_0	本月 f_1	f_1/f_0 (%)
重质货物	11 550	8 960	210	34.4	160	25.8	55	56	101.8
一般货物	11 475	12 740	255	41.8	280	45.2	45	45.5	101.1
轻泡货物	4 350	5 760	145	23.8	180	29.0	30	32	106.7
总计	27 375	27 460	610	100	620	100	44.9	44.3	98.7

表 2-8 中,将发送货物分为三大类:重质货物、一般货物、轻泡货物。无论是哪种货物,其本月平均载质量都比上月高,但是为什么总平均载质量反而比上月低呢?让我们计算一下因素影响值。

由表 2-8 可知，$F_1=44.3\text{t}$，$F_0=44.9\text{t}$，而

$$F_{\text{k}}=\frac{\sum v_1\cdot f_0}{V_1}=\frac{160\times55+280\times45+180\times30}{620}=43.2(\text{t})$$

于是，结构变动影响指数为：

$$\delta F_{\text{v}}=\frac{F_{\text{k}}}{F_0}=\frac{43.2}{44.9}=96.2\%$$

结构变动影响绝对数为：

$$\Delta F_{\text{v}}=43.2-44.9=-1.7(\text{t})$$

水平变动影响指数为：

$$\delta F_{\text{f}}=\frac{F_1}{F_{\text{k}}}=\frac{44.3}{43.2}=102.5\%$$

水平变动影响绝对数为：

$$\Delta F_{\text{f}}=44.3-13.2=1.1(\text{t})$$

因素分析结果表明，重质货物、一般货物、轻泡三种货物的平均载质量都比上月高 2.5%，每车多装 1.1t；但三种货物的构成比例发生了变化，重质货物的比重由 34.4% 降为 25.8%，轻泡货物的比重由 23.8% 上升到 29.0%，一般货物的比重也有所上升，这一结构变动使总的平均载质量降低 3.8%，每车少装 1.7t。两种因素综合作用，使得全部货物的平均载质量本月较上月降低 1.3%，平均每车少装 0.6t。可见，结构变动起了主要作用。因此，欲使平均载质量指标有所好转，调整货物结构是不容忽视的问题。

第六节　统计预测

统计预测是统计工作的最后一个环节，也是统计研究的重要内容。所谓统计预测，就是以准确而系统的统计资料为基础，应用适当的模型及方法，对社会经济现象未来的发展前景、规模和水平作出定量的估计和推测。下面是几种常用的预测方法。

一、移动平均预测法

前面介绍利用移动平均法来修匀动态数列需要计算序时平均数。现在用移动平均法来进行预测，同样要计算序时平均数，在此把它称为移动平均数。移动平均预测法就是用第 t 期的移动平均数作为第 $t+1$ 期的预测值。

移动平均数有简单平均和加权平均之分，移动平均预测法也分为简单移动平均预测法和加权移动平均预测法两种。

1. 简单移动平均预测法

设动态数列中第 t 期的指标实际值为 X_t，第 t 期的简单移动平均数记作 M_t，以 $\hat{X}_{t+1}$ 表示第 $t+1$ 期的指标预测值，则

$$\hat{X}_{t+1}=M_t=\frac{X_t+X_{t-1}+\cdots+X_{t-n+1}}{n} \tag{2-42}$$

式中：n——移动平均所取项数，一般取 3 或 5。

2. 加权移动平均法

使用此法需要计算加权移动平均数，计算时，要分别对第 t 期，$t+1$ 期，…，$t-n+1$ 期赋予

不同的权数 $w_t, w_{t-1}, \cdots, w_{t-n+1}$ $(0<w<1)$。赋权应遵循近期权重大、远期权重小的原则，以突出近期的作用，计算公式为：

$$\hat{X}_{t+1}=X_t w_t+X_{t-1}w_{t-1}+\cdots+X_{t-n+1}w_{t-n+1} \tag{2-43}$$

【例 2.7】 某道路公司历年营业收入见表 2-9。

某道路货运公司历年营业收入(单位:百万元)　　表 2-9

年份	1999	2000	2001	2002	2003	2004	2005	2006	2007	2008
营业收入	51	49	53	52	47	48	54	55	51	57

以 2008 年作为第 t 期，用简单加权平均预测法预测 2009 年该公司营业收入，取 $n=3$，将已知数据代入式(2-42)，得：

$$\hat{X}_{t+1}=M_t=\frac{57+51+55}{3}=54.3(\text{百万元})$$

用加权移动平均预测法预测 2009 年该公司营业收入，取 $n=3$，同时取 $w_t=0.5, w_{t-1}=0.3, w_{t-2}=0.2$，用式(2-43)计算，得：

$$\hat{X}_{t+1}=57\times0.5+51\times0.3+55\times0.2=54.8(\text{百万元})$$

可见，两种方法的计算结果略有出入。应当说，加权移动平均预测法重视近期数值对预测值的影响，思路较为合理，故其预测效果一般较简单移动平均预测法为好。

移动平均预测法通过计算移动平均数修匀时间数列，有利于消除偶然因素造成的波动，但该方法忽略了长期趋势变化，因而只适用于长期比较稳定、短期有一定波动的情况。

二、一次指数平滑法

一次指数平滑法是在移动平均预测法的基础上经过改进而成的。它既有简单移动平均法以本期预测下期的思想，又包含了加权移动平均法的加权思想，可以说是二者的综合。正因如此，一次指数平滑法较移动平均预测法效果为好，但由于适用条件类似，也只适用于长期稳定、无明显趋势变化的时间数列。下面推导其计算公式。

由式(2-42)知

$$\begin{aligned}\hat{X}_{t+1}=M_t&=\frac{X_t+X_{t-1}+X_{t-2}+\cdots+X_{t-n+1}}{n}\\&=\frac{X_t}{n}+\frac{X_{t-1}+X_{t-2}+\cdots+X_{t-n+1}}{n}-\frac{X_{t-n}}{n}\\&=\frac{X_t}{n}+M_{t-1}-\frac{X_{t-n}}{n}\end{aligned}$$

为使推出的公式对任意的 t 都成立，t 应能代表历史上任一时期，这样，X_{t-n} 可能因时期久远而未知，所以将 M_{t-1} 作为其估计值，于是上式变为：

$$\begin{aligned}\hat{X}_{t+1}&=\frac{X_t}{n}+M_{t-1}-\frac{M_{t-1}}{n}\\&=\frac{X_t}{n}+\hat{X}_t-\frac{\hat{X}_t}{n}\\&=\frac{1}{n}X_t+\left(1-\frac{1}{n}\right)\hat{X}_t\end{aligned}$$

令 $\alpha=\dfrac{1}{n}$，称 α 为平滑系数，$0<\alpha<1$，则

$$\hat{X}_{t+1} = \alpha X_t + (1-\alpha)\hat{X}_t \tag{2-44}$$

式中：X_t——t 期实际值；

$\hat{X}_t$——t 期预测值。

式(2-44)是一次指数平滑法的预测公式。X_t、$\hat{X}_t$ 其中起着权数的作用，所以式(2-47)实际上是 t 期实际值与 t 期预测值的加权平均数。这个加权平均数称为一次指数平滑值，用它直接作为 $t+1$ 期的预测值。

将式(2-44)改写成

$$\hat{X}_{t+1} = \hat{X}_t + \alpha(X_t - \hat{X}_t) \tag{2-45}$$

由此式可知，下期预测值$\hat{X}_{t+1}$是在本期预测值$\hat{X}_t$ 的基础上，对预测误差$(X_t - \hat{X}_t)$加以适当调整（乘以系数 α）而得到的。那么，α 怎样取值呢？从式(2-44)知，α 较大，意味着下期预测值$\hat{X}_{t+1}$较多地依赖于本期实际值 X_t；α 较小，则$\hat{X}_{t+1}$较多地依赖于本期预测值$\hat{X}_t$。而$\hat{X}_t$ 又取决于上期实际值和预测值，上期又与上上期有关，故 α 较小意味着本期以前的指标值起较大作用。鉴于此，当数列成稳定的水平趋势，或虽有波动，但长期趋势变换不大时，α 宜取小值（0.1 ~0.3），以充分发挥历史数据的作用；当数列波动较大，长期趋势变化幅度较大时，α 宜取大值（0.7 ~0.9），以跟踪近期数据的变化；若不好判断，也可试算比较，以达到预测误差最小的目的。

【例 2.8】 以表 2-9 的数据为例，用一次指数平滑法预测各期的销售量。观察各期数据，虽有一定波动，但长期预测趋势较为平稳，α 拟取 0.2。因远期影响小，令初期预测值等于该期实际值。为便于比较，取 $\alpha=0.8$ 和 $\alpha=0.2$ 两个值分别计算，结果如表 2-10 所示。

一次指数平滑法预测计算表 表 2-10

年份	时序 t	销售量 X_t	预测值$\hat{X}_t$		预测绝对误差 $\lvert\hat{X}_t - X_t\rvert$	
			$\alpha=0.8$	$\alpha=0.2$	$\alpha=0.8$	$\alpha=0.2$
1999	1	51	51	51	0	0
2000	2	49	51	51	2.0	2.0
2001	3	53	49.4	50.6	3.6	2.4
2002	4	52	52.3	51.1	0.3	0.9
2003	5	47	52.1	51.3	5.1	4.3
2004	6	48	48.0	50.4	0	2.4
2005	7	54	48.0	49.9	6.0	4.1
2006	8	55	52.8	50.7	2.2	4.3
2007	9	51	54.6	51.6	3.6	0.6
2008	10	57	51.7	51.5	5.3	5.5

表 2-10 中还列出了预测绝对误差。当 $\alpha=0.8$ 时，平均预测绝对误差 =28.1/10 =2.81；当 $\alpha=0.2$ 时，平均预测绝对误差 =26.5/10 =2.65。这一结果说明，α 取 0.2 效果较好。

三、二次指数平滑法

一次指数平滑法只能用于无明显趋势变化的时间数列。当数列呈现出比较明显的直线趋势时，需要用二次指数平滑法来进行趋势预测。二次指数平滑法与一次指数平滑法相同点在于：都要确定平滑系数 a，都要计算指数平滑值，且在计算过程中，都是逐项滑动递推计算的。但二者存在显著的区别：

(1)计算平滑值的递推公式有差别。

(2)二次平滑法不是直接用平滑值作为预测值，而是以平滑值构成新的经过修匀的时间数列，进而求解参数，建立直线趋势方程，利用此方程进行外推预测。

为与一次平滑法相区别，下面用字母“S”表示指数平滑值，第 t 期一次指数平滑值记作 $S_t^{(1)}$，二次指数平滑值记作 $S_t^{(2)}$。计算平滑值的递推公式为如下：

$$S_t^{(1)} = \alpha X_i + (1-\alpha)S_{t-1}^{(1)} \tag{2-46}$$

$$S_t^{(2)} = \alpha S_t^{(1)} + (1-\alpha)S_{t-1}^{(2)} \tag{2-47}$$

式中：X_i——t 期指标实际值；

α——平滑系数$(0<\alpha<1)$，数列发展趋势平缓，α 取小值；反之，趋势显著，α 取大值。

在第 t 期的一次、二次指数平滑值都计算出来之后，便可用下式计算 a、b 参数：

$$a = 2S_t^{(1)} - S_t^{(2)} \tag{2-48}$$

$$b = \frac{\alpha}{1-\alpha}(S_t^{(1)} - S_t^{(2)}) \tag{2-49}$$

于是，第 $t+T$ 期指标预测值为：

$$\hat{X}_{t+T} = a + bT \tag{2-50}$$

上式便是二次指数平滑法的趋势预测方程。

用递推式(2-46)和式(2-47)求第 t 期指数平滑值时，还有一个问题必须解决，就是确定初始平滑值的问题。比较精确的方法是：在数列两端各取若干个值（一般取 3～5 个）加以平均，得到两个点(t_1,X_1)和(t_2,X_2)，由这两个点可建立两个直线趋势方程：

$$\begin{cases} X_1 = a + bt_1 \\ X_2 = a + bt_2 \end{cases}$$

从中解出 a、b 参数，然后代入式(2-48)和式(2-49)，解出 $S_t^{(1)}$ 和 $S_t^{(2)}$，即为一次、二次初始平滑值。这样做比较麻烦，下面介绍一个比较简单的近似方法。

设时间数列的项数为 n，最下面一项为第 t 期，向上依次为 $t,t-1,\cdots,t-n+1$ 期。将式(2-49)展开，得：

$$\begin{aligned} S_t^{(1)} &= \alpha X_i + (1-\alpha)S_{t-1}^{(1)} \\ &= \alpha X_i + (1-\alpha)[\alpha X_{t-1} + (1-\alpha)S_{t-2}^{(1)}] \\ &= \alpha X_i + \alpha(1-\alpha)X_{t-1} + (1-\alpha)^2 S_{t-2}^{(1)} \\ &= \cdots \\ &= \alpha X_i + \alpha(1-\alpha)X_{t-1} + \alpha(1-\alpha)^2 X_{t-2} + \cdots + \alpha(1-\alpha)^{n-1}X_{t-n+1} + (1-\alpha)^n S_{t-n}^{(1)} \end{aligned}$$

上式中的 $S_{t-n}^{(1)}$ 就是一次初始平滑值，而各项系数之和为

$$\begin{aligned} &\alpha + \alpha(1-\alpha) + \alpha(1-\alpha)^2 + \cdots + \alpha(1-\alpha)^{n-1} + (1-\alpha)^n \\ &= \alpha[1 + (1-\alpha) + (1-\alpha)^2 + \cdots + (1-\alpha)^{n-1}] + (1-\alpha)^n \\ &= \alpha \cdot \frac{1-(1-\alpha)^{n-1}}{1-(1-\alpha)} + (1-\alpha)^n \\ &= 1 - (1-\alpha)^n + (1-\alpha)^n \\ &= 1 \end{aligned}$$

这一结果表明，各项系数实际上就是对应各期指标及初始平滑值的权重，总的权重等于

1。随着 n 的增大,初始平滑值的权重 $(1-\alpha)^n$ 愈来愈小。当 $(1-\alpha)^n$ 非常小时,就用 X_{t-n+1} 代替 $S_{t-n}^{(1)}$,由此产生的绝对误差是微乎其微的。但这样一来,有:

$$(1-\alpha)^n X_{t-n+1}-(1-\alpha)^n S_{t-n}^{(1)}=(1-\alpha)^n(X_{t-n+1}-S_{t-n}^{(1)})$$

$$S_{t-n+1}^{(1)}=\alpha X_{t-n+1}+(1-\alpha)S_{t-2}^{(1)}$$

$$=\alpha X_{t-n+1}+(1-\alpha)X_{t-n+1}=X_{t-n+1}$$

这意味着 X_{t-n+1} 不仅代替了 $S_{t-n}^{(1)}$,而且代替了 $S_{t-n+1}^{(1)}$。而

$$S_t^{(1)}=\alpha X_i+\alpha(1-\alpha)X_{t-1}+\cdots+\alpha(1-\alpha)^{n-2}X_{t-n+2}+(1-\alpha)^{n-1}S_{t-n+1}^{(1)}$$

为使上面的"代替"不致产生大的误差,权重 $(1-\alpha)^{n-1}$ 必须很小。经试验,当 $(1-\alpha)^{n-1}<0.01$ 时,可保证由这种"代替法"得到的 $S_t^{(1)}$ 与精确方法算得的 $S_t^{(1)}$ 基本上是一致的。同样,当 $(1-\alpha)^{n-1}<0.01$ 时,用 X_{t-n+1} 代替二次平滑初始值 $S_{t-n}^{(2)}$,进而代替 $S_{t-n+1}^{(2)}$ 也是可行的。

很明显,上述"代替法"的使用是有一定条件的,因为指数平滑值的精确程度取决于平滑系数 α 和时间数列项数 n 的匹配情况。当 α 越小,n 应越大;反之,α 取大值时,n 可以小些。关于 α 的取值原则,如前所述,为了使用上的方便,现就取不同的 α 值,计算出使 $0.001<(1-\alpha)^{n-1}<0.01$ 的 n 值,见表 2-11。当所研究的动态数列项数不小于表中的 n 值时,用 X_{t-n+1} 替代初始平滑值一般不会影响预测精度。当然,项数越多越好。

时间数列项数 n 的取值区间 表 2-11

α	0.9	0.8	0.7	0.6	0.5	0.4	0.3	0.2	0.1
n	3 ~ 4	4 ~ 6	5 ~ 7	7 ~ 9	8 ~ 11	11 ~ 15	14 ~ 21	22 ~ 32	45 ~ 67

【例 2.9】 某客运企业历年实现的总营业收入如表 2-12 所示,取 $\alpha=0.8$。因 $n=10$,我们用 X_{t-9} 代替 $S_{t-9}^{(1)}$ 和 $S_{t-9}^{(2)}$,计算一次、二次指数平滑值,均列于表中。

二次指数平滑法预测计算表 表 2-12

时序	总产值 X_t(万元)	一次指数平滑值 $S_t^{(1)}$	二次指数平滑值 $S_t^{(2)}$
$t-9$	510	510	510
$t-8$	615	594.0	577.2
$t-7$	705	682.8	661.7
$t-6$	798	775.0	752.3
$t-5$	892	868.6	845.3
$t-4$	1 050	1 013.7	980.0
$t-3$	1 188	1 153.1	1 118.5
$t-2$	1 305	1 274.6	1 243.4
$t-1$	1 486	1 443.7	1 403.6
t	1 603	1 571.1	1 537.6

用式(2-51)和式(2-52)计算 a、b 系数,得:

$$a=2S_t^{(1)}-S_t^{(2)}=2\times1\,571.1-1\,537.6=1\,604.6$$

$$b=\frac{\alpha}{1-\alpha}(S_t^{(1)}-S_t^{(2)})=\frac{0.8}{1-0.8}\times(1\,571.1-1\,537.6)=134$$

于是，预测直线方程为：

$$\hat{X}_{t+T} = 1\ 604.6 + 134T$$

预测3年后总营业收入为：

$$\hat{X}_{t+3} = 1\ 604.6 + 134 \times 3 = 2\ 006.6(\text{万元})$$

四、速度预测法

当时间数列呈现出比较明显的上升(或下降)趋势，且发展比较平稳时，可以采用速度预测法来预测下一期乃至多期的指标值。

应用速度预测法时，首先由时间数列计算出发展速度，然后进行短期或中长期预测。

1. 利用环比发展速度进行短期预测

环比发展速度是逐期比较得出的相对数。如果各期发展速度变动不大，可将本期与上期之比近似地作为下期与本期之比，由此即可推出下期的预测值。计算公式为：

$$\hat{X}_{t+1} = X_t v \tag{2-51}$$

式中：v——本期与上期的环比发展速度。

2. 利用平均发展速度进行中长期预测

平均发展速度代表了社会经济现象的平均发展趋势，可用来进行中期或长期预测。第 $t+T$ 期预测值的计算公式如下：

$$\hat{X}_{t+1} = X_t \bar{v}^{T} \tag{2-52}$$

式中：$\bar{v}$——平均发展速度。

从式(2-19)知，平均发展速度主要依赖于动态数列首、列末两期的指标值。如果这两期受偶然因素影响较大而呈异常变动，则平均发展速度的代表性不强，用它来预测中长期指标将会影响预测效果。下面介绍的方法将不受这一限制。

五、最小平方法

最小平方法又称最小二乘法，与回归分析方法类似，只不过自变量固定为时间(时期)。因时期的变化是规则的，故可以利用这一点使原来的计算公式大大简化。

以 t 表示时期，$\hat{X}_t$ 表示 t 期指标预测值，直线趋势预测方程为：

$$\hat{X}_t = a + bt \tag{2-53}$$

在利用回归分析知识可知，系数 b、a 的计算公式为：

$$b = \frac{\sum tX - \frac{1}{n}(\sum t)(\sum X)}{\sum t^2 - \frac{1}{n}(\sum t)^2},\quad a = \bar{X} - bt$$

令自变量 t 为等差变量，并恰当规定 t 的取值，使 $\sum t = 0$，则有：

$$b = \frac{\sum tX}{\sum t^2} \tag{2-54}$$

$$a = \bar{X} \tag{2-55}$$

下面通过一个例子说明如何应用这个方法进行直线趋势预测。

【例2.10】 以1998年~2008年某公司货物周转量数据作为原始资料，对其作长期趋势预测。具体计算过程如表2-13所示。

用最小平方法预测货物周转量长期趋势计算表　　表 2-13

年份	货物周转量 X_t（千亿 t·km）	t	t^2	tX_t	$\hat{X}_t$（千亿 t·km）
1998	10.60	-5	25	-53.00	11.07
1999	10.95	-4	16	-43.80	11.30
2000	11.55	-3	9	-34.65	11.53
2001	11.92	-2	4	-23.84	11.76
2002	12.43	-1	1	-12.43	11.99
2003	12.84	0	0	0	12.22
2004	12.92	1	1	12.92	12.45
2005	13.05	2	4	26.10	12.68
2006	12.26	3	9	36.8	12.91
2007	12.58	4	16	50.32	13.14
2008	13.34	5	25	66.70	13.37
Σ	134.44	0	110	25.10	134.42

用式(2-54)、式(2-55)计算 a、b 系数，得：

$$b=\frac{\sum tX}{\sum t^2}=\frac{25.10}{110}=0.23$$

$$a=\overline{X}=\frac{134.44}{11}=12.22$$

于是，预测直线方程为：

$$\hat{X}_t=12.22+0.23t$$

若令 $t=10$，可以预测 2013 年的货物周转量为：

$$\hat{X}_t=12.22+0.23\times 10=14.52(\text{千亿 t·km})$$

六、预测误差的分析与控制

从上面的介绍可以知道，统计预测实质上是一种趋势预测，即预测按照某一趋势发展下去，统计指标在未来某一时期所能达到的估计值。既然如此，就不可避免地存在预测误差。预测的效果究竟怎样，需要对误差进行分析才能作出判断。

1. 误差分析

所谓预测误差，就是预测值 $\hat{X}_t$ 与实际值 X_t 间的偏差，记作 e_t，即

$$e_t=\hat{X}_t-X_t, t=1,2,\cdots,n \tag{2-56}$$

式中：e_t——第 t 期的预测误差；

n——时间数列的项数。

显然，仅有某一时期的误差大小，不能反映预测的整体效果。要对预测的整体效果作出评价，需要计算预测误差的综合指标。常用的综合指标有平均绝对误差和均方根误差，分别记作 E_M 和 E_R。

(1)平均绝对误差：平均绝对误差是各期误差绝对值之和的平均数，即

$$E_M=\frac{1}{n}\sum_{i=1}^{n}|e_i| \tag{2-57}$$

(2)均方根误差:均方根误差不用绝对值,而是计算误差的平方,经平均之后再开方。计算公式为:

$$E_{\mathrm{R}}=\sqrt{\frac{1}{n}\sum_{i=1}^{n}e_i^2} \tag{2-58}$$

下面以表2-13的数据资料为例,用速度预测法、最小平方法和二次指数平滑法分别作出预测(表2-14),然后比较它们的整体效果。时期序号采用 $t,t-1,\cdots,t-n+1$。

三种方法预测结果比较表　　表2-14

时序	X_t	$\hat{X}_t$			e_i			e_i^2		
		(1)	(2)	(3)	(1)	(2)	(3)	(1)	(2)	(3)
$t-10$	10.60	10.60	11.07	11.42	0	0.47	0.82	0	0.220 9	0.672 4
$t-9$	10.95	10.84	11.30	11.59	0.11	0.35	0.64	0.012 1	0.122 5	0.409 6
$t-8$	11.56	11.10	11.53	11.76	0.45	0.02	0.21	0.202 5	0.000 4	0.044 1
$t-7$	11.92	11.35	11.76	11.93	0.57	0.16	0.01	0.324 9	0.025 6	0.000 1
$t-6$	12.43	11.62	11.99	12.10	0.81	0.44	0.33	0.656 1	0.193 6	0.108 9
$t-5$	12.84	11.89	12.22	12.27	0.95	0.62	0.57	0.902 5	0.384 4	0.324 9
$t-4$	12.92	12.17	12.45	12.44	0.75	0.47	0.48	0.562 5	0.220 9	0.230 4
$t-3$	13.05	12.45	12.68	12.61	0.60	0.37	0.44	0.36	0.136 9	0.193 6
$t-2$	12.26	12.74	12.91	12.78	0.48	0.65	0.52	0.230 4	0.422 5	0.270 4
$t-1$	12.58	13.04	13.14	12.95	0.46	0.56	0.37	0.211 6	0.313 6	0.136 9
t	13.34	13.34	13.37	13.12	0	0.03	0.22	0	0.000 9	0.048 4
Σ					5.18	4.14	4.61	3.462 6	2.042 2	2.439 7

(1)速度预测法

平均发展速度　　$\bar{v}=\sqrt[10]{\frac{13.34}{10.60}}=102.33\%$

预测方程　　$\hat{X}_{t+T}=X_t\bar{v}^T=13.34\times1.0233^T$

(2)最小平方法

例2.10已经建立了预测方程,考虑时序的一致,将该方程改为:

$$\hat{X}_{t+T}=13.12+0.17T$$

(3)二次指数平滑法

鉴于数列趋势较平缓,但项数不多,取 $\alpha=0.4$,计算第 t 期一次、二次指数平滑值,得 $S_t^{(1)}=12.87$,$S_t^{(2)}=12.62$,系数 $a=13.12$,$b=0.17$,预测方程为:

$$\hat{X}_{t+T}=13.12+0.17T$$

由表2-13计算三种方法的平均绝对误差和均方根误差如下:

速度预测法　　$E_{\mathrm{M}}=\frac{5.18}{11}=0.47$

$$E_{\mathrm{R}}=\sqrt{\frac{3.462\,6}{11}}=0.56$$

最小平方法　　$E_{\mathrm{M}}=\frac{4.14}{11}=0.38$

$$E_R=\sqrt{\frac{2.0422}{11}}=0.43$$

二次指数平滑法

$$E_M=\frac{4.61}{11}=0.42$$

$$E_R=\sqrt{\frac{2.4397}{11}}=0.47$$

从以上结果可以看出，最小平方法的误差指标值最小，二次指数平滑法次之，速度预测法的误差最大。事实上，速度预测法是一种比较粗略的预测方法，它只取决于首、末两期的指标值，对中间各期的变动基本上不予考虑，因此整体效果不佳。最小平方法以误差平方和最小为目标建立直线方程，所以精确度高。二次指数平滑法远期递推计算平滑值能很好地照顾中间数据的变化，同时根据趋势变动程度合理选取平滑系数，是一种很有效的直线趋势预测方法，如果时间数列的项数较多，也能取得非常好的预测效果。

2. 误差控制

预测存在误差，引起误差的原因可能是偶然性因素，也可能是系统性因素。若是偶然性因素引起，误差应服从正态分布（或 t 分布），并按一定的置信度处于容许范围之内，否则说明有系统性因素在起作用，必须及时改进预测方法及模型，有效地控制预测误差。

控制预测误差的工具是预测误差控制图。图的中心线代表预测误差的数学期望：$E(\hat{X}-X)=0$，两侧画出两条控制线，中间区域是预测误差置信区间。区间上、下限的确定与数理统计中区间估计的原理相同。

给定置信度为 $1-\alpha$，则预测误差的 $1-\alpha$ 置信区间为：

$$(-\hat{E}_R z_{\frac{\alpha}{2}},\hat{E}_R z_{\frac{\alpha}{2}})$$

式中：E_R——均方根误差；

$z_{\frac{\alpha}{2}}$——标准正态分布临界值。

如果时间数列的项数较少（$n<30$），则要用 t 分布替换正态分布，预测误差的 $1-\alpha$ 置信区间为：

$$(-\hat{E}_R t_{\frac{\alpha}{2}},\hat{E}_R t_{\frac{\alpha}{2}})$$

式中：$t_{\frac{\alpha}{2}}$——t 分布临界值，自由度为 $n-1$。

将预测误差 $e_t(t=1,2,\cdots,n)$ 标在预测误差控制图上，可得到 n 个预测控制点。若误差点在置信区间之内，则视其处于控制状态；若误差点落在两条控制线之外，则处于失控状态，这种点称为异常点。当异常点率（=异常点数/全部误差点数）超过 α 时，则认为预测出现系统差异，这时就要查找失控原因，适当调整参数，或改变预测模型，使预测值更加接近实际值。

复习思考题

1. 某市计划对市道路运输企业作一次抽样调查，以调查本市内道路运输企业的客货运输、成本利润等情况，试设计调查表。

2. 某客运公司 3 条班线客运，2008 年 3 月中旬中每天旅客运输情况（单位：人）为：

班线 1：	980	1 030	990	1 015	1 008	845	924	1 108	1 200	885
班线 2：	742	651	890	1 030	656	862	755	1 005	689	951

班线3:　843　766　908　1 009　952　870　934　985　1 020　885

(1)计算3条班线3月中旬旅客运量及均方差,并说明哪一条班线的平均数代表性强。

(2)计算客运公司3月中旬的日均客运量及各班线对整体水平的贡献。

3. 某货运公司有甲、乙两个车队,每车队有8辆车,每车队里每辆车的某天的货运周转量(单位:t·km)为:

甲班组:20、40、60、70、80、100、120、70

乙班组:67、68、69、70、71、72、73、70

(1)计算甲、乙两个车队的平均每辆车的货运周转量。

(2)计算均方差、均方差系数,并比较甲、乙两个车队的平均每辆车产量的代表性。

4. 某客运企业近15期的利润总额(单位:百万元)为:

2.0　3.2　2.4　2.8　3.5　4.3　3.3　4.2　4.6　4.0　5.5　4.3　5.4　6.0

试按三年移动平均和五年移动平均将动态数列修匀,并绘制修匀前后的动态曲线图。

5. 根据下表资料,以2007年为基期,2008年为报告期,分析员工人数和劳动生产率对总产值的影响。

年　度	总产值(万元)	员工平均人数	全员劳动生产率(元/人)
2008	110	220	5 000
2007	80	200	4 000

6. 下面动态分析指标的应用,有哪些不恰当,应该如何改正?

(1)某校学生人数逐年有所增加,2006年比2005年增长4%,2007年比2006年增长6%,2008年比2007年增长11%,三年来学生人数总共增长21%(=4%+6%+11%)。

(2)某工厂1月份平均工人数为190人,2月份平均工人数为215人,3月份平均工人数为220人,4月份平均工人数为230人,所以第一季度平均工人数为215人,即(190/2+215+220+230/2)÷3=215(人)。

第三章 道路运输统计法规与制度

道路运输是现代化综合运输体系中最重要的组成部分，是目前各种运输方式中最广泛、最活跃、最富有潜力的运输方式之一。随着社会经济的高速发展，道路运输量的调查与统计也愈来愈受到重视。但是，在实际中我们必须依据有关的法律规章开展统计工作，做到有法可依、有法必依、违法必究、执法必严。因此，深入了解、研究道路运输法律法规是非常必要的。

第一节 道路运输统计法规和制度的表现形式

法律、法规在道路运输统计工作起着非常重要的作用。一方面，法律、法规为道路运输统计工作提供法律依据，使工作人员在实际工作有法可依，确保运输统计数据的准确性；另一方面，法律、法规为主管部门依法行政提供可靠的法律保障，充分发挥法规、制度的效力。同时，它也约束统计工作人员有法必依，保证日常道路运输统计工作的有序进行。因此，学习道路运输法律、法规与制度对于我们的实际工作非常重要。

一、统计法律

法律是专指由全国人大和全国人大常委会制定颁布的规范性法律文件，其效力仅次于宪法。统计法律是指由全国人民代表大会常务委员会制定的关于统计方面的行为规范。1983 年 12 月 8 日，第六届全国人民代表大会常务委员会第三次会议通过的《中华人民共和国统计法》(以下简称《统计法》)是我国唯一的一部统计法律。该法律根据 1996 年 5 月 15 日第八届全国人民代表大会常务委员会第十九次会议《关于修改〈中华人民共和国统计法〉的决定》修正。修改后的《统计法》分为总则、统计调查计划和统计制度、统计资料的管理和分布、统计机构和统计人员、法律责任、附则，共六章、三十四条。这是我国加强统计法制，发展统计事业的一项重大法则。它是我国目前统计工作运行的根本大法。在统计实际工作中我们应用的规章制度都是以《统计法》为基础制订的。如我国现行的道路运输及相关业务统计报表制度都是依据《统计法》的有关制度规定的。《统计法》第三条规定：国家机关、社会团体、企业事业组织和个体工商户等统计调查对象，必须依照本法和国家规定，如实提供统计资料，不得虚报、瞒报、迟报，不得伪造、篡改。基层群众性自治组织和公民有义务如实提供国家统计调查所需要的情况。第十五条规定：统计机构、统计人员对在统计调查中知悉的统计调查对象的商业秘密，负有保密义务。《统计法》的相关规定保证了道路运输统计工作的正常进行以及获取数据的准确性。在《统计法》中"运输和邮电"这一章节里还详细地解释了道路运输统计所需要的相关统计指标，如客(货)运量、客(货)运密度 、旅客(货物)周转量等。

二、统计行政法规

我国宪法规定，国务院有权根据宪法和法律制定行政法规，发布决定和命令。行政法规是国家最高行政机关国务院指定的有关国家行政管理的规范性法律文件的总称。其法律地位和效力仅次于宪法和法律,高于地方性法规和其他规范性文件。统计行政法规是指由国务院制定或批准的有关统计行政管理及统计活动的行为规范。2000年6月2日,国务院批准修订的《中华人民共和国统计法实施细则》(以下简称《统计法实施细则》)就属于统计行政法规。2005年12月16日,国务院总理温家宝签署国务院第453号令,公布了《国务院关于修改〈中华人民共和国统计法实施细则〉的决定》,并自2006年2月1日实施。

《统计法实施细则》是为了贯彻实施《统计法》,并根据《统计法》的立法原则和精神,对其内容作了进一步具体化的规定。除《统计法实施细则》外,我国现行的统计行政法规还有1980年国务院转批国家统计局的《关于统计报表管理暂行规定》等。

三、统计报表制度

目前,我国现行道路运输统计管理制度中主要依据《关于统计报表管理暂行规定》制订具体的道路运输统计管理实施细则。因此,学习统计报表制度是我们今后学习、了解道路运输统计工作的基础。

统计报表制度是按统一规定的表格形式、统一的报送程序和报表时间,自下而上提供基础统计资料,是一种具有法律性质的报表制度。它是以全面调查为主,由政府主管部门根据统计法规,以统计表格形式和行政手段自上而下布置,而后由企事业单位自下而上层层汇总上报,逐级提供基本统计数据的一种制度。根据报表制度的统计指标,报送各基层运管部门要建立健全原始记录、统计台账,做到数据齐全,计算准确。

四、统计方案

在日常道路运输统计工作中,统计方案的设计和应用起着举足轻重的作用。因此,具体工作实施必须依靠准确的统计方案的设计与应用。统计调查方案是统计调查前所制订的实施计划,是全部调查过程的指导性文件,也是调查工作有计划、有组织、有系统进行的重要保证。统计调查方案应确定的内容有:调查目的与任务、调查对象与调查单位,制订调查项目与调查表,选择调查方式和方法,规定调查地点、调查时间和调查时限、调查的组织实施计划等。具体统计方案的设计主要依赖于统计调查的目的和任务。统计方案往往在应用中是一次性的,有很强的针对性和目的性,如我国2008年11月份在"2008年全国公路水路运输量专项调查"中使用的《全国公路运输路量专项调查方案》。

第二节　道路运输统计制度简介

道路运输统计制度是我国现行法律条款和具体内容相结合的有机体,法规制度的作用只有通过具体的内容体现出来。目前,我国道路运输统计制度的运用主要体现在具体道路运输统计报表的填报。截至2008年8月,交通运输部经国家统计局审批和备案的统计报表制度共有28套,实际执行的报表制度只有26套。道路运输统计实务工作中,报表制度作为主要的统计运用制度,每套报表都体现了法律规章制度的效力。目前,我国现有的道路运输统计报表制度按其统计的用途的不同主要分为:道路运输统计报表制度、交通运输综合统计报表制度、交通固定资产投资统计报表制度等。

一、道路运输统计报表制度

为了加强道路运输管理的基础工作，保证各级交通主管部门和道路运政管理部门及时、准确地掌握道路运输的发展规模、布局、经济成分和发展变化趋势，提高日常管理工作效率，交通部从 1996 年开始制订和印发《道路运输统计报表制度》。2006 年，交通部制订和印发了新的《道路运输统计报表制度》，道路运输统计数字将按照新的制度执行。

《道路运输统计报表制度》的制订主要是为准确、及时、全面地了解全国道路运输业发展情况，满足各级政府及交通主管部门制订行业政策和发展规划的需要。它的主要统计范围为全国所有从事道路运输（道路旅客运输、道路货物运输）以及道路运输相关业务（站场经营、机动车维修经营、机动车驾驶员培训）的经营业务。它主要由总说明、报表目录、报表表式和填报说明组成。表 3-1 为道路运输统计报表的总体框架。

道路运输统计报表的总体框架 表 3-1

表　号	表　名	报出日期及方式
交公路 1 表	道路运输经营业户	半年报 6 月 30 日前，年报次年 1 月 31 日前
交公路 2 表	道路运输相关业务经营业户	半年报 6 月 30 日前，年报次年 1 月 31 日前
交公路 3 表	道路运输从业人员	半年报 6 月 30 日前，年报次年 1 月 31 日前
交公路 4 表	道路客货运站	半年报 6 月 30 日前，年报次年 1 月 31 日前
交公路 5 表	机动车维修业及汽车综合性能检测站	半年报 6 月 30 日前，年报次年 1 月 31 日前
交公路 6 表	机动车驾驶员培训	半年报 6 月 30 日前，年报次年 1 月 31 日前
交公路 7 表	道路客运线路班次	半年报 6 月 30 日前，年报次年 1 月 31 日前
交公 7 - 1 表	营运载客汽车	半年报 6 月 30 日前，年报次年 1 月 31 日前
交公 7 - 2 表	营运载货汽车	半年报 6 月 30 日前，年报次年 1 月 31 日前
交公路 8 表	农村道路客运	半年报 6 月 30 日前，年报次年 1 月 31 日前
交公路 9 表	道路危险货物运输	半年报 6 月 30 日前，年报次年 1 月 31 日前
交公 10 表	国际道路运输	半年报 6 月 30 日前，年报次年 1 月 31 日前
交公 11 表	港澳台及外商投资道路运输	半年报 6 月 30 日前，年报次年 1 月 31 日前
交公 12 表	道路运输车辆、业户及从业人员市场退出情况	半年报 6 月 30 日前，年报次年 1 月 31 日前

在形式上，新报表相对于旧的上报报表保留了交公路 5 表“机动车维修业及汽车综合性能检测站”、交公路 7 表“道路客运线路班次”、交公路 10 表“国际道路运输”和交公路 11 表“港澳台及外商投资道路运输”；拆分了交公路 1 表“道路运输经营业户”、交公路 2 表“道路运输相关业务经营业户”、交公路 3 表“道路运输从业人员”以及交公路 4 表“道路客货运站”；精简了原交公路 1 表“道路运政机构基本情况”和原交公路 3 表“道路客货运输企业经营资质”；合并了交行统 7 - 1 表“营业性载客汽车”和交行统 7 - 2 表“营业性载货汽车”；新增了交公路 6 表“机动车驾驶员培训”、交公路 8 表“农村道路客运”、交公路 9 表“道路危险货物运输”和交公路 12 表“道路运输车辆、业户及从业人员市场退出情况”。每张表后都附有相应的指标解释和注意事项，以便工作人员填写。

在内容上，新的《道路运输统计报表制度》增加了反映农村道路客运发展和建设、道路危险货物运输、机动车驾驶员培训和道路运输车辆、经营业户及从业人员市场退出情况的统计报表和指标，并将一些原有指标细分，有利于更加全面、准确地反映道路运输经济运行，从而适应

《中华人民共和国道路运输条例》及其配套规章的需要。

与旧的制度相比，新的《道路运输统计报表制度》（以下简称《制度》）具有以下特点：第一，更加关注运输市场运行情况。新《制度》在原来指标的基础上，将道路运输经营业户划分为100辆车及以上的企业、50～99辆车的企业、10～49辆车的企业、10辆车以下的企业和个体运输户；将道路客运线路按里程划分为小于400km、大于400km且小于800km、大于800km的线路。第二，更加关注农民出行状况。新《制度》增加了反映农村道路客运发展和建设的报表，包括农村客运班车通达情况、农村客运站数量、农村客运班线、农村客运车辆、农村旅客运输量、农村客运站投资等指标。第三，更加关注危货运输监管。新《制度》增加了反映道路危险货物运输的报表，包括运输爆炸品、易燃液体、易燃固体、易于自燃物质和遇水放出易燃气体的物质、氧化性物质和有机过氧化物、毒性物质和感染性物质、放射性物质、腐蚀性物质、杂类危险物质和物品的业户数，安装GPS和行车记录仪的专用车辆等指标。第四，更加关注机动车驾驶员培训。新《制度》增加了反映机动车驾驶员培训的报表，包括机动车驾驶员培训业户、理论教练员人数、驾驶操作教练员人数、从业资格培训教练员人数、管理人员人数、培训人次、教学车辆等指标。第五，更加关注运输市场退出情况。新《制度》增加了反映道路运输车辆、业户及从业人员市场退出情况的报表，包括报废车辆、检验不合格退出车辆、道路运输经营业户市场退出数、取得从业资格证人员退出数等。

二、交通运输综合统计报表制度

《交通运输综合统计报表制度》于2008年10月由中华人民共和国交通运输部制订，中华人民共和国国家统计局批准。它的制订是为了更加准确、及时、全面地了解全国公路、水路交通运输基本情况，满足各级政府及交通管理部门制订政策和规划以及加强行业管理的需要。该报表制度的统计范围为公路、水路交通运输全行业。这里主要关注交通运输部对公路交通运输行业的统计情况。本报表由43张表组成，其中18张表涉及道路运输统计内容，见表3-2。

交通运输综合统计报表关于公路方面基本框架 表3-2

表　号	表　名	报告期别	填报范围	报出日期及方式
（一）年报				
交行统7-1表	公路旅客营运车辆拥有量	年报	营运车辆	1月31日报表及电子邮件
交行统7-2表	公路货物营运车辆拥有量	年报	营运车辆	1月31日报表及电子邮件
交行统9表	全社会公路客货运输量	年报	客货运输量	
交行统11表	全社会公路分货类运输量	年报	分货类运输量	
交行统13表	全社会公路、水路集装箱运输量	年报	集装箱运输量	
交行统14表	营业性汽车运输效率和燃料消耗	年报	效率和燃料消耗	
交行统16表	交通运输主要统计指标快速年报	年快报	交通运输主要统计指标	12月1日传真报表、邮件
交企统1表	公路客运站旅客运输量调查表	年报	重点联系客运站	1月31日报表及电子邮件
交企统2表	公路客运企业运输量调查表	年报	重点联系企业	

续上表

表　　号	表　　名	报告期别	填报范围	报出日期及方式
交企统3表	公路货运企业运输量调查表	年报	重点联系企业	
交企统4表	重点联系公路运输企业经营财务情况调查表	年报	重点联系企业	4月25日报表及电子邮件
(二)定期报表				
交行统7-1表	公路旅客营运车辆拥有量	半年报	营运车辆	7月10日报表及电子邮件
交行统7-2表	公路货物营运车辆拥有量	半年报	营运车辆	同上
交企统4表	重点联系公路运输企业经营财务情况调查表	半年报	重点联系企业	8月10日报表及电子邮件
交行统9表	全社会公路客货运输量	月报	客货运输量	月后1日传真报表、邮件
交企统1表	公路客运站旅客运输量调查表	月报	重点客运站	
交企统2表	公路客运企业运输量调查表	月报	重点联系企业	
交企统3表	公路货运企业运输量调查表	月报	重点联系企业	

《交通运输综合统计报表制度》是交通系统的行业报表,主要针对交通行业各个量化指标进行解释和填报。

三、交通固定资产投资统计报表制度

为了解全国交通固定资产投资完成情况,满足交通行业宏观调控和行业管理需要,依据《中华人民共和国统计法》有关规定,结合国家固定资产投资统计报表制度要求,特制订交通固定资产投资报表统计报表制度。本报表制度的统计范围为全社会公路、水路交通固定资产投资,包括水上运输业、公路运输业、支持系统、交通部门其他四部分内容。

固定资产投资是建造和购置固定资产的经济活动,即固定资产再生产活动。固定资产再生产过程包括固定资产更新(局部更新和全部更新)、新建、改建、扩建等活动。因此,公路交通固定资产投资统计是通过对全社会用于公路交通建设的固定资产再生产经济活动的数量表现的研究,主要反映其规模、结构、效果等。它统计的对象是全社会建造和购置公路交通固定资产经济活动的数量,从中认识公路交通固定资产再生产经济活动的客观规律。

公路交通固定资产投资统计范围是:全社会运用各种资金进行的公路交通基础设施建设,以及交通系统内部生产经营、教学、科研和生活等方面的固定资产投资活动。表3-3为交通固定资产投资统计报表制度关于公路方面基本框架。

交通固定资产投资统计报表制度关于公路方面基本框架　　　表3-3

表　　号	表　　名	报告期别	填报范围	报送日期及方式
(一)综合报表				
交统投1表	交通固定资产投资完成情况	年报	全社会交通固定资产投资项目	1月31日报表
交统投2表	建设规模及新增生产能力(或工程效益)	年报	全社会交通固定资产投资项目	1月31日报表
交统投3表	交通固定资产投资额及新增生产能力快报	年快报	全社会交通固定资产投资项目	12月1日电子邮件或传真

续上表

表 号	表 名	报告期别	填报范围	报送日期及方式
交统投 3-1 表	交通固定资产投资资金来源快报	年快报	全社会交通固定资产投资项目	12 月 1 日电子邮件或传真
交统投 3-2 表	中央及地方安排农村公路建设情况快报	年快报	全社会农村公路固定资产投资项目	12 月 1 日电子邮件或传真
(二)基层报表				
交统投 4 表	交通固定资产投资项目基本情况表	不定期	全社会交通固定资产投资项目	计划下达次月 1 日电子邮件
交统投 5 表	交通固定资产投资统计基层标准表	年报 月报	全社会交通固定资产投资项目	年报:1 月 15 日电子邮件及传真 月报:月后 1 日电子邮件
交统投 7 表	公路项目工程形象进度统计	年报 月报	交通运输部重点公路、全社会农村公路固定资产投资项目	年报:1 月 15 日电子邮件及传真 月报:月后 1 日电子邮件

四、公路运输能源消费统计报表制度

为了进行全国公路运输能源消费统计调查,了解和掌握公路运输能源消费情况,国家统计局和交通运输部共同制订《公路运输能源消费统计报表制度》。本报表制度的建立为能源消费统计指标体系、监测体系和考核体系提供了重要的依据。

本报表调查对象主要是单台载客和载货汽车。调查的范围为各省(区、市)营业性公路运输载客汽车和载货汽车,报表中不包括以下三类车辆:

(1)在城市内公路上进行旅客运输的公共汽(电)车、出租汽车、接送本单位职工上下班的班车、小客车,单位自己使用的载货汽车或其他运输工具。

(2)在港口、车站、市内为装卸而进行搬运的各种运输工具。

(3)从事营业性运输的拖拉机和农用运输车。

调查的内容主要包括单台车辆的基本情况和燃油消费情况,如车主(驾驶员)姓名、联系电话、车牌号码、标记客位(或标记吨位)、百公里耗油、行驶里程、加油费用等指标。目前,该报表主要有以下内容:

(1)"载客汽车能源消费表"主要针对持有道路运输管理机构配发的道路运输证,从事道路旅客运输经营活动的运输车辆的能源消耗情况(汽油、柴油)。主要指标有:百公里耗油、行驶里程、加油费用。

(2)"载货汽车能源消费表"主要针对持有道路运输管理机构配发的道路运输证,从事道路货运运输经营活动的运输车辆的能源消耗情况(汽油、柴油)。主要指标有:百公里耗油、行驶里程、加油费用。

(3)"全省(区、市)公路运输能源消费表"主要统计的范围是全省(区、市)公路运输能源消耗的统计。主要的指标有:调查车辆数、百公里耗油、单车平均燃油消耗量、营运车辆总数、燃油消耗总量。

(4)“全市(区、县)营业性运输车辆按车型分类数量表”主要按照车型分类数量统计营业性运输车辆的能源消耗情况。主要有载客汽车和载货汽车,按照汽油车和柴油车分类。

五、交通运输部道路运输行业行车事故统计报表制度

为加强道路运输行业安全生产监督管理,做好道路运输行业行车事故统计工作,及时、准确、完整地反映道路运输行业行车事故情况,保障及时、有效地开展道路运输行业行车事故应急处理和全面统计分析,于2008年10月制订交通运输部道路运输行业行车事故统计报表制度。

本报表制度的统计范围为道路运输企业或者个体运输业户(以下简称运输经营者)在运输活动中所发生的行车事故(以下简称运输行业行车事故),见表3-4。各级交通运输主管部门和运输经营者应当按照本制度的要求,及时上报运输行业行车事故情况。

道路运输行业行车事故统计表框架 表3-4

表号	表名	报告期别	填报范围	报送单位	报送日期及方式
交公路41表	道路运输行业行车事故快报	不定期	道路运输行业发生一次死亡3人以上的行车事故、涉及外籍人员死亡的行车事故、造成重大污染的危险化学品运输事故	各省级交通运输主管部门	不定期及传真
交公路42表	道路运输行业行车事故统计表	月报	道路运输行业发生一次死亡1人以上的行车事故、危险化学品运输事故	各省级交通运输主管部门	月后15日报表及传真、邮件

各省级交通运输主管部门对辖区内所属运输经营者和辖区区域内所发生的一次死亡3人以上30人以下的行车事故、涉及外籍人员死亡的行车事故、造成重大污染的危险化学品(包括剧毒、放射、爆炸品等)运输事故,应当在接到报告后12小时之内按照《道路运输行业行车事故快报》的表式上报交通运输部,并及时续报事故伤亡人数变化、事故调查和处理情况。各省级交通运输主管部门对辖区内所属运输经营者和辖区区域内所发生的一次死亡30人以上的行车事故,应当在接到报告后2小时之内按照《道路运输行业行车事故快报》的表式上报交通运输部,并及时续报事故伤亡人数变化、事故调查和处理情况。各省级交通运输主管部门对辖区内所属运输经营者所发生的一次死亡1人以上的行车事故和危险化学品运输事故,应当按照《道路运输行业行车事故统计表》的表式按月汇总后,于每月15日之前将上月的统计表报交通运输部。本制度由交通运输部公路司负责解释。

六、交通科技统计报表制度(试点)

为了解全国交通行业科技活动规模、结构和发展水平,满足交通科技管理需要,依据《中华人民共和国统计法》有关规定,结合交通行业实际,特制订本报表制度。交通科技统计报表试点工作的开展,旨在推进交通行业创新体系建设,提升交通行业科技发展水平,跟踪全国交通科技项目投入产出及项目研究情况,掌握交通行业科学研究与技术开发机构的活动规模、结构和发展水平,满足交通科技宏观管理的需要。

新制订的交通科技统计制度具有以下三个特点:首先,该制度扩展了原有的科技部对交通科技机构的统计范围,能更好地反映交通行业核心科研力量的规模和结构,方便管理部门分析

行业的创新能力。其次,建立了以项目管理为基础的统计指标,将统计与日常科技项目管理相融合,一方面进一步规范科技管理,另一方面解决统计力量薄弱的问题。通过设置项目投入、产出等指标,方便管理部门对科技活动的绩效评估;通过设置反映科技活动进程的指标,方便科技管理部门对科技项目进行跟踪管理和对项目承担单位开展信用评估;通过设置反映重点项目产业化情况和后续滚动研究情况的指标,方便管理部门及时调整交通科技发展方向和发展重点。最后,在项目分类、研究目标、项目成果和收益等方面的指标设计上更好地结合了交通行业特点,更贴近交通科技实际。表 3-5 为交通科技统计报表框架。

交通科技统计报表框架 表 3-5

表号	表名	报告期别	填报单位	报送单位	报送日期、方式
交统科临 1 表	交通科技机构概况	年报	交通运输部科学研究院、交通运输部公路科学研究院、交通运输部水运科学研究院、交通运输部规划研究院、交通运输部天津水运工程科学研究院、重庆交通科研设计院;大连海事大学;中国交通建设股份有限公司、中国远洋运输(集团)总公司	交通运输部科学研究院、交通运输部公路科学研究院、交通运输部水运科学研究院、交通运输部规划研究院、交通运输部天津水运工程科学研究院、重庆交通科研设计院;大连海事大学;中国交通建设股份有限公司、中国远洋运输(集团)总公司	1月10日上报纸质报表及电子邮件
交统科临 2 表	交通科技机构科研建设投资情况	年报	同上	同上	同上
交统科临 3 表	交通科技机构科研条件	年报	同上	同上	同上
交统科临 4 表	交通科技项目类型和研究目标	年报	项目牵头承担单位	北京市交通委员会、江苏省交通厅、河南省交通厅、四川省交通厅;交通运输部科学研究院、交通运输部公路科学研究院、交通运输部水运科学研究院、交通运输部规划研究院、交通运输部天津水运工程科学研究院、重庆交通科研设计院;大连海事大学;中国交通建设股份有限公司、中国远洋运输(集团)总公司	1月10日上报电子邮件
交统科临 5 表	交通科技项目科技人员及工作量投入情况	年报	同上	同上	同上
交统科临 6 表	交通科技项目资金情况	年报	同上	同上	同上
交统科临 7 表	交通科技项目执行情况	年报	同上	同上	同上

续上表

表　　号	表　　名	报告期别	填报单位	报送单位	报送日期、方式
交统科临 8 表	交通科技项目成果、效益及影响情况	年报	同上	同上	同上
交统科临 9 表	交通科技可持续支持项目后续发展及产业化跟踪情况	年报	同上	同上	同上
交统科临 10 表	交通科技可持续支持项目后续滚动研究项目一览表	年报	同上	同上	同上
交统科临 11 表	本年度在研交通科技项目资金到位与支出汇总表	年报	北京市交通委员会、江苏省交通厅、河南省交通厅、四川省交通厅；交通运输部科学研究院、交通运输部公路科学研究院、交通运输部水运科学研究院、交通运输部规划研究院、交通运输部天津水运工程科学研究院、重庆交通科研设计院；大连海事大学；中国交通建设股份有限公司、中国远洋运输（集团）总公司	同上	1 月 10 日上报纸质报表

该报表统计的范围：

（1）交统科 1 ~ 3 表为交通科技机构统计表，统计范围为交通行业内具有法人地位的独立研究机构、专制研究机构、直属及联系紧密高校、重点交通企业。

（2）交统科 4 ~ 7 表为在研项目统计表，统计范围包括省交通厅、公路局、港航局、运管局立项的项目，且只要在统计期内正在开展的项目，包括当年立项的项目和以前立项未结题的均需纳入统计。

（3）交统科 8 表为科技项目成果与效益统计表，无论项目是否在研，只要在报告期内产生了成果与效益，均需纳入统计。

（4）交统科 9 ~ 10 表统计范围为总投资在 100 万以上且在结题后有后续发展的项目，在项目完成后第二年进行统计。

七、全国公路运输量专项调查统计方案

2008 年 11 月，我国交通运输部组织全国公路运输量专项调查。此调查属于一次性专项调查。此次调查目的是为了适应公路运输市场的特点，解决交通统计中存在的总量数据失真、统计口径不全、结构性和区域性运输量数据缺失等问题。

本次方案将调查类别分为公路旅客运输量、公路货物运输量、治超数据和计重收费数据四大类。

公路旅客运输量调查的范围原则上为所有在公路上产生运输量的民用载客汽车所完成的公路旅客运输量。调查对象分为营业性载客汽车和非营业性载客汽车两类。营业性载客汽车是指由道路运输管理机构颁发道路运输证,从事营业性运输的客运车辆。非营业性载客汽车是指全国民用载客汽车中除了上述营业性客车外,在公路上产生旅客运输量(或出行量)的其他车辆。因此,统计公路客车运输量中分:跨省班线客车运输量、省内班线客车运输量、其他营业性客车运输量、出租客车运输量、公交汽车运输量、其他非营业型客车运输量。

货物运输量调查的范围为所有在公路上产生运输量的民用载货汽车、农用运输车及运输拖拉机。调查对象分为营业性货运车辆和非营业货运车辆。在本次专项调查中,营业性货运车辆是指由道路运输管理机构颁发道路运输证,从事货物运输的车辆。非营业型货运车辆是指未办理道路运输证,从事货物运输的车辆。主要分为四大类:营业性货车、非营业性载货汽车、非营业性农用运输车、非营业性运输拖拉机。

治超数据是交通运输部门设立的所有治超监测站均要纳入数据调查范围。对治超监测站数据的调查,由治超监测站统计人员利用治超监测站的相关工作记录汇总完成;对超限车辆数据的调查,结合治超检测站的业务管理针对每辆超限货车逐条记录相应数据。

计重收费数据是所有计重收费站点均要纳入数据调查范围。对货车计重数据的调查,采用在调查期内24小时不间断调查,由计重收费站统计人员利用计重收费点的业务管理系统针对每辆货车逐条记录计重收费数据。

调查的内容主要有运输量、燃油消耗、经营信息和运输结构。运输结构指标主要包括营业性质运输量、分车辆类型运输量、分区域运输量以及货类运输量。

1. 公路旅客运输

(1)跨省班线客车——需要调查运输量、燃油消耗、经营信息三类数据,完成《跨省班线客车调查表》、《跨省班线客车能耗调查表》、《营业性载客汽车经营情况调查表》。

(2)省内班线客车——需调查运输量、燃油消耗、经营信息三类数据,完成《省内班线客车调查表》、《经营性载客汽车经营情况调查表》。

(3)其他营业型客车——需调查运输量、燃油消耗、经营信息三类数据,完成《其他营业性客车调查表》、《营业性载客汽车经营情况调查表》。

(4)出租客车——需调查运输量、燃油消耗、经营信息三类数据,完成《出租客车调查表》、《营业性载客汽车经营情况调查表》。

(5)公交汽车——需调查运输量、燃油消耗、经营信息三类数据,完成《公交汽车调查表》、《营业性载客汽车经营情况调查表》。

(6)其他非营业性客车——需调查运输量数据,完成《其他非营业性客车调查表》。

2. 公路货物运输

(1)营业性货车——需调查运输量、燃油消耗、经营信息三类数据,完成《营业性货运车辆调查表》、《营业性货运车辆经营情况调查表》。

(2)非营业性载货汽车——需调查运输量数据,完成《非营业性货运车辆调查表》。

(3)非营业性农用运输车——需调查运输量数据,完成《非营业性货运车辆调查表》。

(4)非营业性运输拖拉机——需调查运输量数据,完成《非营业性货运车辆调查表》。

3. 治超数据

针对治超检测站主要调查站点的车辆检测、车辆超限等总体情况;针对超限车辆主要调查车辆的车轴数、货物名称、车辆总重等信息。完成《治超检测站数据调查表》、《治超检测站超限车辆数据调查表》。

4. 计重收费数据

主要调查通过收费站货车的车轴、车辆总重等基本信息。完成《计重收费站数据调查表》。

第三节　道路运输统计制度的完善和发展

随着道路运输业在我国经济事业的日益发展，道路运输业统计的工作也在不断地更新。为了与道路运输统计工作的实务结合起来，保持日常统计工作的应用性，应进一步完善和发展有关法律、规章制度。因此，加强道路运输统计制度的完善和发展是做到“有法可依、有法必依、执法必严、违法必究”，保持道路运输统计工作与时俱进的重要环节。

一、存在的问题

1. 法律规范体系尚待完善

目前，我国在道路运输统计方面，在执法中仍然以《统计法》为依据，没有相应的道路运输统计相关的法律制度。尽管《统计法》中对道路运输统计方面作了相关的解释和管理，但是只是从宏观方面大而全的管理，致使一些客货运不按照规章办事，扰乱运输市场，工作人员在管理过程中没有相关的法律规范可依。因此，有必要制订专门的道路运输统计法律、规范，为以后在依法行政、依法治国的政策环境中提供重要执法依据和维法保障。

2. 统计制度不严格

首先，我国现行道路运输统计报表制度不够严谨，主要体现在：统计范围不够完善；表格形式不够统一；指标内容不够具体；指标体系不够完整等。其次，道路运输行业的部分统计报表制度的指标体系并不十分健全，统计指标在设计上往往只能满足交通行业主管部门的需要，行业内各个业务部门、群体所关心的一些信息得不到充分的体现，如公路出行状况指标、交通经济运行指标、社会环境影响指标等在报表中没有得到反映和说明。最后，报表制度的形式化、笼统化，导致各级数据上报单位工作仅仅是为了完成上级或交通运输部下达的统计任务。

目前，执行的报表制度中仍存在部分报表设计不合理、报表填报说明不清晰、管理体制不顺等方面的问题。如《道路运输统计报表制度》中的《道路运输从业人员》，由于存在道路运输经营业户同时从事多种业务经营的现象，且一部分从业人员属于临时工，其从业人员难以按照企业的各项经营范围准确分类，道路运输管理机构难以准确统计各种分类的从业人员数。

3. 报表中没有明确统计手段和方法

报表中只是针对统计指标的解释以及逻辑关系的罗列，没有明确各指标之间逻辑关系的推导和演算，造成在计算过程中使用不同的计算方法和步骤，使得统计手段和方法不科学。因此，道路运输行业中得到的统计数据及时性、准确性就难以保障，行业统计数据的权威性就会被弱化，统计工作指导行业决策和服务管理的职能作用就会被淡化。

4. 原始记录不全面、统计台账不规范

有些交通统计数据数出无源，统计台账信息不全面、不规范，使得统计数据可信度低，可利用性不高。近年来，交通统计的基础工作规范化建设受重视程度不够，一些原始记录不全，影响到交通统计工作的质量，所以大力加强交通统计基础工作规范化建设，从源头上确保交通统计数据的质量就显得十分重要。因此，有必要建立健全原始记录、统计台账，强化对交通统计工作的日常管理，使统计数据数出有源，数核有因，使统计工作逐步走向规范化的轨道。

二、制度完善

1. 建立完善的道路运输统计法律

道路运输统计行业虽然在我国已经有一定的发展，但是尚未形成综合治理专门的法规。只有在法律的保证下，行业才能发展健全。因此，道路运输统计行业必须用法律的规范性、强制性引导行业的建设和管理，道路运输统计行业的立法已经成为行业发展的必然趋势。专门制订的法律制度在《统计法》的保证下，结合相关行业统计报表制度，能更加完善行业的规范和管理。

2. 确保统计制度的全面、科学

统计报表制度是当前了解我国国情的基本方式之一，也是我国统计调查方法体系中一种重要的组织方式，具有统一性、时效性、全面性、可靠性的特点。统计报表具有统一的表式、统一的对象、统一的报送流程、统一的报送时间等。因此，统计报表制度具有很强的技术规范性。设计、应用全面、科学的统计报表制度是保证交通统计工作质量的前提，主要体现在健全的指标体系和清晰的范围口径两方面。

建立与市场经济相适应的统计指标体系是新形势下对道路运输统计工作提出的新要求。在新形势下，应根据我国交通发展迅速的需要，结合现行的道路运输统计指标体系，建立一套既能反映道路运输行业的规模、现状、发展方向和行业的经济效应在市场经济中所起的作用及对国民经济的贡献，又能反映道路运输行业的成果和行业的社会效益等诸方面的综合统计指标体系，并用这套指标来指导行业的管理和相关行业政策的制订。

科学的统计制度是保证道路运输统计数据质量的前提。道路运输统计工作的组织管理形式是保证道路运输统计工作质量的前提。制度是否严格主要就反映在范围口径的界定以及指标解释两个方面。目前，基层交通统计人员面对的往往不是一套统计报表制度，如何才能确保各套统计报表制度被准确无误地执行，清晰的制度是关键。也就是说，指标越易被理解，制度越易被执行，范围口径越明确，数据质量就越高。其次，科学、严格的统计制度应能满足上下各级道路运输业务部门的需求，否则容易给基层填报单位造成“完成任务式”的统计工作局面，就更不用说提高基层交通统计工作人员的积极性以及基层领导对交通统计工作的重视程度了。

此外，道路运输统计报表的信息化是道路运输统计制度建设的关键环节之一。道路运输统计报表的信息化是将计算机技术、信息技术和网络技术应用到报表中，是应用计算机技术实现统计报表的信息化。它的应用不仅要从日常的统计台账、原记录开始，还要实现统计数据处理的自动化。道路运输统计处理技术是指对统计数据的采集、传输、存储和加工等处理过程中采用的技术和方法。道路运输统计报表的信息化是未来填报统计报表的必然趋势。应用信息化技术可以使填报数据的过程更加准确、安全、透明。

3. 不断提升和改进技术手段

统计手段技术化、统计工作信息化是道路运输统计现代化建设的核心，是行业统计工作成果化的前提，也是提高行业统计服务水平的决定因素。统计数据来源于基层，统计手段越先进，基层数据统计就越准确，数据分析就越有深度，从而数据的可利用性就越强，其社会价值也越高。

先进的统计数据收集系统是交通行业统计数据电子化、标准化的保证。实现交通行业统计数据的标准化、电子化，数据采集系统是关键。一套依据制度建设的集数据录入、审核、汇总功能于一体的采集系统，对于交通行业统计数据库体系的建设尤为重要。系统的建立使交通统计数据电子档案管理得以实现，既方便了交通统计资料的管理，又方便了基础交通统计信息的检索查询。

强大的统计监测与分析系统是交通统计工作成果化的最终体现。交通统计数据收集齐全后，如何发挥其作用体现其价值，强大的统计监测与分析系统是关键。拥有一个好的监测与分析系统，也就是拥有了一个决策支持平台，既可方便领导及时了解交通行业动态，又能在提供数据分析流的基础上给出直观的建议信息。

灵活兼容的发布系统是交通统计工作成果发布推广的窗口。数据分析汇总结果及相关分析报告出来后，如何第一时间发布出去以发挥其作用，体现其价值，灵活兼容的发布系统是关键。有了发布系统这个窗口，交通统计工作的成果才有可能被更多的人了解，推广起来才会更加便捷。

4. 实行定期布置及培训制度

定期的道路运输行业统计工作布置会及培训会的召开对于促进行业统计工作非常必要。一方面，会议的召开给道路运输行业统计工作人员提供了定期交流的平台；另一方面，布置会上可以结合当前行业统计工作的现状强调下一阶段的行业统计工作要点，同时还可以结合当前工作中出现的问题进行现场培训，增强交通行业统计工作人员的业务技能和统计技能。

复习思考题

1. 简述我国目前道路运输统计法律的几种表现形式。

2. 简述在《道路运输统计报表制度》中，新报表相对于旧的报表保留的内容以及不同的内容。

3. 简述目前道路运输统计报表制度存在的问题。

4. 试讨论目前应如何完善现行道路运输统计报表制度。

第四章 道路运输车辆统计

道路运输车辆是道路运输企业的主要装备，是实现旅客和货物的位移、最终完成运输业生产过程的工具，是道路运输业固定资产的重要组成部分。做好运输车辆统计，是保障道路运输业进行运输生产、不断提高运输效率的重要数据基础。道路运输车辆统计的目的就是要满足道路运输行业和企业经营管理的需要，全面、及时、准确地反映道路运输生产装备的数量、能力、构成、分布状况与技术状态，为编制与检查客货运输、设备更新、设备检修等提供统计资料。

第一节 道路运输车辆统计的意义

道路运输车辆是道路运输运营活动的工具，道路运输车辆的技术水平是体现道路运输行业发展水平的重要指标。进行道路运输车辆统计，不但对于道路运输经营者本身提升运输服务水平、提高竞争力具有重要的意义，同时对于政府层面上的道路运输行业本身的行业管理、产业政策具有重要的意义。

1. 有利于提升运输服务水平

道路运输车辆是企业运输活动的工具，直接决定了运输的服务水平。不同的道路运输车辆总量、结构构成，对于运输企业开展运输服务的水平的影响大不一样。如拥有广泛网络节点、众多车辆的货物运输公司，就能够较为方便地集货、送货，而且在时间上能够更为快捷地为客户送货。同时，在出现意外情况（如车辆意外停驶）时，这些货物运输公司能够更快地调集车辆，从而保证货物最大限度的运输。

2. 有利于企业提升、打造核心竞争力

由于道路运输车辆是企业运输活动的主要工具，因此道路运输车辆的总量、结构、技术水平等也在很大程度上决定了企业的竞争力。通过引入具有特色、适合具体运营条件的车辆，有利于打造企业的核心竞争力。例如，在客运车辆的安排上，由于我国西部国道主干线的线路等级较低，山区一些高速公路的设计速时为 80km/h，个别越岭路段的设计时速仅为 60km/h，主干线和区域干线的许多路段规划为二级公路。因此，西部大部分地区公路快速客运在运行模式上与发达地区相比有很大的差距。同时，客车也要适应西部环境，一些客运公司在西南地区引入“山地王”客车，而在西北地区投入“沙漠王”客车，以更好地适应企业的运营，提升企业的核心竞争力。而这些信息的获得、决策的作出，都依赖于完善、高效的道路运输车辆统计。

3. 有利于行业主管部门监管行业发展，为决策提供支撑

运力总量、结构等投放的科学与否，直接影响到整个行业的绩效水平与竞争的适度性。通过对运力投放总量、结构等的控制，政府可作出科学决策，有效地引导行业的发展方向，最大限度地保证行业健康、平稳发展。而运力总量、结构等基础数据的获得则需依赖于道路运输车辆统计。通过道路运输统计，能够很好地支撑行业决策，促进行业的健康发展。

4. 有利于行业科技进步

如前所述，道路运输车辆技术水平是表征道路运输行业发展水平的重要指标。通过道路

运输车辆统计，掌握特定时期、特定区域内的道路运输车辆的总体水平，在此基础上整理分析，通过进行横纵向的深入比较，能清楚地比较本地区一定时期内的车辆技术水平，结合行业发展趋势，以寻找差距，把握道路运输车辆技术的发展趋势，促进道路运输车辆技术水平的提高，从而提高整个行业的发展水平。

总之，道路运输车辆统计是道路运输统计的重要组成部分，为行业的运营、管理、发展提供最为基础的数据。同时，它也是行业管理、决策的重要支撑，在企业经营、行业发展中起着十分重要的作用。

第二节　道路运输车辆统计分组

一、统计范围与准则

运输车辆按产权进行统计。凡从事道路旅客和货物运输的各类车辆，不论经济类型，不论隶属关系，也不论营业性运输和非营业性运输，均应纳入统计。

二、统计分组

1. 按运输车辆的技术特征和行驶方式划分

按运输车辆的技术特征和行驶方式分为机动车辆和非机动车辆。

机动车是指装有各种发动机，以机械动力行驶的车辆，包括汽车、轮胎式拖拉机、摩托车和其他机动车。其他机动车是指除汽车、轮胎式拖拉机和摩托车以外的机动车，如简易机动车、三轮汽车、电动车等。三轮汽车是指载货部位为栏板结构，具有三个车轮的货车。

非机动车是指车辆本身没有动力，需要依靠其他动力车拖带或利用人力、畜力行驶的车辆，包括挂车、货运人力车、畜力车。

挂车是就其设计和技术特性需由汽车牵引，才能正常使用的一种无动力的道路车辆。挂车又分为两种：全挂车和半挂车。全挂车是指挂车的总重力由它自身承受，其特点是本身无动力，独立承载，依靠其他车辆牵引行驶；半挂车是车轴置于车辆重心（当车辆均匀受载时）后面，并且装有可将水平或垂直力传递到牵引车的连接装置的挂车，即挂车的一部分总重力由牵引车承受。其特点是本身无动力，与主车共同承载，依靠主车牵引行驶的车辆。

2. 按运输车辆的种类划分

按运输车辆的种类分为汽车、其他机动车、轮胎式拖拉机、挂车和人力畜力车。

3. 按车辆的用途划分

按运输车辆的用途分为营运车和非营运车。

营运车是指在交通运输管理部门领取营运证，从事营业性运输生产活动的车辆。非营运车是指为车辆所有者自身服务（为本单位内部生产和职工生活服务，不与其他单位发生运费结算）的车辆。

4. 按运输车辆使用的能源种类划分

按运输车辆使用的能源种类分为汽油车、柴油车、双燃料车、其他燃料车。

汽油车是指以发动机燃料类型为汽油的汽车。柴油车是指以发动机燃料类型为柴油的汽车。双燃料车是指既可以使用汽油或柴油，也可以使用 CNG（天然气）、LPG（液化气）等作为发动机燃料的汽车。其他燃料车是指使用汽油、柴油、CNG、LPG 以外燃料的汽车。

5. 按车辆的运输方式划分

按车辆的运输方式分为客车和货车。

（1）客车主要分组

①按营业性质分为营运客车和非营运客车。营运客车又分为班车客运客车、出租客车、旅游客车、包车客车和其他客车。

班车客运客车是指道路运输证经营范围栏上注明“班车客运”的客车。出租客车是指道路运输证经营范围栏上注明“出租客运”的客车。旅游客车是指道路运输证经营范围栏上注明“旅游客运”的客车。包车客车是指道路运输证经营范围栏上注明“包车客运”的客车。其他客车是指除班车客运客车、出租客车、旅游客车、包车客车以外，从事其他旅客运输经营的客车，包括公共汽车和租赁客车。

②按核定客位或车身长度分为大型客车、中型客车和小型客车。

按标记客（吨）位分为：大型载客汽车（指标记客位 30 座以上的客车）；中型载客汽车（指标记客位 16 ~ 30 座的客车）；小型载客汽车（指标记客位 15 座及以下的客车）。

载客汽车同时按车长、等级进行分组统计。载客汽车的车长划分执行《营运客车类型划分及等级评定》（JT/T 325—2004），即

特大型客车：12m < 车身长度 ≤ 13.7m

大型客车：9m < 车身长度 ≤ 12m

中型客车：6m < 车身长度 ≤ 9m

小型客车：3.5m < 车身长度 ≤ 6m

载客汽车的等级划分执行《营运客车类型划分及等级评定》（JT/T 325—2004）。

③按舒适程度分为高级客车、中级客车、普通客车和卧铺客车。

另外，还可以分为公务车和商务车。

（2）货车主要分组

①按营业性质分为营运货车和非营运货车。

②按用途可分为普通载货车、专用载货车。

普通载货汽车是指只有一般构造的栏板式、平板式载货汽车，包括自卸车和挂车。

专用载货汽车是指具有特殊的构造和专门用途的汽车，包括集装箱车、零担货运车、大型物件运输车、保温车、冷藏车、罐车、商品汽车运输车、危险品货物运输车等。集装箱车是指具有集装箱转锁装置用于运输集装箱的货车。计量单位：辆、吨位、TEU。零担货运车是指专门用于零担货物运输的车辆。大型物件运输车是指专门用于大型物件运输的货车。冷藏保温车是指具有冷藏设备的厢式货柜，专门用于须保持一定温度物品运输的货车。罐车是指具有罐状结构，专门用于液体、粉状及流质物质运输的货车。商品汽车运输车是指具有承载汽车的结构，专门用于运输商品汽车的货车。危险货物运输车是指经道路运政管理机构核准从事道路危险货物运输的车辆。

③按车辆的核定能力分为小型货车、中型货车、大型货车、重型货车和特大型货车。

大型载货汽车是指标记吨位 4t 以上的载货汽车。中型载货汽车是指标记吨位 2 ~ 4t 的载货汽车。小型载货汽车是指标记吨位 2t 及以下的载货汽车。重型载货汽车是指载重标记吨位 8t 及以上的载货汽车。

第三节　道路运输车辆主要统计指标

1. 车辆数

车辆数指报告期末运输车辆的实有数量。计算单位:辆。

统计原则如下:

(1)按产权统计运输车辆数。

(2)新增车辆在公安车辆管理部门正式核发车辆行驶证后,纳入统计。

(3)报废车辆在主管部门批准报废后,不再纳入统计。

(4)汽车数和挂车数应分别统计,不能混合加总。与牵引车配套的半挂车不能单独统计。

2. 车辆吨位数

车辆吨位数是指报告期末载货车辆的标记或核定吨位,反映载货车辆的运载能力。计算单位:吨位。

统计原则如下:

(1)每台车辆的吨位数以公安车辆管理部门核发的车辆行驶证上的登记数为统计依据。

(2)经主管部门批准进行改装的车辆,改装后的车辆吨位以主管部门核准的载重能力为统计依据。

3. 车辆客位数

车辆客位数是指报告期末载客车辆的标记或核定客位,反映载客车辆的运载能力。计算单位:客位。

统计原则如下:

(1)每辆客车的客位数以公安车辆管理部门核发的车辆行驶证上的登记数为计算依据。

(2)经主管部门批准进行改装的车辆,改装后的车辆客位以主管部门核准的载客能力为计算依据。

4. 车辆(货)质量

目前,超限运输是我国道路交通领域的一个热点、难点问题,许多省市都在探讨收费方式改革,实施货车计重收费。其中,车辆(货)质量的科学测定和统计是计重收费系统的基础问题,也是新形势下道路交通统计的重要统计指标。车辆(货)质量的具体称重和统计可参考各地计重收费的实施方案。

上述4个指标为车辆统计的主要指标。通过上述指标,可以对道路运输车辆装备情况有比较全面的认识。通过对上述指标数据的分析,可以全面、及时、准确地反映道路运输生产装备的数量、能力、构成、分布状况与技术状态,为编制与检查客货运输、设备更新、设备检修等规划提供统计资料。

第四节　道路运输车辆统计表

我国道路运输车辆的统计由交通运输部组织进行。交通运输部制订《交通运输综合统计报表制度》,经由国家统计局批准实施进行统计。道路运输车辆统计作为交通运输综合统计报表的一部分，编号“交行统7-1表、7-2表”进行统计。具体表格见表4-1、4-2。

公路旅客营运车辆拥有量

表4-1

表　　号：交行统7-1表

制表机关：交通运输部

批准机关：国家统计局

批准文号：国统制[2008]71号

填报单位：　　　　　　　　　　20　年(__半年)　　　　　　有效期至：2010年10月

指标	计算单位	序号	总计		按标记客位分						按车长分				按等级分			安装GPS的车辆	安装行驶记录仪的车辆
				个体	大型	个体	中型	个体	小型	个体	特大型	大型	中型	小型	高级	中级	普通		
甲	乙	丙	1	2	3	4	5	6	7	8	9	10	11	12	13	14	15	16	17
客运车辆总计	辆	1			—	—	—	—	—	—	—	—	—	—	—	—	—	—	—
	客位	2			—	—	—	—	—	—	—	—	—	—	—	—	—	—	—
一、载客汽车	辆	3																	
	客位	4																	
其中：卧铺客车	辆	5																	
	客位	6																	
1. 按经营范围分																			
班车客运客车	辆	7																	
	客位	8																	
出租客车	辆	9			—	—	—	—	—	—	—	—	—	—	—	—	—		
	客位	10			—	—	—	—	—	—	—	—	—	—	—	—	—		
旅游客车	辆	11																	
	客位	12																	
包车客车	辆	13																	
	客位	14																	
其他客车	辆	15																	
	客位	16																	
其中：公共汽车	辆	17			—	—	—	—	—	—	—	—	—	—	—	—	—		
	客位	18			—	—	—	—	—	—	—	—	—	—	—	—	—		
租赁客车	辆	19			—	—	—	—	—	—	—	—	—	—	—	—	—		
	客位	20			—	—	—	—	—	—	—	—	—	—	—	—	—		
2. 按燃料类型分																			
汽油车	辆	21			—	—	—	—	—	—	—	—	—	—	—	—	—	—	—
柴油车	辆	22			—	—	—	—	—	—	—	—	—	—	—	—	—	—	—
双燃料车	辆	23			—	—	—	—	—	—	—	—	—	—	—	—	—	—	—
其他	辆	24			—	—	—	—	—	—	—	—	—	—	—	—	—	—	—
二、其他载客机动车	辆	25			—	—	—	—	—	—	—	—	—	—	—	—	—	—	—
	客位	26			—	—	—	—	—	—	—	—	—	—	—	—	—	—	—

单位负责人：　　　统计负责人：　　　填表人：　　　联系电话：　　　报出日期：　年　月　日

公路货物营运车辆拥有量 表 4-2

表　　号:交行统 7-2 表
制表机关:交通运输部
批准机关:国家统计局
批准文号:国统制[2008]71 号

填报单位:　　　　　　20　年(＿半年)　　　　有效期至:2010 年 10 月

指标	计算单位	序号	总计		按标记吨位分								安装GPS的车辆	安装行驶记录仪的车辆
				个体	大型			个体	中型	个体	小型	个体		
						重型	个体							
甲	乙	丙	1	2	3	4	5	6	7	8	9	10	11	12
总计	辆	1			—	—	—	—	—	—	—	—	—	—
	吨位	2			—	—	—	—	—	—	—	—	—	—
一、载货汽车	辆	3												
	吨位	4												
1. 按车型结构分														
栏板货车	辆	5			—	—	—	—	—	—	—	—		
	吨位	6			—	—	—	—	—	—	—	—	—	—
厢式车	辆	7			—	—	—	—	—	—	—	—	—	—
	吨位	8												
其中:冷藏保温车	辆	9												
	吨位	10												
集装箱车	辆	11												
	吨位	12												
	TEU	13												
罐车	辆	14												
	吨位	15												
2. 按经营范围分														
普通载货汽车	辆	16												
	吨位	17												
专用载货汽车	辆	18												
	吨位	19												
其中:商品汽车运输车	辆	20												
	吨位	21												
大型物件运输车	辆	22												
	吨位	23												

续上表

指标	计算单位	序号	总计		按标记吨位分								安装GPS的车辆	安装行驶记录仪的车辆
				个体	大型			个体	中型	个体	小型	个体		
						重型	个体							
甲	乙	丙	1	2	3	4	5	6	7	8	9	10	11	12
危险货物运输车	辆	24												
	吨位	25												
3. 按燃料类型分														
汽油车	辆	26			—	—	—	—	—	—	—	—	—	—
柴油车	辆	27			—	—	—	—	—	—	—	—	—	—
双燃料车	辆	28			—	—	—	—	—	—	—	—	—	—
其他	辆	29			—	—	—	—	—	—	—	—	—	—
二、其他载货机动车	辆	30			—	—	—	—	—	—	—	—	—	—
	吨位	31			—	—	—	—	—	—	—	—	—	—
三、轮胎式拖拉机	辆	32			—	—	—	—	—	—	—	—	—	—
	吨位	33			—	—	—	—	—	—	—	—	—	—

单位负责人：　　统计负责人：　　填表人：　　联系电话：　　报出日期：　年　月　日

复习思考题

1. 试通过统计年鉴等相关数据来源，对本市的道路运输车辆数据进行统计分析：

(1)近年来本市道路运输车辆总量呈现的趋势。

(2)在本市道路运输车辆中，各类型车辆的结构状况。

(3)试根据本市道路运输车辆总量和结构变化的特点，分析其余区域社会经济发展之间的关联规律。

2. 搜集本市的道路运输车辆总量、结构构成数据，将其与全国平均水平、东中西部以及世界各主要国家的平均水平进行比较，并对本市道路运输车辆的发展提出政策建议。

第五章　道路线路统计

道路线路是道路运输的基础设施，是开展道路运输活动的物质技术基础。道路线路统计是道路运输统计的重要组成部分，是反映道路线路的规模、水平、构成、技术状况、发展速度的数据来源，也是研究道路运输业发展规模、水平和速度，制订道路运输网发展规划和道路线路维护规划，分析道路运输与国民经济发展适应程度的重要依据。

道路线路统计包括道路里程统计、道路构造物统计、道路网统计等内容。

第一节　道路里程统计

一、道路里程概念

1. 道路与公路

公路是随着内燃机汽车的发明与普及而修建的可供汽车行驶的道路。国务院于 1988 年颁布的《中华人民共和国公路管理条例实施细则》中规定，公路是指在中华人民共和国境内，按照国家规定的《公路工程技术标准》修建的，并经公路主管部门验收认定的城间、城乡间、乡间可供汽车行驶的公共道路。国务院于 1988 年颁布的《中华人民共和国道路交通安全管理条例》规定，道路是指道路、城市街道和胡同(里巷)以及公共场所、公共停车场等供车辆、行人通行的地方。于 2002 年颁布的《国民经济行业分类》(GB/T 4754—2002)明确指出，公路运输业主要包括公路旅客运输、公路货物运输、公路运输辅助活动等。由此可见，道路和公路是两个不同的概念。公路是道路概念里的一种，而道路是一个广泛的概念。道路是由公路、城市街道和乡间非机动车路等各种类型的通道组成。正确理解道路与公路的区别，有助于理解道路运输业与城市公共交通、公路旅客运输与公路货物运输等的异同。不过现在在很多场合人们也习惯把道路与公路两概念混在一起使用，本书无特别说明一律延用道路这一概念。

2. 道路里程

道路里程是指报告期末道路的实际长度。计算单位：km。

道路里程是描述道路线路长度的主要指标，是道路运输统计的基础统计指标，也是计算和分析道路运输有关统计指标的基础。

二、道路里程统计范围与原则

1. 统计范围

道路里程统计范围：凡达到交通运输部《道路工程技术标准》(JTG B01—2003)规定的技术等级的道路，均统计道路里程，包括大、中城市的郊区道路，以及道路通过城镇(指县城、集镇)街道的里程数和道路桥梁长度、隧道长度、渡口宽度及分期修建的道路已验收交付使用的里程。

自 2006 年起，村道正式纳入道路里程统计，国、省、县、乡道和专用道路里程统计不得新增等外路里程。

2. 统计原则

(1)按已竣工验收或交付使用的实际里程计算。

(2)两条或多条道路共同经由同一路段的重复里程,只计算一次。重复里程是指两条或多条道路共同经由同一路段的里程。重复里程按照行政等级高的道路进行统计。当行政等级相同时,按路线编号小的道路进行统计。资料汇总时,不得重复计算。

例如,省道S302重复国道G307线6km,在计算道路里程时,该6km路段只计入国道G307线,不计入省道S302线。

(3)分离式上下行路线里程,按路线编号的前进方向,即按道路里程桩号排序方向右侧的主线(上行线)进行计算。

例如,某路段为分离式上下行路线,其中上行路线长为20km,下行路线长为22km。在计算道路里程时,该路段长度按上行路线长度20km计算。

(4)高速道路匝道不计入道路里程。

三、道路里程统计分组

道路里程可按以下标准进行分组:

(1)按道路技术等级分为高速道路、一级道路、二级道路、三级道路和四级道路里程。高速道路里程又可分为八车道及以上高速道路里程、六车道高速道路里程和四车道高速道路里程。道路等级是根据道路适应的交通量、任务、功能进行确定的,我国现行道路的技术分级标准为交通运输部颁布的《道路工程技术标准》。该标准在确定道路技术等级时,更多地结合了设计时速、交通量、车道数等多种因素,对相关技术指标也进行了重新修订。

(2)按道路行政等级分为国道、省道、县道、乡道、专用道路里程。《中华人民共和国道路管理条例实施细则》第三条规定:道路分为国家干线道路(以下简称国道),省、自治区、直辖市干线道路(以下简称省道),县道路(以下简称县道),乡道路(以下简称乡道)和专用道路五个等级。这是我国按照行政管理体制,根据道路所处的地理位置、道路在国民经济中的地位和作用以及道路交通运输特点所作的道路行政分级。我国道路实行"统一领导,分级管理"的体制,交通运输部主管全国的道路事业。

为推进全国农村道路建设,2005年交通部开展了全国农村道路通达情况专项调查工作,并规定自2006年起,村道正式纳入道路里程统计。农村道路包括县道、乡道和村道。

在道路运输统计中的国道主干线是指属于国家"五纵七横"规划,以高速道路为主的国家干线道路。图5-1为全国道路网分级图。

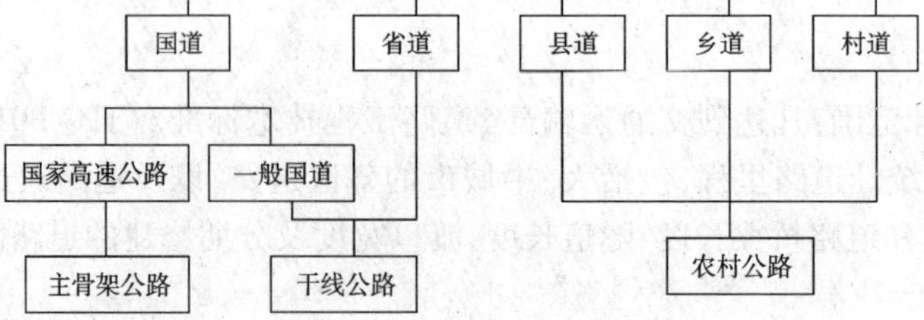

图5-1 全国道路网分级图

根据我国国情，我国将国道划分为三类。国道编号由三位数组成，左端第一位代表类别，后两位代表顺序号。左端第一位为1，代表以北京为中心向外延射的国道，如108国道，北京—太原—西安—昆明；左端第一位为2，代表不通过北京，由北向南的道路主干线，即南北纵向国道，如212国道，兰州—广元—重庆；左端第一位为3，代表由东向西的道路主干线，即东西横向国道，如312国道，上海—合肥—兰州—霍尔果斯。

(3)按道路路面铺装情况分为有铺装路面道路里程、简易铺装路面道路里程和未铺装路面道路里程，见表5-1。

道路路面铺装情况分类表　　表5-1

<table>
<tr><th>路面类型</th><th>铺装材料</th><th>路面类型</th><th>铺装材料</th></tr>
<tr><td>有铺装路面</td><td>1. 沥青混凝土
2. 水泥混凝土</td><td rowspan="2">未铺装路面</td><td rowspan="2">1. 级配碎(砾)石
2. 泥结碎(砾)石
3. 水结碎石
4. 填隙碎石
5. 其他粒料</td></tr>
<tr><td>简易铺装路面</td><td>1. 沥青贯入式
2. 沥青碎石
3. 沥青表面处治</td></tr>
</table>

(4)按道路通车情况分为晴雨通车里程和晴通雨阻里程。晴雨通车里程是指全年无论晴天、雨天均能正常通行汽车的道路里程。在计算晴雨通车里程时，原则上应以整条线路的通车情况为准。对较长线路，可分为自然段计算，但应以县级行政区划为最小自然段。晴通雨阻里程是指雨天不能通行汽车的道路里程。

(5)按道路绿化情况分为可绿化里程和不可绿化里程。可绿化里程是指在道路用地范围内，能栽植和自然生长乔木、灌木或花草的路段里程。可绿化里程按实际绿化情况又可分为已绿化里程和待绿化里程。不可绿化里程是指在道路用地范围内不能栽植或不能自然生长木本、草本绿色植物的路段里程。

第二节　道路构造物统计

道路构造物是道路线路的组成部分，也是道路运输重要的基础设施。对道路构造物数量、构成等情况进行统计，可以反映道路运输基础设施的规模、构成、发展速度和发展水平，为研究其与道路交通的适应关系提供参考。

一、道路构造物的概念

道路构造物是指道路跨(穿)越天然河流、溪沟、山谷、人工沟渠或其他路线交叉时按《道路工程技术标准》修建的各种排水、跨越、穿越、防护、加固等建筑物和其他附属设施的统称。

道路构造物主要包括桥梁、隧道、涵洞、渡口、线路交叉以及其他附属建筑。

二、道路构造物的统计范围

道路构造物统计应与相应的道路里程统计口径一致，并与道路里程统计相配套。道路线路统计不仅要统计其里程多少，而且要统计其中包含的桥梁、隧道、涵洞等情况。只有二者相配套、相结合，才能对道路线路有一个完整的了解和认识。从道路运输角度出发，道路构造物统计范围包括道路及道路界线范围之内的全部建筑物及附属设施。这里仅仅从道路构造物作为道路运输的基本设施，满足道路运输需要的角度来理解，与道路构造物按所有权统计是有区别的。

三、道路构造物的主要统计指标

1. 道路桥梁数量

桥梁是指为道路、铁路、城市道路等跨越河流、山谷等天然或人工障碍物而建造的建筑物。道路桥梁是指主要供汽车行驶的桥梁。

道路桥梁数量是指报告期末道路桥梁的实际数量。计算单位:座。

(1)统计分组

①按道路桥梁的建筑材料和使用年限分为永久性桥梁数量、半永久性桥梁数量和临时性桥梁数量。

永久性桥梁是指上、下部结构均用耐久性材料(如钢、钢筋混凝土、石料等)建造的供长期使用的桥梁。半永久性桥梁是指下部结构采用耐久性材料,上部结构采用非耐久性材料(如木料)建造的桥梁。临时性桥梁是指上、下部结构均采用非耐久性材料建造的、或供短期使用的桥梁。

②按桥梁的跨径分为特大桥数量、大桥数量、中桥数量和小桥数量,见表5-2。

桥梁涵洞按跨径分类标准　　表5-2

桥梁分类	多孔跨径总长 L (m)	单孔跨径 L_k (m)	桥梁分类	多孔跨径总长 L (m)	单孔跨径 L_k (m)
特大桥	$L>1\,000$	$L_k>150$	小桥	$8\leqslant L\leqslant 30$	$5\leqslant L_k<20$
大桥	$100\leqslant L\leqslant 1\,000$	$40\leqslant L_k\leqslant 150$	涵洞	—	$L_k<5$
中桥	$30<L<100$	$20\leqslant L_k<40$			

单孔跨径是相对标准跨径而言。多孔跨径总长仅作为划分特大桥、大、中、小桥及涵洞的一个指标。

③按道路桥梁的技术等级分为一类桥梁数量、二类桥梁数量、三类桥梁数量和四类桥梁数量。其中,四类桥梁数量中又可分为危险桥梁数量和其他四类桥梁数量。具体可参见《公路养护技术规范》(JTG H10—2009)的规定。

(2)统计原则

①对于上下行路线及带有辅道的路线,两幅路上同一断面的并行桥梁应按两座桥统计。

②由于路线的多次加宽,单幅路同一断面会出现两座以上不同建设年代、不同结构形式、不同荷载等级的桥梁,计为一座桥梁。

③互通式立交桥梁,计为一座桥梁。

④在高填土路堤道路上,为方便当地群众而设置的类似桥梁的通道,其跨径符合"桥梁涵洞按跨径分类标准"中桥梁标准的,应计入道路桥梁数量统计。

2. 道路桥梁长度

道路桥梁长度是指报告期末道路桥梁的实际长度。计算单位:延米。

统计原则:有桥台的桥梁为两岸桥台侧墙或八字墙尾端间的距离,无桥台桥梁为桥面行车道长度。

统计分组:同道路桥梁数量分组。

3. 道路隧道数量

道路隧道数量是指报告期末道路隧道的实际数量。计算单位:处。

统计分组：按道路隧道长度分为特长隧道数量、长隧道数量、中隧道数量和短隧道数量，见表5-3。

隧道分类表 表5-3

隧道分类	特长隧道	长隧道	中隧道	短隧道
隧道长度 L(m)	$L>3\,000$	$3\,000\geqslant L>1\,000$	$1\,000\geqslant L>500$	$L\leqslant 500$

注：所有中隧道、短隧道按《道路工程技术标准》(JTG B01—2003)统计。

4. 道路隧道长度

道路隧道长度是指报告期末道路隧道的实际长度。计算单位：m。

统计原则：隧道长度按进出口洞门端墙面之间的距离计算，即两端墙墙面与路面的交线同路线中线交点间的距离。

统计分组：同道路隧道数量分组。

涵洞、漫水工程、渡口等统计可参见《公路、水路、港口主要统计指标及计算方法规定》。

四、高速公路构造物统计

近年来，我国综合国力全面提升，交通建设实现了历史性跨越，高速公路建设成就令人瞩目。高速公路的快速发展，大大提高了我国道路网的整体技术水平，优化了交通运输结构，迫切需要对高速公路建设、运行、管理等情况进行系统的反映。尤其是高速公路的许多构造物是普通道路所不具有的，更需要单独反映。高速公路构造物主要包括桥梁、隧道、涵洞、出入口、互通立交、线路交叉，以及其他附属建筑等。

1. 出入口

出入口是汽车驶出或驶入高速公路的道口。出入口统计主要统计出入口名称、位置、连接的城镇名称、连接路线名称、出入口数等。

2. 互通立交

互通立交是利用跨线构造物使道路与道路在不同高程相互交叉的连接方式。互通立交统计主要统计互通立交名称、位置、出口数、入口数、连接的城镇名称、连接路线名称、互通立交数等。

3. 其他构造物

如匝道、线路交叉、通道、天桥等。

第三节　道路运输网统计

道路运输网是道路运输的主要基础设施，体现了道路线路在空间上的布局和技术水平。道路运输网的规模、布局和等级直接决定了运输能力的大小，影响着道路运输的生产效率。进行运输网长度、运输网质量、运输网密度等指标统计，对于分析道路运输网与道路运输及国民经济的适应程度以及进行道路运输网规划具有重要的意义。

道路运输网的主要统计指标有车道里程、营运里程、道路密度、等级道路率等。

一、道路运输网统计的数量指标

1. 车道里程

车道里程是指报告期末道路上用于车辆通行的主线车道的长度，用于反映道路的综合通行能力。计算单位:km。

在我国以往的道路线路统计中,一般单纯用道路里程进行描述,随着交通基础设施建设的加快,道路里程飞速增长,路网结构日趋合理,高等级道路的比重不断加大,单纯用道路里程指标不足以或不能科学、准确地反映道路线路的情况,借鉴美国、加拿大等国道路线路统计指标,我国应增加车道里程统计指标,以综合反映道路运输网规模和通行能力。

(1)统计分组

车道里程一般有以下三种分组:

①按道路技术等级分为:高速道路车道里程、一级道路车道里程、二级道路车道里程、三级道路车道里程、四级道路车道里程。

②按道路行政等级分为:国道车道里程、省道车道里程、县道车道里程、乡道车道里程、专用道路车道里程。

③按路面等级分为:有路面道路车道里程、无路面道路车道里程。

(2)计算方法

对拥有不同主线车道数的道路应分段计算,每个道路路段的计算公式为:

$$车道里程(km)=该路段的道路里程(km)\times 主线车道数 \tag{5-1}$$

主线车道数是指道路在非高峰时段上下双向用于车辆通行的主要车道数,不包括用于停车、车辆转弯、收费站、车辆迂回、服务区匝道等用途的车道数。

有车道标志的以路面上的车道标志为准,但不包括中间带、应急停车带等的道数。无车道标志的,暂按以下标准执行:路面宽度达到14m及以上的为四车道;路面宽度达到6m及以上的为双车道;路面宽度低于6m的为单车道。

目前,我国高速道路一般以四车道为主,国道以两车道为主,道路等级总体比较低,为综合比较道路运输网的规模和能力,一般宜采用折合标准车道里程指标。

①折合两车道里程,即车道里程除以2或里程乘以折算系数。四车道、六车道、八车道的折算系数分别为2、3、4。为此,在综合比较全国或某地区道路运输网时,可采用折合两车道里程指标。

②折合四车道里程,即车道里程除以4或里程乘以折算系数。四车道、六车道、八车道的折算系数分别为1、1.5、2。为此,在综合比较全国或某地区高速道路运输网时,可采用折合四车道里程指标。

2. 营运里程

营运里程是指报告期末由道路运输主管部门确认开办客货营运业务的营运线路的实际里程。计算单位:km。

计算方法:营运里程不包括营运线路重复里程。

3. 营运班线里程

营运班线里程是指报告期末已开通客运班车的线路总里程,也称开行班线里程。计算单位:km。营运班线里程按营运班线的类别进行统计。

(1)营运班线按运输区域分为:跨省班线、跨地(市)班线、跨县(市)班线和县内班线。跨省班线是指起讫点在不同省内或起讫点虽在同一省但穿越其他省的班线。跨地(市)班线是指起讫点在不同地(市)内或起讫点虽在同一地(市)内但穿越其他地(市)的班线。跨县班线是指整条班线均在一地(市)内的班线。县内班线是指始发站和终点站在同一个县(包括县级市)内的营运线路。

(2)按营运班线长度分为:一类班线、二类班线、三类班线和四类班线。一类班线是指营运距离在800km及以上的班线。二类班线是指营运距离在400km及以上的班线。三类班线是指营运距离在150km及以上的班线。四类班线是指营运距离在150km以下的班线。

4. 营运班线数

营运班线数是指报告期末已开通客运班车的实际线路数量。计算单位:条。

统计分组:同营运班线里程中的分组。

5. 营运班线通达(乡镇、村)数

营运班车通乡镇数是指报告期末一定区域内乡镇政府所在地已开通客运班车的乡镇数量。计算单位:个。

营运班车通行政村数是指报告期末一定区域内有客运班车通达点或客车营运线路两侧两公里以内的行政村数量。计算单位:个。

二、道路网统计的质量指标

1. 道路密度

道路密度是指报告期末一定区域内单位国土面积(人口、车辆)所拥有的道路里程数。

道路密度反映国家或某一地区道路网的密集程度,以测定道路在一定时期的发展水平和对国民经济需要的适应程度,为制订道路发展的方针、政策,拟订道路网发展规划提供依据。道路密度是进行道路运输网规划和评价的重要指标之一。

道路密度有4种统计指标:国土道路密度、人口道路密度、车辆道路密度和综合道路密度。计算方法如下:

(1)按国土面积计算

计算单位:$km/100km^2$。计算公式:

$$国土道路密度=\frac{公路里程}{国土面积} \tag{5-2}$$

(2)按人口计算

计算单位:km/万人。计算公式:

$$人口道路密度=\frac{公路里程}{人口数} \tag{5-3}$$

(3)按车辆计算

计算单位:km/百辆。计算公式:

$$车辆道路密度=\frac{公路里程}{车辆数} \tag{5-4}$$

(4)按国土面积和人口的综合数计算

计算单位:$km/(100km^2\cdot万人)^{1/2}$。计算公式:

$$综合道路密度=\frac{公路里程}{\sqrt{国土面积\times人口数}} \tag{5-5}$$

由于全国各地国土面积和人口相差悬殊,为使各地道路密度统计指标具有可比性,有必要设立国土面积和人口综合计算的道路密度指标。如新疆维吾尔自治区和上海市对比,按国土面积计算道路密度,则上海高于新疆;而按人口计算,上海又低于新疆;而将二者结合起来则具有可比性,但要特别注意计算单位的统一性。

2. 等级道路比率

等级道路比率是指报告期末等级道路里程占道路总里程的比重。计算单位:%。

计算方法:可按不同技术等级分别计算。对高等级道路,有:

$$高速道路比率 = \frac{高速公路里程}{公路总里程} \times 100\% \tag{5-6}$$

3. 道路通达率

道路通达率是指报告期末一定区域内已通道路的行政区占本区域全部行政区的比重,反映某区域道路的通达深度。计算单位:%。

计算方法:一般采用"乡镇(村)道路通达率"表示。具体计算公式为:

$$乡镇(村)道路通达率(\%) = \frac{已通公路的行政乡镇(村)数}{行政乡镇(村)总数} \times 100\% \tag{5-7}$$

表5-4为道路密度及通达情况表。

道路密度及通达情况 表5-4

表　　号:交行统5表

制表机关:交通运输部

批准机关:国家统计局

批准文号:国统制[2008]71号

填报单位: 20　年 有效期至:2010年10月

指　　标	计算单位	序号	数量
甲	乙	丙	1
一、道路密度			
以国土面积计算	$km/100km^2$	1	
以人口数量计算	km/万人	2	
二、道路通达			
乡镇数量	个	3	
已通畅	个	4	
其中:通其他硬化路面	个	5	
已通达、未通畅	个	6	
未通达	个	7	
建制村数量	个	8	
已通畅	个	9	
其中:通其他硬化路面	个	10	
已通达、未通畅	个	11	
未通达	个	12	

单位负责人:　统计负责人:　填表人:　联系电话:　报出日期:　年　月　日

4. 道路班车通达率

道路班车通达率是指报告期末一定区域内已通道路班车的行政区占本区域全部行政区的比重,反映某区域道路班车的通达深度。计算单位:%。

计算方法:一般采用"乡镇(村)道路班车通达率"表示,具体计算公式为:

$$乡镇(村)道路班车通达率 = \frac{已通公路班车的行政乡镇(村)数}{行政乡镇(村)总数} \times 100\% \tag{5-8}$$

5. 路面铺装率

路面铺装率是指报告期末有路面道路里程占道路总里程的比重,反映道路铺装路面的程度。计算单位:%。

计算方法:可按不同路面等级分别计算,如

$$路面铺装率 = \frac{有路面里程}{公路总里程} \times 100\% \tag{5-9}$$

$$高级路面铺装率 = \frac{高级路面里程}{公路总里程} \times 100\% \tag{5-10}$$

6. 道路线路的适应性

适应性是反映道路运输网络对国土、人口和经济适应状况的指标。适应性可用运输网络适应系数 α 和运输网络适应度指标 β 来表示。运输网络适应系数 α 反映网络对于区域面积、人口与运输需求的适应状况;运输网络适应度指标 β 则反映运输能力适应运输需求的程度。计算公式如下:

$$\alpha = \frac{L}{\sqrt{SP}} \tag{5-11}$$

$$\beta = \frac{C}{Q} \tag{5-12}$$

式中:α——运输网络适应系数;

β——运输网络适应度指标;

L——运输网络总长度,km;

P——人口数量,万人;

S——区域面积,km^2;

Q——运输需求,万 t;

C——运输能力,万 t。

第四节　道路里程统计表

关于道路里程统计方面的表格都综合于《交通运输综合统计报表》中,见表 5-5 ~ 表 5-7。

公路里程年底到达数

表 5-5

（按技术等级分）

表　　号:交行统 1-1 表

制表机关:交通运输部

批准机关:国家统计局

批准文号:国统制[2008]71 号

有效期至:2010 年 10 月

填报单位:　　　　20　年　　　　计算单位:km

指标	序号	公路里程总计	等级公路										等外公路
			合计	高速公路				一级	二级		三级	四级	
				小计	四车道	六车道	八车道及以上			一幅高速			
甲	乙	1	2	3	4	5	6	7	8	9	10	11	12
一、上年年底到达数	1												
1. 国道	2												
其中:国家高速公路	3												
2. 省道	4												
3. 县道	5												
4. 乡道	6												
5. 专用公路	7												
6. 村道	8												
二、本年新建数	9												
1. 国道	10												
其中:国家高速公路	11												
2. 省道	12												
3. 县道	13												
4. 乡道	14												
5. 专用公路	15												
6. 村道	16												
三、本年改建变更数	17												
1. 国道	18												
其中:国家高速公路	19												
2. 省道	20												
3. 县道	21												
4. 乡道	22												
5. 专用公路	23												
6. 村道	24												
四、本年年底到达数	25												
1. 国道	26												
其中:国家高速公路	27												
2. 省道	28												
3. 县道	29												
4. 乡道	30												
5. 专用公路	31												
6. 村道	32												

单位负责人:　　统计负责人:　　填表人:　　联系电话:　　报出日期:20　年　月　日

公路里程年底到达数

表 5-6

（按路面类型分）

表　　号：交行统 1-2 表
制表机关：交通运输部
批准机关：国家统计局
批准文号：国统制[2008]71 号
有效期至：2010 年 10 月

填报单位：　　　　　　　　20　年　　　　　　　　计算单位：km

指　标	序号	公路里程总计	有铺装路面（高级）			简易铺装路面（次高级）	未铺装路面（中级、低级、无路面）	晴雨通车里程	可绿化里程		养护里程
			合计	沥青混凝土	水泥混凝土					已绿化里程	
甲	乙	1	2	3	4	5	6	7	8	9	10
一、上年年底到达数	1										
1. 国道	2										
其中：国家高速公路	3										
2. 省道	4										
3. 县道	5										
4. 乡道	6										
5. 专用公路	7										
6. 村道	8										
二、本年新建数	9										
1. 国道	10										
其中：国家高速公路	11										
2. 省道	12										
3. 县道	13										
4. 乡道	14										
5. 专用公路	15										
6. 村道	16										
三、本年改建变更数	17										
1. 国道	18										
其中：国家高速公路	19										
2. 省道	20										
3. 县道	21										
4. 乡道	22										
5. 专用公路	23										
6. 村道	24										
四、本年年底到达数	25										
1. 国道	26										
其中：国家高速公路	27										
2. 省道	28										
3. 县道	29										
4. 乡道	30										
5. 专用公路	31										
6. 村道	32										

单位负责人：　　　统计负责人：　　　填表人：　　　联系电话：　　　报出日期：20　年　月　日

公路密度及通达情况 表 5-7

表　　号:交行统 5 表
制表机关:交通运输部
批准机关:国家统计局
批准文号:国统制[2008]71 号
有效期至:2010 年 10 月

填报单位:　　　　　　　　　20　年

指　　标	计算单位	序号	数量
甲	乙	丙	1
一、公路密度			
以国土面积计算	$km/100km^2$	1	
以人口数量计算	km/万人	2	
二、公路通达			
乡镇数量	个	3	
已通畅	个	4	
其中:通其他硬化路面	个	5	
已通达、未通畅	个	6	
未通达	个	7	
建制村数量	个	8	
已通畅	个	9	
其中:通其他硬化路面	个	10	
已通达、未通畅	个	11	
未通达	个	12	

单位负责人:　　统计负责人:　　填表人:　　联系电话:　　报出日期:20　年　月　日

复习思考题

1. 试通过统计年鉴等相关数据来源,对本市的道路里程数据进行如下统计分析:

(1)分析近年来本市道路里程总量呈现的趋势。

(2)分析在本市道路里程中,各等级道路的结构状况。

(3)试根据本市道路里程总量和结构变化的特点,分析其余区域社会经济发展之间的关联规律。

2. 搜集本市的道路里程总量和结构构成数据,将其与全国平均水平、东中西部以及世界各主要国家的平均水平进行比较,并对本市道路的建设发展提出政策建议。

第六章　道路旅客运输量统计

道路运输量是以所运送的旅客人数、货物质量以及所运送的旅客和货物的距离来表示的。运输量统计的目的是准确、及时地搜集、整理和分析、研究客货运输的运量、周转量、运送距离、货物种类和客、货流量、流向等资料，为交通管理部门了解车辆运输生产情况提供资料；为研究各地区的经济特点，积极开展合理运输，充分挖掘运输潜力和合理配置运力提供依据；为进行运输经济活动分析，改善经营管理提供数据。

第一节　统计范围与统计原则

一、统计范围

全社会从事道路运输的各类车辆所完成的流通过程的旅客运输量，均应纳入统计。道路旅客运输量中不包括城市公共汽车的市内运输量；道路运输企业兼营城市公共汽车业务的应另行统计。

二、统计原则

1. 按运输工具区域管理权统计

一个地区管辖的营运车辆或一个道路运输企业经营管理的车辆，不管在什么地区完成的运输量，均由该车辆所在地区的运输管理部门或运输企业进行统计。

一个独立经济核算的道路运输企业，对一次承运的旅客，对因道路条件或其他原因使用同种类工具进行接力运输时，如汽车倒汽车，其运量只能计算一次，不得重复计算；使用不同种类工具接运时，如汽车倒火车，为准确、及时地反映各种运输工具所完成的运输量，可分别计算运量。

两个或两个以上的独立经济核算的道路运输企业使用同类运输工具接运时，接运前后的各个运输企业都应统计运输量。

2. 按到达量统计

道路运输量均按到达量统计，即在报告期内已运达目的地旅客统计为该报告期的运输量。

按到达量统计的原因主要是因为统计必须客观、如实地反映各种经济现象。只有按到达量统计，才能真正反映运输的整个生产过程。运输生产为实现货物与旅客的位移，客观上表现为发送和到达。一批旅客（货物）只有被运送到目的地，这个运输生产过程才算完成，才能准确地反映运输生产过程的最终结果。同时，按到达量统计，也可促使车辆将装卸任务也纳入到运输生产过程中来，更好地促进运输生产效率的提高。

3. 按实际运输量统计

客运量应按实际乘车人数统计，包括持有免费乘车证的乘车人数。客运车辆装载的计费行李、包裹等，按实际质量计算货运量。

包车的旅客运输量也按实际发生量进行统计。若按实际数量统计有困难时，可根据其运行次数、距离以及装载情况等合理推算，但不得以包车收入和基本运价、标记吨(客)位等折算运输量。

4. 按实际运输距离统计运距

客运周转量均需按实际的运输距离及旅客人数计算。车辆因故临时改道运行或进行循环运输时，按客票所记录的发、到站之间的距离计算周转量。

第二节　统计分组与统计指标

一、统计分组

对于道路旅客运输，一般有以下几种分组：

(1)按车辆所属的经济类型分为国有经济客运量、集体经济客运量、私营经济客运量、个体经济客运量、联营经济客运量、股份制经济客运量、外商投资经济客运量、港澳台经济客运量和其他经济类型客运量。

(2)按车辆的营业性质分为营业性客运量、非营业性客运量。

(3)按车辆能源类别分为柴油车客运量、汽油车客运量、其他车客运量。

(4)按车辆舒适程度分为高级客车客运量、中级客车客运量、普通客车客运量。

(5)按车辆运营方式可分为出租客运量、班车客运量。班车客运量按其特性又可分为高速客运量、快速客运量和一般客运量。

二、统计指标

1. 客运量

客运量是指报告期内道路运输车辆实际运送的旅客人数。计算单位：人。

计算方法：在计算客运量时，不管旅客行程的长短或客票票价多少，每位乘客均按一人计算。不足购票年龄免购客票的儿童及持有免费乘车证的人员，均计算客运量。

客运量虽能说明旅客的运送数量，尚不能完全反映运输生产的全部成果。因为运输工作量的大小是由运送旅客的数量及其距离决定的。因此，只有准确地统计客运量、旅客周转量，才能全面反映运输生产的全部成果。

2. 旅客周转量

旅客周转量是指报告期内道路运输车辆实际运送的每位旅客与其相应运送距离的乘积之和。计算单位：人·km。

计算公式：

$$旅客周转量 = \sum(运送的每位旅客 \times 该旅客运送距离) \tag{6-1}$$

3. 换算周转量

换算周转量是反映道路运输车辆完成的货物周转量和旅客周转量的综合产量指标。计算单位：换算 t·km。

计算方法：以运输车辆所完成的周转量，按一定比例换算成同一计算单位后加总求得。按目前规定，道路客货周转量的换算系数为 10 人·km = 1t·km。

4. 旅客平均运距

旅客平均运距是指报告期内道路运输车辆实际运送旅客的平均距离。计算单位：km。

计算公式：

旅客平均运距 = 旅客周转量 ÷ 客运量 (6-2)

5. 运输密度

运输密度是指报告期内，某一行政区划内的道路或某一道路运输线路（区段）平均每一公里所承担的换算周转量，也称换算密度，用以反映运输能力的利用程度和运输工作强度。计算单位：t · km / km。

计算公式：

运输密度 = 换算周转量 ÷ 线路长度 (6-3)

第三节　我国道路旅客运输统计与指标完善

一、我国道路旅客运输统计实施现状

1. 全面调查

全社会道路运输统计采用统计报表的方式，由各省、自治区、直辖市及计划单列市交通厅（局）向交通运输部填报《交通运输综合统计报表》。其中，运输工具拥有量报表属于年报表，每年 2 月 10 日前由各省、自治区、直辖市及计划单列市交通厅（局）向交通运输部报出，报出内容主要为本区域内汽车、其他机动车、人力畜力车、轮胎式拖拉机数，并按营业性与非营业性，交通部门与非交通部门的属性分类填报。旅客运输量属于半年报表，由各省、自治区、直辖市及计划单列市交通厅（局）分别在每年 2 月 10 日和 7 月 31 日前向交通厅报出，报出的内容包括分汽车类别的旅客运输量和旅客周转量。

2. 非全面调查

全社会道路运输非全面调查主要通过《公路运输定期抽样调查方案》和《公路运输分月抽样调查方案》两个项目来进行。但实际上，上述两个项目的技术方案基本一样，只是统计周期不一样。前者为半年，后者为一个月。在此仅对《公路运输定期抽样调查方案（试行）》进行详细阐述。

《公路运输定期抽样调查方案》由交通部于 1998 年 5 月正式发文要求各省（区、市）执行。目前，全国 31 个省（区、市）均在执行此方案。方案规定每半年开展一次抽样调查，并且集中安排在上下半年中的一个月中进行，由此可推算出半年的全社会运输量。在通过抽样调查获取运输量数据后，各省、市、自治区向交通运输部上报统计报表。

（1）统计调查范围

从事营业性运输非独立核算单位和从事非营业性运输的单位以及私人所拥有的车辆（含汽车、轮胎式拖拉机和其他机动车辆）所完成的运输量。

（2）总体目标量

执行该方案获得旅客运量及其周转量等数据，同时可获得的参考指标有平均运距、客位月度运输量等运输效率指标。

（3）抽样方法

采用分层随机抽样方法。对于要求进行抽样调查的每类车辆（载客汽车），各省（区、市）建立此类车辆的总体车辆数据库。首先按地市分层（称为大层），大层内再按车辆的营业性质和核定客位分为若干子层（一般营业性和非营业性各有 4 ~ 5 个子层，共 8 ~ 10 个子层），子层

内按简单随机抽样的方法或随机起点、等距抽样的方法抽取样本车辆。

(4)调查方式

要求以调查员直接访问车主的“访户调查”为主,由调查员在访问中填写调查表。个别样本车辆因调查半径(基层调查人员工作地与样本车主所在地之间的距离)太长或天气等原因,访户实有困难时,也可函调,但函调比例应尽可能少。

统计项目具体的工作流程如下:

首先,省级抽样调查主管部门确定每一轮抽样调查(周期一般为半年)的具体调查月份,在调查月前召集各地市人员进行布置,并下发本轮抽样调查各地市每类车辆的样本量。

其次,各地市统计人员建立本地市的总体车辆库,根据下发的每类车辆的样本量,使用抽样调查数据处理软件抽取样本车辆,下发给各县区的调查员。

再次,各县区调查员按规定在调查月中对样本车辆的车主进行“访户调查”,认真填写调查表,并将填写完并经审核的调查表上报给地市。

第四,调查月末,地市统计人员将收集的调查表录入计算机,使用抽样调查数据处理软件推算出本地市的半年度社会运输量,并上报给省。

最后,省级抽样调查主管部门使用抽样调查数据处理软件接收各地市的运输量上报数据,汇总生成本省半年度社会运输量数据,上报交通运输部。

《公路运输分月抽样调查方案》在调查范围、样本抽样方法、调查内容、调查方法、基本工作流程等方面与《公路运输定期抽样调查方案》相同,只是调查周期上不同。《公路运输分月抽样调查方案》要求在原来执行半年1次《公路运输定期抽样调查方案》的基础上,利用样本轮换方法,在剩余的5个月份中也抽取相当于调查月样本量1/5~2/5的样本车辆进行调查(这些月份因调查的样本车辆比较少,被称为小月)。同时,要求在每个小月所调查的样本车辆中,一般要求包括1/2或2/3数量的在调查月已进行1次调查的样本车辆(称为拼配样本)。最后,应用回归估计方法直接推算出每个小月的运输量,实现按月提供全社会运输量的目标。

二、典型发达国家的道路旅客运输统计实施现状

1.美国

1992年以前,美国的运输统计一直是由行业协会或社会机构根据某个或某些用户的需要进行一些专项运输统计。但是在1991年颁布的“多方式地面运输效率法案”(Intermodal Surface Transportation Efficiency Act,简称ISTEA,又称“冰茶法案”)中,要求在美国运输部(US Department of Transportation,简称USDOT)内成立运输统计局(Bureau of Transportation Statistics,简称BTS),以法律的形式明确规定了运输统计的管理机构和发展方向。自1992年运输统计局成立以后,开展了一系列卓有成效的运输统计工作,极大地提高了美国的运输统计工作水平。

在调查方式上,美国道路运输统计方式主要包括:统计报表、全面调查和专项调查。统计报表是美国通过法律的形式规定特定的统计对象填报相应统计报表,以获得统计数据的方式。如美国运输部对一、二类运输承担者要求填报年度与季度经营数据统计报表。全面调查由于费用昂贵,一般调查周期较长,在实践中用得不多,在运输统计中一般只是各州内部统计某些方面所采取的方法。专项调查一般由交通部组织实施,如运输统计局与人口普查局于1993年和1997年开展的“全国家庭出行调查”等,均属于此类调查。

全国范围内的旅客运输统计主要通过美国家庭旅行调查进行。美国家庭旅行调查由美国

运输部组织，每5年进行一次。调查方法是以家庭为单位进行随机抽样调查。被调查者要求提供调查时段内的出行情况，包括出行的次数、里程、出行工具、出行目的、出行目的地及其他出行特性情况。调查用于收集美国日常的当地旅行和长途旅行（单程100mile以上）的情况。

2. 加拿大

加拿大国土面积将近1 000万km^2，人口不足3 000万，是一个幅员辽阔、人口稀少、人口密度小且分布极不平衡的国家。特殊的国情对加拿大的运输系统提出了巨大的挑战，同时对道路运输统计工作也提出了更高的要求。为适应于特殊的国情，加拿大发展形成了相对完善的道路运输统计体系。

加拿大的旅客运输分成城市客运、城间与农村客运、校车客运、包租运输及其他运输五类客运。对于客运的统计包括收入、成本、就业、燃油消耗等诸多内容。2003年加拿大客运企业的收入、成本数据如表6-1所示。

2003年加拿大道路客运企业经营情况表（单位：千美元） 表6-1

类　别	企业数	营业收入	营业成本	利润
城市运输	86	4 969 698	4 194 598	775 100
城间与农村客运	31	473 202	469 227	3 975
校车运输	973	1 468 696	1 356 705	111 991
包租运输	137	263 350	259 690	3 660
其他运输	1 457	7 344 057	6 447 242	896 815
总计	86	4 969 698	4 194 598	775 100

3. 日本

日本国土狭小、人口密集，道路运输在人们日常出行、货物流动中发挥了十分重要的作用。日本的道路运输统计一直秉承"支撑交通运输发展，服务于经济发展"的发展理念，不仅统计道路运输的产出情况，对运输的运行状态、运行效率及与运输相关的机械制造、燃油冶炼等相关产业的基本情况也进行统计，尽可能地满足交通运输与社会经济发展的政策制订、决策支持的需要。因此，日本运输省将道路运输统计的目标定位为：了解运输的动态，为制订国家的经济政策、交通政策以及经济计划和交通运输计划提供基础资料与支撑。围绕此目标，日本的道路运输统计自20世纪50年代以来逐步完善，形成了较为完整的统计体系。

日本的道路运输统计项目体系共分三种：指定统计、审核统计和承认统计。

（1）指定统计

指定统计是指日本《统计法》第二条规定的，由总务厅长官指定进行的国家的基本统计调查。日本自1947年确立指定的国情调查以来，全国共有过137项指定统计调查，目前实施的有63项，运输省所管（包括共管）且目前实施的有9件（具体为工作机械设备等统计调查、造船机械统计调查、石油制品供需动态调查、铁道车辆等生产动态统计调查、船舶船员统计调查、船员劳动统计调查、汽车运输统计调查、内航船舶运输统计调查、港湾调查）。其中，汽车运输调查始于1988年4月，为指定统计中的重要组成部分。

（2）审核统计

所谓审核统计，是指按照日本《统计法》第八条的规定，预先必须向总务厅长官提出申报，得到核准后方可进行的统计。

(3)承认统计调查

所谓承认统计调查，是指按照日本《统计法》第八条和统计报告调整法规定的程序，得到总务厅长官认可的统计调查。

以日本的汽车运输统计调查为例，介绍日本的道路运输统计项目。

日本的汽车运输统计调查对象包括全国范围内的汽车使用者、营业性公共汽车企业营业所、营业性汽车货运企业营业所。

汽车运输调查采用随机抽样或者普查的方式进行。在调查时间安排上，分为详细调查月和简略调查月。详细调查月包括2个月，分别为10月以及另一个由运输大臣随机指定的月份。在详细调查月，原则上进行为期7天的普查。其余的10个月为简略调查月，原则上进行为期3天的随机抽样调查。

在详细调查月，总共调查车辆约39 000辆；在简略调查月，调查车辆约11 000辆。大约1 600个公共汽车企业营业所，8 000个汽车货运营业所。

在具体的调查指标上包括：货车和公共汽车的行驶距离，燃油消耗，货车的最大载质量，货物运送量，货物名称，客车的额定载客人数，运送人数等。

汽车运输调查由6类汽车运输统计调查表构成，分为营业性货物运输调查表、专线汽车货物运输调查表、自用货物运输调查表、营业性旅客运输调查表、专用旅客运输调查表、自用客车运输调查表。

汽车运输统计的统计结果发布一般公布在“汽车统计月报”、“汽车运输统计年报”以及“汽车运输2.3：统计调查结果报告书”上。

三、不足分析

通过以上比较可以发现，随着我国国民经济发展与道路运输生产力水平的提高，现有的道路运输统计的不足逐渐显示出来，主要体现在以下几方面：

1.统计内容有限，统计的经济性水平低

道路运输统计项目的统计内容直接决定了统计工作的成果。现行道路运输统计项目主要统计客(货)运量、客(货)周转量等十分有限的几个指标，所获取的统计数据与所投入的人力、物力和工作强度相比极不相称，经济性水平较低。统计项目对运输过程中所承载的信息价值没有进行充分地挖掘。实际上，依托于该统计项目，可以在不明显加重调查员与调查用户负担的基础上，统计更为丰富和有价值的信息内容。

2.道路运输统计对社会经济发展的决策支持作用远未发挥

要充分发挥运输对优化资源配置的支撑作用，必须关注人和物流动的全过程，从社会经济要素流动、配置、使用的角度来探讨运输对社会经济发展的支撑、引导作用。但现行的道路运输统计属于工具运输量统计的范畴，即从运输提供者角度进行统计，统计的对象为运输车辆。国外也有俄罗斯、德国等国采取这种方式。由于工具运输量统计方式本身的特性，它虽然能够获得国民经济各行业使用道路运输服务的数据，但仅对道路运输车辆进行调查，无法获得其他运输方式所完成的运输产出，也不能揭示不同运输方式的衔接情况，更无法有效地揭示区域经济间的联系，因而对基础设施布局规划、区域发展规划、经济协作体系构建的参考作用有限。而用户运输量统计从运输服务的使用者角度来进行统计(美国、加拿大、英国等都采用此种统计方式)，可以很好地反映人与物流动的全过程，揭示不同运输方式的衔接情况，对基础设施布局与区域发展规划提供有力地支撑。

在现代经济条件下，了解经济要素流动的全过程是交通基础设施规划、社会经济发展决策的重要基础，但这些信息通过现行的工具运输量统计还无法获取。这是现行全社会公路运输统计的又一缺陷。

3. 某些具体技术细节有待于改进

现行统计项目的缺陷突出表现在：

(1)样本的稳定性较差。由于被调查车辆的流动性很大，加上各地养路费规费标准不一致，造成“本地挂牌，异地营业”的现象大量存在，使得样本被抽中后难以联系户访，而更换样本又增加了调查成本。此种情况一旦出现较多，就会影响抽样调查的准确性。

(2)某些调查指标比较敏感，计量误差大。在调查中，大量从未执行过统计报表的私营企业、运输个体户，合作程度较低，加上一些指标比较敏感，许多经营者不愿意如实披露，造成调查数据可靠程度较差。

针对现行统计项目存在的上述缺陷，本文分别从统计内容改进、统计方法改进、统计组织保障改进三方面来进行探讨。

四、内容改进探讨

1. 扩展内容

如前所述，现行的道路运输的统计内容有限，制约了道路运输统计作用的发挥，因此在现行的道路运输统计项目上充实统计内容，是今后重要的改进方向。

考虑到不显著增加调查者与被调查对象的工作量，依托于现有的统计项目进行内容扩展，在目前情况下，只进行关键数据的缺口统计。

在运输对象上，对于旅客运输，关键的数据缺口包括：旅客出行类别、旅客出行目的。旅客出行类别与旅客出行目的是体现旅客运输产品特性最为关键的两个指标，因而需要将其纳入道路运输统计中来。

在经济效益上，关键的数据缺口包括：每运次的营业收入、支出成本。经济效益总是针对特定的主体而言，要考察道路运输的经济效益，不论其是运输企业，还是运输个体户，都可以从收入、成本两方面来考察，通过统计每运次营业收入与支出成本来扩展统计内容。

在运行状态与产出成果上，关键的数据缺口为道路运输的运行效率。现行的统计能较好地统计运输产出成果，而对运输运行状态的统计较为缺乏，因此需要统计公路运输的运行效率。

2. 指标设置

上述需扩展的内容在实际统计工作中需要简化提炼成指标体系。

在运输对象方面，旅客出行类别分为集体出行与个性化出行两类。其中，个性化出行指乘坐 12 座(含 12 座)以下的小客车和轿车出行；群体性出行指乘坐多于 12 座的大中客车出行。旅客出行目的一般分为公务、商务、旅行、探亲 4 类。

在经济效益方面，可直接调查每运次营业收入、支出成本。

在运行状态与产出成果方面，设置“平均车日行程”指标。“平均车日行程”的计算公式是报告期内车辆行驶的总里程与报告期天数之比。该指标能综合反映公路运输运行的效率水平、组织管理水平和车辆利用效率。因此，需设置“平均车日行程”来填补运行状态与产出成果方面的数据缺口。

通过扩展调研内容，完善指标体系，新增加(包括改进)的指标体系见表 6-2。

道路旅客运输量统计扩展指标体系

表 6-2

类　别	运输对象	经济效益	运行状态与产出成果
指标名称	旅客出行类别、旅客出行目的	每运次营业收入、每运次成本	平均车日行程

在上述扩展指标体系中,并没有设计、定义新的指标,而是将原有的统计指标纳入到全社会公路运输统计体系中来,以填补现行统计的数据缺口。

第四节　道路旅客运输统计表

关于道路旅客运输统计方面的表格都综合于《交通运输综合统计报表》里,如表 6-3 所示。

全社会公路客货运输量

表 6-3

表　　号:交行统 9 表
制表机关:交通运输部
批准机关:国家统计局
批准文号:国统制[2008]71 号

填报单位:　　　　20　年　月　　　　有效期至:2010 年 10 月

指　　标	计算单位	序号	总计	营业性		非营业性
					个体	
甲	乙	丙	1	2	3	4
一、客运量	万人	1				
1. 汽车	万人	2				
2. 其他机动车	万人	3				
二、旅客周转量	万人 · km	4				
1. 汽车	万人 · km	5				
2. 其他机动车	万人 · km	6				
三、货运量	万 t	7				
1. 汽车	万 t	8				
2. 其他机动车	万 t	9				
3. 轮胎式拖拉机	万 t	10				
四、货物周转量	万 t · km	11				
1. 汽车	万 t · km	12				
2. 其他机动车	万 t · km	13				
3. 轮胎式拖拉机	万 t · km	14				

单位负责人:　　统计负责人:　　填表人:　　联系电话:　　报出日期:20　年　月　日

复习思考题

1. 某市计划对“十一”黄金周期间该市的道路旅客运输量情况进行如下统计:

(1)试确定调查方法,以保证道路旅客运输量调查的可操作性与科学性,并说明理由。

(2)针对“十一”黄金周的旅客出行特点,试确定需要调查的重点指标。

(3)设计具体的调查方案。

2. 某客运公司4条客运班线某年运输情况如表6-4所示。

某客运公司4条班线某年旅客运输情况表 表6-4

班线序号	客运量(万人)	平均运输距离(km)	班线序号	客运量(万人)	平均运输距离(km)
1	2.5	120	3	2	45
2	1.6	80	4	3.2	155

试计算:

(1)该客运公司的4条客运班线的年旅客周转量。

(2)该客运公司的4条客运班线的平均运输距离。

3. 某客运公司6辆班线车某天的旅客运输信息如表6-5所示。

某客运公司6辆班线车某天旅客运输情况表 表6-5

车辆编号	车辆类型	车辆级别	旅客运量(t)	运输距离(km)
1	柴油车	中级车	45	120
2	柴油车	中级车	38	165
3	汽油车	高级车	68	630
4	柴油车	高级车	57	580
5	汽油车	普通车	30	60
6	汽油车	高级车	56	480

(1)分别按车辆类型与车辆运营方式分类,计算旅客运输量与旅客运输周转量。

(2)试计算6辆车该天旅客运输的平均运输距离。

4. 某客运公司3月份与4月份运输情况如表6-6所示。

某客运公司3月份与4月份运输情况对照表 表6-6

月份	旅客运量(人)	运输距离(km)
3	45	120
4	38	165

(1)试计算3月份、4月份的旅客周转量。

(2)试分析旅客运量、运输距离的变化对周转量的变化贡献。

5. 甲、乙两地的道路运输与路网情况如表6-7所示。

甲、乙两地道路运输与路网情况对照表 表6-7

地区	旅客周转量(亿人·km)	货物周转量(亿t·km)	道路网长度(km)
甲	37.2	26.2	13 200
乙	34.6	28.9	14 100

(1)试计算甲、乙两地的路网运输密度。

(2)试分析旅客周转量、货物周转量、道路网长度对甲、乙两地路网运输密度的贡献。

6. A 市历年旅客运输与社会经济发展相关统计数据如表 6-8 所示。

A 市历年旅客运输与社会经济发展相关统计数据表

表 6-8

年份	GDP（亿元）	人均收入水平（元）	旅客运输量（万人）	年份	GDP（万元）	人均收入水平（元）	旅客运输量（万人）
1999	212	1 030	3 253	2004	389	2 190	5 106
2000	236	1 250	3 516	2005	477	2 530	5 528
2001	265	1 380	3 823	2006	512	2 790	6 012
2002	301	1 610	4 060	2004	620	3 120	6 536
2003	342	1 850	4 580	2008	700	3 500	7 002

试分析：

(1)旅客运输量的时间趋势。

(2)旅客运输量与人均收入的相关关系。

(3)旅客运输量与社会经济发展水平的相关关系。

第七章　道路货物运输量统计

货物运输既是实现区域间资源优化配置的必然手段，也是区域社会经济联系的重要标线。统计道路货物运输情况，是掌握道路运输生产、地区间经济交流的手段，有利于合理评价道路运输与区域社会经济发展的适应性，进行不同国家、地区间的横向比较，为研究各地区的产业经济特性，构建符合本地区发展的综合运输体系提供依据；为行业主管部门提供管理决策依据，为区域社会经济综合规划提供重要数据。

第一节　统计范围与统计原则

一、统计范围

全社会从事道路运输的各类车辆所完成的流通过程的货物运输量，均应纳入统计，但货物运输量不包括货物装卸量及为装卸而进行的短距离的搬运量。

二、统计原则

在统计中，货物运输按照如下原则进行统计：

1. 按运输工具区域管理权统计

一个地区管辖的营运车辆或一个道路运输企业经营管理的车辆，不管在什么地区完成的货物运输量，均由该车辆所在地区的运输管理部门或运输企业进行统计。

一个独立经济核算的道路运输企业，对一次承运的货物，对因道路条件或其他原因使用同种类工具进行接力运输时，如汽车倒汽车，其运量只能计算一次，不得重复计算；使用不同种类工具接运时，如汽车倒火车，为准确、及时地反映各种运输工具所完成的运输量，可分别计算运量。

两个或两个以上的独立经济核算的道路运输企业使用同类运输工具接运时，接运前后的各个运输企业都应统计运输量。

2. 按到达量统计

道路运输量均按到达量统计，即在报告期内已运达目的地旅客统计为该报告期的运输量。

3. 按实际运输量统计

货运量应按货物的实际质量统计。

包车的货运输量也按实际发生量进行统计。若按实际数量统计有困难时，可根据其运行次数、距离以及装载情况等合理推算，但不得以包车收入和基本运价、标记吨位等折算运输量。调车费、空驶费、延滞费等不能折算为运输量。

4. 货运量应按运输单据上记载的实际质量统计

各种货物的计量单位是不同的。为了反映货物运输的总规模，在计算货运量时，各种运输方式的各种货物应统一按实际质量进行统计。这是因为:第一,各种货物的计量单位中,只有按质量计算,才可以相加,而且一般货物,不论其外形包装如何改变,其质量是不变的,其体积却会发生变化。如果以体积表示货运量,那么运送包装方法不同的货物便很难正确判断货运量的大小。第二,大宗物资,如煤炭、钢铁、粮食、棉花等生产部门都是以质量为计量单位,货运量采用的质量单位和生产部门的计算单位一致,便于研究运输和生产的关系。第三,完成运输活动所使用的运输工具,也是按载质量计算的,用质量单位计算货运量,便于进行运量和运力的平衡计算,能够反映运输工具载重能力的利用程度。

货物的实际质量,对成包、成件、成捆、成桶、规格统一的各种货物,可采用标准件的实际质量计算全部货物质量。轻泡物资也应以实际质量统计。

第二节　统计分组与统计指标

一、统计分组

统计分组的标准是根据货物运输统计的目的与目标而确定。

道路货物运输生产统计一般按车辆所属单位的经济类型、营业性质、车辆的能源类别等分别进行统计(同客运统计分组)。另外,还可根据货物种类分组,零担货运可单独统计。

统计一般有以下分组:

(1)按车辆的营业性质分为营业性货运量、非营业性货运量。

(2)按车辆能源类别分为柴油车货运量、汽油车货运量、其他车货运量。

(3)按货物种类分组。根据交通运输部有关《货物运输量分类》、《运输货物分类和代码》等标准划分。实际工作中按统计报表制度规定执行。

(4)按车辆运营方式可分为整车运输、零担运输和集装箱运输。

二、统计指标

1. 货运量

报告期内运输车辆实际运送的货物质量,计算单位:t。

需要说明的是,货运量与装卸量、搬运量具有明显的区别,而这些区别也决定了货运量统计的范畴。

伴随货物运输发生的货物装卸量及短距离的搬运量,不包括在运输量统计范围内,它们的区别是:

(1)在港区、场站范围内为装卸而进行的搬运量和倒载、转堆等作业量,均不得算为运输量。

(2)在没有划定港区、场站的地方,为装卸而进行的运送距离不足1km的搬运量和倒载、转堆等作业量,均不得算为运输量。在实际统计中,在港区、场站范围内为装卸而进行的搬运量和倒载、转堆等作业量,均不得算为运输量。在没有划定港区、场站的地方,为装卸而进行的运送距离不足1km的搬运量和倒载、转堆等作业量,均不得算为运输量。

2. 货物周转量

报告期内运输车辆实际运送的每批货物质量与其相应运送距离的乘积之和,计算单位:t·km。计算公式:

$$货物周转量 = \sum(每批货物质量 \times 该批货物运送距离) \tag{7-1}$$

3. 货物平均运距

报告期内运输车辆实际运送货物的平均距离，计算单位：km。计算公式：

$$货物平均运距 = \frac{货物周转量}{货运量} \tag{7-2}$$

由于不同品种的货物平均运距相差很大，因此除了计算全部货物的平均运距外，还要计算各类货物的平均运距，以便分析各种货物的平均运距及货物结构变化对全部货物平均运距的影响程度。

货物平均运距主要说明货物起讫点之间联系的距离，其长短直接影响到货物成本的高低。对运输企业来说，货物平均运距直接影响到车辆周转的时间。货物平均运距越大，车辆周转时间就越长，同等货物运量条件下，需要投入的车辆数也就越多。因此，无论是对于整个国民经济来说，还是对于运输企业本身来说，缩短货物平均运距都有重要的经济意义。

影响货物平均运距的因素很多，主要有运输网的完善程度、生产力布局的特性、各种运输方式的发展、货物种类的变化等。对于货物运距的变化，不能简单地评价是越远越好，还是越短越好，必须结合具体时间、地点与条件进行详细的研究分析。

【例 7.1】 某货物运输公司 3 辆车某日完成货运量和平均运距见表 7-1，计算该公司当日完成的货运量、货物周转量和平均运距。

货运公司车辆运输情况表 表 7-1

车辆编号	货运量(t)	平均运距(km)
1	325	52
2	384	71
3	438	64

该公司完成的货运量：325 + 384 + 438 = 1 147(t)

货物周转量：325 × 52 + 384 × 71 + 438 × 64 = 72 196 (t · km)

平均运距：72 196/1 147 = 62.9(km)

4. 集装箱运量

集装箱是一种装运货物的容器。所谓集装箱运输是指使用集装箱通过现代的运输工具进行货物运输的一种形式。集装箱运输是代表货物运输技术水平的重要指标之一。为了反映我国集装箱运输发展的速度和规模，单独对集装箱运输进行统计研究。

报告期内运输车辆运送集装箱的实际数量，一般根据运输过程分为直达集装箱运量和中转集装箱运量。

(1)直达集装箱运量

集装箱货物由货源地经过道路运输，途中不发生集装箱的装卸、堆存、中转及箱内货物的拆拼作业，而直接运抵收货人所指定卸货地点的集装箱数量。

(2)中转箱运量

集装箱运输途中发生集装箱的装卸、堆存、中转或箱内货物的拆拼作业，而不能直接运抵收货人所指定卸货地点的集装箱数量。

具体计算方法如下：

(1)按集装箱的实际箱数计算，计算单位：箱。

(2)按折算系数折合为 6.096m(20ft)集装箱的数量计算，计算单位：TEU(Twentyfoot

Equivalent Unit 的缩写)。折算系数如表 7-2 所示。

集装箱按 TEU 折算系数表 表 7-2

箱　型	折算系数	箱　型	折算系数
45ft	2.25	20ft	1.00
40ft	2.00	10ft	0.50
35ft	1.75		

5. 集装箱周转量

报告期内运输车辆实际运送的每个集装箱与其相应运送距离乘积之和。集装箱周转量又有两种计算方法,分别如下:

(1)按集装箱的实际箱计算。计算单位:箱 · km。

$$集装箱周转量 = \sum(每个集装箱 \times 该箱运送里程) \tag{7-3}$$

(2)按集装箱折合的 6.096m(20ft)集装箱计算,计算单位:TEU · km。

$$集装箱周转量 = \sum(每个集装箱折合\ TEU\ 的数量 \times 该箱运送距离) \tag{7-4}$$

第三节　货物分类及货物流量流向统计

研究分析运输工作量的生产情况,仅靠上述总量指标是远远不够的,还要按货物分类及货物流向进行分组,以了解其流向与构成。

一、货物分类统计

货物分类统计的目的是:反映和研究货物运输量、货物吞吐量和装卸操作量的货类构成,检查各类货物的运输工作量计划的执行情况,分析社会再生产过程中各类货物使用运力的合理程度,为合理运输、车船与装卸机械的调度及编制货物运输计划提供依据。

各种货物在国民经济中的作用不同,如只统计运输货物的总吨数,不能全面反映运输工作的情况与国民经济各部门的联系。但是货物的具体品种有成千上万种,若按所有货物品种进行统计,既不可能,也无必要。因此,将货物按一定的分类标志进行合理的归类,是进行运输计划和统计工作的需要。根据统计分析的不同目的和要求,货物分类的主要方法有如下几种:

1. 按货物的自然属性分类

货物分类的主要原则是根据国家的基本经济政策、货物的自然属性及其在国民经济中的地位进行划分的。按货物种类分组,可研究货物运输中的货物分类构成,分析各类货物的运输数量和使用运力的合理程度,为计算产品运输系数、编制货物运输计划提供依据。

按货物的自然属性分类是目前统计制度中最主要的分类方法。国家统计局颁发了统一的《货物运输量分类目录》,各省、市、自治区交通运输厅(局)可根据具体情况作必要的补充。

2. 按货物的包装方式分类

货物按包装形式不同分为:

(1)包装货物,包括用不同材料、尺寸、形状的箱、桶、袋等装载的货物和各种形式捆扎的货物。

(2)无包装货物,如原木、生铁、钢坯等不用包装的货物。

(3)散装货,包括液态和固态两种,如煤、散装水泥等。

(4)成组化货物:为提高装卸作业效率,把某些零星分散件杂货和散货集零成组进行运输,称为成组化货物。成组化货物包括托盘、网络及各种形式的集装箱、集装袋等。

3. 按货物的比重分类

货物按比重的不同可分为:重件货物,即质量大、体积小的货物;轻泡货物,即体积大、质量小的货物;一般货物等。这种分类有利于轻重货物配装,可充分利用各种运输工具的载重能力和有效面积。

4. 按货物的特性分类

按货物的特性可分为:危险品货物、易腐货物、超限货物(包括超长、超宽、超高、超重)。这种分类有利于保证运输安全,提高运输质量,做好运输组织工作。

二、货物流量、流向统计

货物流量、流向的统计目的反映运输各类货物的数量及其方向,研究运输密度与货物流动规律,为合理安排车辆运行,道路、桥梁的建设以及国民经济的布局提供依据。

道路货物流量、流向统计,其统计指标及计算方法在全国范围内目前尚未作统一规定,但不少省市已经开始进行了探索性的实践。具体做法主要包括如下几个要点:

(1)对于货物流量、流向的统计,由各省、市、自治区制订专门的表格,主要统计货物分类、货物流量等几项关键指标。

(2)在统计方式上,可以采取附加于《交通运输综合统计报表制度》上一起进行的方式。如果需要较为详细、全面的货物流量、流向数据,也可以考虑进行较大规模的专项调查。

(3)在统计周期上,如果采取附加于《交通运输综合统计报表制度》上一起进行的方式,可以保持与《交通运输综合统计报表制度》同样的周期;而如果采用较大规模的专项调查方式,由于每次调查所投入的人力、物力、财力必然巨大,因此每次调查间隔的周期不宜过多,建议采取每3年一次或者每5年一次的方式进行。

第四节　我国道路货物运输统计与指标完善

一、我国道路货物运输统计实施现状

我国的道路货物运输统计与道路旅客运输统计一同,在全面调查中通过各省、自治区、直辖市及计划单列市交通厅(局)向交通运输部填报《交通运输行业综合统计报表》,非全面调查主要通过《公路运输定期抽样调查方案(试行)》和《公路运输分月抽样调查方案(试行)》两个项目来进行。统计调查范围为从事营业性运输非独立核算单位和从事非营业性运输的单位以及私人所拥有的车辆(含汽车、轮胎式拖拉机和其他机动车辆)所完成的运输量,具体指标包括货运量、货物周转量、货物种类等。

在实际调查中,道路货物运输统计所采取的抽样方法、调查方式与工作流程,与道路旅客运输统计基本相同。

二、典型发达国家的道路旅客运输统计实施现状

1. 美国

美国的道路货物运输统计自1963年起,由美国普查局开始进行用户运输量调查,起名“商品运输调查”(Commodity Transportation Survey),每5年一次,是全国经济普查的组成部分。统

计范围限定在矿产业、制造业、批发贸易业与一部分零售业等使用运输服务发送货物最主要的行业，主要获取各种运输方式完成的运输量及它们之间的衔接情况。

在1978年～1994年，美国州际商业委员会大幅降低了报表的项目要求，减轻了填报者的负担。1995年，根据《多方式地面运输效率法》的规定，美国交通部负责搜集此部分数据，并开始注重交通运输业对国民经济其他各部门的贡献及各部门之间的联系。同时，由美国运输部运输统计局与人口普查局共同发起，开始进行商品流动调查（Commodity Transportation Survey，简称CFS）和全国家庭出行调查（National Household Travel Survey，简称NHTS）。商品流动调查与全国家庭出行调查每5年调查一次，在每个以2和5结尾的年份进行调查，并在1993年进行了首次调查（1992年运输统计局刚成立）。调查包括商品的流量、流向、货种等。

美国的道路货物运输统计在项目体系上包括两个层次。第一层次是由美国运输部下属的运输统计局与其他机构组织的全国范围内的运输统计项目；第二层次是地方各州、行业协会或社会中介机构组织的局部或者小范围的调查。本书仅以全国范围内的运输统计项目为例进行讨论。美国全国范围内道路运输统计项目如表7-3所示。

美国全国范围内道路货物运输统计项目 表7-3

项 目	调查机构	涉及运输方式或内容	数据收集频率
商品流动调查	运输统计局与美国人口普查局	全部（包括中间运输方式）	每5年
美国国际贸易数据	美国运输统计局，美国海关，美国人口普查局，加拿大和墨西哥机构	载货汽车、铁路、管道、政府邮政、其他美加、美墨间特定的方式	每月
载货汽车存量与使用调查	美国运输统计局与人口普查局	载货汽车的数量（包括运输者拥有的车队规模的数据）、车型、车辆质量和长度、燃料经济、服务的产业、运输货物种类、经营范围	每5年
货物地理信息系统	运输统计局、交通部综合运输局	计算和度量综合运输的基础设施的使用强度	随时更新

美国全国范围的货物运输统计主要通过商品流动调查来进行。商品流动调查作为经济调查的一部分，是提供美国全国范围内各种运输方式所运输的运输量、运输周转量、商品种类、商品价值、商品流动的地理分布和运输距离的唯一来源，采用抽样调查的调查方式，从全国800 000家抽样框里面抽取一定数量的样本来进行调查。最初的1993年和1997年两次调查的具体情况如表7-4所示。

美国1993年与1997年及以后调查年度商品流动调查比较 表7-4

项 目	1993	1997
调查的产业	制造业，采矿业，影视娱乐业，批发业，零售业和服务业	制造业，采矿业，批发业，零售业和服务业
货物分类体系	标准运输商品分类（STCC划分代码）	运输货物标准分类（SCTG划分代码）
随机抽样规模	从800 000规模的企业样本抽样框中抽取200 000家	从800 000规模的企业样本抽样框中抽取100 000家

续上表

项　　目	1993	1997
调查的方法	被调查者从1993年度每季度中选取两个星期,填报此时期内的运输情况,并对每笔运输货物的主要特性加以描述	被调查者从1997年度每季度中选取两个星期,填报此时期内的运输情况,并对每笔运输货物的主要特性加以描述
运输方式	铁路,营运载货汽车,自有载货汽车,航空,内河及五大河运输,海运,管道,其他	铁路,营运载货汽车,自有载货汽车,航空,内河及五大河运输,海运,管道,其他
调查内容	运输的货物价值量,质量,主要货物,完成所用的全部运输方式,货物所经过的全部起始地,目的地,是否集装箱运输,是否危险品运输,是否出口运输(若是,则调查出口运输方式、出口国、城市)	运输的货物价值量,质量,主要货物,完成所用的全部运输方式,货物的最初起始地,目的地,是否集装箱运输,是否危险品运输,是否出口运输(若是,则调查出口运输方式、出口国、城市)

2. 加拿大

加拿大的道路货物运输统计分项很细,项目众多,涉及道路运输的各个方面,统计内容相当完善。加拿大目前实施主要的全国范围内的道路货物运输统计项目如表7-5所示。

加拿大主要道路运输统计项目体系一览表 表7-5

备案号	项　目　名　称	项　目　目　标	调查周期
2741	载货汽车货流起讫点调查	衡量加拿大商品的流动与货运业产出	每年
2742	年度机动车货运调查	搜集加拿大出租货运业的规模、结构和经济绩效数据	每年
2743	旅客巴士运输统计	提供面向产业(如加拿大旅客运输业的基本投入产出)和面向运输(如运距、运输设备等)的统计数据	每年
2746	道路机动车调查——燃油	搜集销售的汽油、柴油、液化石油气(LPG)	每月
2747	道路机动车调查——注册	从省和地区政府搜集轻型载货汽车、重型载货汽车、巴士和越野车的注册登记信息	每月
2748	季度机动车货运调查	搜集加拿大出租货运业的规模、结构和经济绩效数据	每季度
2749	加拿大机动车调查	搜集加拿大出租货运业的规模、结构和经济绩效数据	每季度
2798	加拿大旅客巴士/城市运输业调查	为加拿大旅客巴士与城市运输业搜集财务与营运统计数据	每年
2800	年度小型出租货运和自营货运调查	搜集加拿大小型出租货运业和自营货运业的规模、结构和经济绩效数据	每年

加拿大的道路运输统计主要通过路边抽样调查来完成。加拿大全国范围的公路运输抽样

调查通过在高速公路出入口、国道和一些载货汽车经常使用的道路(1 100km 一般公路)上,设立总计 148 个的调查点来进行。抽取样本为 36 000 个驾驶员,以分析一百万辆货运车辆的货运活动。抽样调查主要收集有关货运车辆、运输企业、驾驶员、出行目的、货物特性、货运活动等信息,包括运输量、运输距离、出行次数等具体内容。表 7-6 为以货车为分类标准的相关货运活动的统计指标比重。

加拿大汽车货运中与各类型货车相关的货运活动比重表(2003 年)　　表 7-6

货车类型	货运活动比重			
	出行次数	出行距离	运量	周转量
半挂车	72.3	80.3	78.6	81.2
全挂列车	8.1	10.3	15.2	17.5
整体车	18.0	8.4	4.3	1.5
其他	1.6	1.0	1.9	0.8
总计	100.0	100.0	100.0	100.0

加拿大在货运统计中,还十分重视运输货物种类的统计。货物分类按照《北美货物分类标准》执行。加拿大道路运输分货类的周转量(1996 年)如表 7-7 所示。

加拿大道路运输分货类的周转量(1996 年)　　表 7-7

货　类	国内		国际		总计	
	100 万 t·km	%	100 万 t·km	%	100 万 t·km	%
普通货物	22 823.9	31.9	18 419.6	37.1	41 243.5	34.0
森林产品	13 877.2	19.4	11 598.1	23.4	25 475.3	21.0
食品	13 244.1	18.5	7 546.3	15.2	20 790.4	17.2
制成品	5 917.0	8.3	4 193.7	8.5	10 110.7	8.3
石油产品	5 245.1	7.3	547.0	1.1	5 792.1	4.8
化学品	4 151.0	5.8	2 659.1	5.4	6 810.1	5.6
非金属矿	3 196.3	4.5	733.8	1.5	3 930.1	3.2
粮食	1 355.0	1.9	611.6	1.2	1 966.6	1.6
汽车、发动机、部件	1 346.7	1.9	3 230.6	6.5	4 577.3	3.8
金属矿	349.4	0.5	87.4	0.2	436.8	0.4
总计	71 505.7	100.0	49 627.3	100.0	121 132.9	100.0

三、内容改进探讨

通过与国外典型道路货物运输统计的比较,我国的道路货物运输存在着诸如统计内容有限、指标计量误差较大等缺陷。依托现行的统计项目,可以在不显著加大统计工作量的基础上,对道路货物运输统计进行完善,填补较为关键的数据缺口。道路货物运输统计的完善,具体包括如下几方面:

1. 扩展内容

在运输对象上，对于货物运输，关键的数据缺口包括货物种类与货物价值。货物种类与货物价值是体现运输产品特性最为关键的两个指标。不同的货物种类、不同价值档次的货物对于运输的品质要求，包括运输速度、运输过程中的包装、运输的时效性方面差别极大，同时这也在某种程度上决定了所适应的运输方式。通过掌握货物种类与货物价值数据，能极大地方便政府配置运输资源，有利于各运输方式的协调发展，促进综合运输体系的建设。

在经济效益上，关键的数据缺口包括每运次的营业收入、支出成本。经济效益总是针对特定的主体而言，要考察公路运输的经济效益，不论是对于运输企业，还是对于运输个体户，都可以从收入、成本两方面来考察，故通过统计每运次营业收入与支出成本来扩展统计内容。

在运行状态与产出成果上，关键的数据缺口为道路运输的运行效率。与道路旅客运输统计类似，需要统计道路货物运输的运行效率。

对于货物运输而言，地理信息是极为关键的一项内容。货物运输的地理信息是体现经济资源配置、区域经济交流的重要指标。在地理信息上，关键的数据缺口主要是货物运输的运输路径。

2. 指标设置

根据上述道路货物运输需扩展的内容，为了应用于统计实践，需要将其简化提炼成指标体系。

在运输对象方面，货物种类、货物价值可直接作为统计指标进行统计。其中，货物种类在调查时，可直接填写具体货物种类，在数据处理汇总转换成电子数据时，可按照交通行业标准《运输货物分类和代码》(JT/T 19—2001)进行归类，货物价值由调查对象直接填写。

在经济效益方面，可直接调查每运次营业收入、支出成本。

在运行状态与产出成果方面，设置“平均车日行程”指标。“平均车日行程”的计算公式是报告期内车辆行驶的总里程与报告期天数之比。该指标能综合反映公路运输运行的效率水平、组织管理水平和车辆利用效率。因此，设置“平均车日行程”有助于填补运行状态与产出成果方面的数据缺口。

在地理信息方面，由于在调查表格中不可能填写详细的运输路径，在实际调查时，可填写途径主要的公路名称，如某高速，某国道，结合运输货物的起讫点，即可获得运输路径信息、标志地理信息。

综上，通过扩展调研内容、完善指标体系，新增加(包括改进)的指标体系如表 7-8 所示。

全社会道路货物运输量统计扩展指标体系 表 7-8

类　别	运输对象	经济效益	运行状态与产出成果	地理信息
指标名称	货物类别、货物价值	每运次营业收入、每运次成本	平均车日行程	途径主要道路名称

第五节　道路货物运输统计表

关于道路货物运输统计方面的表格都综合于《交通运输综合统计报表》里，见表 7-9、表 7-10。

全社会公路分货类运输量

表 7-9

表　　号:交行统 11 表
制表机关:交通运输部
批准机关:国家统计局
批准文号:国统制[2008]71 号

填报单位:　　　　　　20　年　　　　　　有效期至:2010 年 10 月

货　类	序号	货运量 (万 t)	货物周转量 (万 t·km)
甲	乙	1	2
合计	1		
1. 煤炭及制品	2		
2. 石油、天然气及制品	3		
其中:原油	4		
3. 金属矿石	5		
4. 钢铁	6		
5. 矿物性建筑材料	7		
6. 水泥	8		
7. 木材	9		
8. 非金属矿石	10		
其中:磷矿	11		
9. 化学肥料及农药	12		
10. 盐	13		
11. 粮食	14		
12. 机械、设备、电器	15		
13. 化工原料及制品	16		
14. 有色金属	17		
15. 轻工、医药产品	18		
其中:日用工业品	19		
16. 农林牧渔业产品	20		
其中:棉花	21		
17. 其他	22		

单位负责人:　　　统计负责人:　　　填表人:　　　联系电话:　　　报出日期:20　年　月　日

全社会公路、水路集装箱运输量　　表 7-10

表　　号:交行统 13 表
制表机关:交通运输部
批准机关:国家统计局
批准文号:国统制[2008]71 号

填报单位:　　20　年　　有效期至:2010 年 10 月

指　　标	序号	箱运量（个）		货运量（t）	
			远洋		远洋
甲	乙	1	2	3	4
公路标准集装箱合计(TEU)	1		—		—
1.45ft	2		—		—
2.40ft	3		—		—
3.35ft	4		—		—
4.20ft	5		—		—
5.10ft	6		—		—
水路标准集装箱合计(TEU)	7				
1.45ft	8				
2.40ft	9				
3.35ft	10				
4.20ft	11				
5.10ft	12				

补充资料:本表未列集装箱运输量为:

公路:1.____ft、____个、____t

2.____ft、____个、____t

3.____ft、____个、____t

水路:1.____ft、____个、____t,其中:远洋____个、____t

2.____ft、____个、____t,其中:远洋____个、____t

3.____ft、____个、____t,其中:远洋____个、____t

单位负责人:　　统计负责人:　　填表人:　　联系电话:　　报出日期:20　年　月　日

复习思考题

1. 某市计划对春节期间内该市的货物运输量情况进行统计。

(1)试确定调查方法,以保证货物运输量调查的可操作性与科学性,并说明理由。

(2)针对春节期间货物运输特点,试确定需要调查的重点指标。

(3)试设计具体的调查方案。

2. 某大型国际物流公司 6 月通过陆路口岸从国外运输一批货物进入我国,具体运输过程如下:

(1)从国外运输两套大型机电产品至我国陆路口岸,运输质量为 220t,运输距离为 660km。

(2)在我国陆路口岸里进行倒载分装,运输质量为 220t,倒载距离为 0.8km。

(3)两套大型机电产品分装为两辆车分别运往国内A市与F市，运输质量各为110t，运输距离分别为160km与360km。

试计算：

(1)全部运输的货物周转量。

(2)全部运输的平均运输距离。

3. 顺风货运公司某5辆车某天的货物运输信息如表7-11所示。

顺风货运公司某天货物运输情况表　　表7-11

车辆编号	车辆类型	运营方式	货物种类	运输质量(t)	运输距离(km)
1	柴油车	整车运输	家具	25	68
2	柴油车	整车运输	粮食	32	110
3	汽油车	零担运输	百货	12	55
4	柴油车	零担运输	百货	10	78
5	汽油车	整车运输	水果	30	28

(1)分别按车辆类型与车辆运营方式分类计算货物运输量与运输周转量。

(2)计算5辆车该天运输的平均运输距离。

4. 某集装箱运输公司的某天集装箱运输情况如表7-12所示。试计算折算成20ft集装箱的集装箱周转量。

某集装箱运输公司集装箱运输情况表　　表7-12

集装箱种类(ft)	45	40	35	20	10
平均运输距离(km)	225	150	280	85	40

5. 某货物运输公司3月份货物运输情况如表7-13所示。试计算该公司3月份的货物周转量和全部货物平均运输距离。

某货物公司3月份货物运输情况表　　表7-13

货物种类	货物质量(t)	平均运输距离(km)
农产品	1 250	300
水果	660	280
机电产品	750	620
家具	920	320
其他	1 100	460

6. A市历年的货物运输与社会经济发展相关统计数据如表7-14所示。

A市历年货物运输与社会经济发展相关统计数据表　　表7-14

年份	GDP (亿元)	人均收入水平 (元)	道路货物运输量 (万t)	年份	GDP (万元)	人均收入水平 (元)	道路货物运输量 (万t)
1999	212	1 030	132	2004	389	2 190	286
2000	236	1 250	155	2005	477	2 530	315
2001	265	1 380	196	2006	512	2 790	352
2002	301	1 610	223	2004	620	3 120	398
2003	342	1 850	254	2008	700	3 500	437

试分析：

(1)货物运输量的时间趋势。

(2)货物运输量与人均收入的相关关系。

(3)货物运输量与GDP的相关关系。

(4)试与第六章复习思考题第6题比较，并得出旅客运输量与货物运输量之间的变化趋势。

第八章　道路运输车辆运用情况统计

道路运输需求是派生的需求，为适应和满足全社会道路客货运输的需求，道路运输车辆无论是在数量上还是在能力上，都需要有一定的后备。同时，道路运输车辆应保持适当的数量和规模，要讲求效率，不能闲置和浪费。因此，合理配置和充分运用道路运输车辆是道路运输组织管理的重要任务之一。进行道路运输车辆运用情况统计，能够客观、全面、及时、准确地反映道路运输车辆的数量、结构、能力及实际运用情况，为道路运输企业和道路运输行业合理配置运输资源，进行科学决策，提高经济效益服务。

第一节　道路运输车辆运用情况统计

道路运输车辆包括汽车、挂车、牵引车。道路运输车辆运输能力及运用程度的统计，称为道路运输车辆运用情况统计。道路运输车辆的生产活动是在极其复杂的环境下进行的，其生产受客货需求、车辆状况、道路情况、气候条件等因素的影响。这些因素相互作用，影响着道路运输车辆的运输能力和车辆性能的发挥。道路运输车辆运用情况统计的目的，就是要通过统计指标客观、真实、及时、准确地反映道路车辆实际运用情况以及上述诸因素对运输车辆运用情况的影响，分析道路运输各生产环节对运输车辆运输生产效率的影响，为道路运输企业和行业的科学管理提供决策依据。

一、道路运输车辆运用情况的统计对象

道路运输车辆运用情况统计以从事道路运输生产活动的车辆为统计对象。道路运输车辆运用情况统计按车辆使用权限进行统计，凡使用权属于道路运输企业或行业的车辆均应进行统计与分析。根据目前道路运输的管理实际和道路运输统计的基础，道路运输车辆运用情况统计以办理道路运输证从事营业性道路运输生产活动的车辆为主要统计对象。随着道路运输管理水平的提高和道路运输统计基础的日益完善，非营业性车辆也应一并纳入统计和分析。

二、道路运输车辆运用情况主要统计指标

在道路运输生产过程中，影响车辆运用情况的因素很多，也很复杂。为统计分析道路运输车辆的实际运用程度，反映运输效果，提高运输生产效率，必须建立一套道路运输车辆运用情况的统计指标体系，以反映运输车辆在时间、载质量、速度、里程等方面的利用情况。道路运输车辆运用情况统计指标和其他统计指标设置的原则基本相同，结合道路运输统计的实际情况和道路运输统计指标的设置原则，在坚持稳定性、可比性和可能性的基础上，车辆运用情况可设如图 8-1、图 8-2 所示的统计指标。

道路运输车辆运用情况统计指标包括数量指标和质量指标两大类。数量指标包括车日、车吨(客)位日和行程等方面统计指标；质量指标包括车辆时间利用、车辆运行速度利用、车辆行程利用程度、车辆载重能力利用程度、车辆牵引能力利用程度、车辆运输能力利用程度等方

面的统计指标。

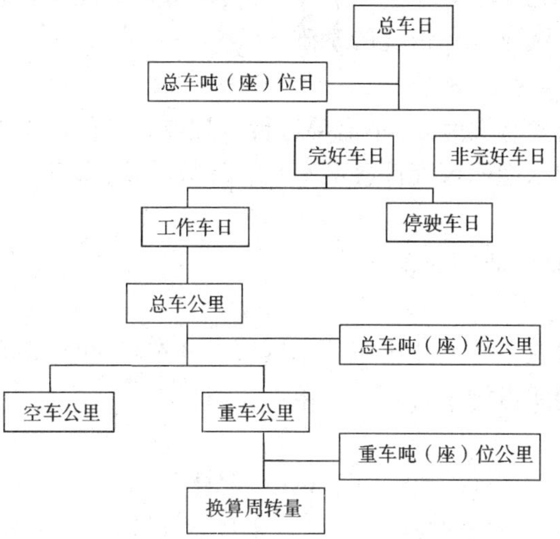

图 8-1 道路运输车辆运用情况统计数量指标之间的关系

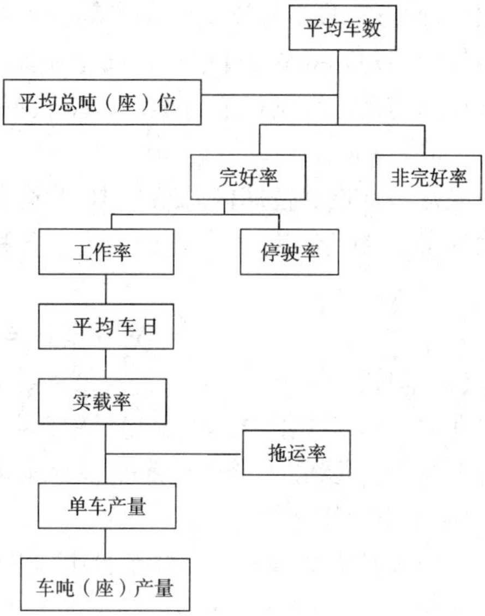

图 8-2 道路运输车辆运用情况统计质量指标之间的关系

三、道路运输车辆运用情况统计指标

1. 车日统计

车日是道路运输车辆运用情况统计的最基础指标，能够从动态的角度反映道路运输企业保有运输车辆情况。一辆车在运输企业保有一日，即为一个车日。由于道路运输车辆在运输企业可能处于运输生产过程中的各个不同环节，如运行环节、待客货环节、修理和保养环节或等待保养和修理环节等，因而可以有不同的车日指标以反映车辆的运用状态。反映车日的指标主要有：总车日、完好车日、非完好车日、工作车日、停驶车日等。

（1）总车日

总车日指报告期内每天在用营运车辆的累计数。计算单位：车日。

计算方法：一辆营运车辆，不论其技术状况是否完好，在企业每保有一天即计为一个车日。在报告期内，营运车辆无增减变化时，总车日为营运车数乘以报告期日历天数。营运车辆发生增减变化时，新增车辆，以落籍并取得有关证件之日起开始计算。报废车辆，自批准之日起不再计算。

计算公式：

$$总车日 = \sum(营运车数 \times 在企业保有天数) \tag{8-1}$$

【例 8.1】 某企业 4 月 1 日有营运汽车 500 辆，月内未发生车辆增减、调出、调入等变化，则总车日为：30 × 500 = 15 000（车日）。

在报告期若发生车辆的增减变化，可根据规定按各辆车分别计算总车日，再汇总成为报告单位的报告期的总车日数。

【例 8.2】 某企业 4 月 1 日有车 200 辆，其中 150 辆为 40 座 A 型车，50 辆 50 座 B 型车，4 月 11 日购入 B 型车 50 辆，同时报废 10 辆 A 型车。直至月末再未发生车辆增减变化，则 4 月份的总车日：

$$总车日 = 200 \times 30 + 50 \times 20 - 10 \times 20 = 6\,800（车日）$$

车辆数指标可以反映一个时点道路运输的规模或生产能力，它在报告期内经常是有增减变化的，而总车日指标则消除了车辆变动对车辆数量的影响。若将时点数（车辆数）变为一个时期数（车日数）指标，可用车辆在企业保有天数之和反映企业对车辆使用的水平或规模。总车日指标是企业编制运输方案的依据，也是计算汽车运用情况的基础。

（2）完好车日

完好车日指报告期内总车日中，营运车辆技术状况完好，不需要进行修理或维护即可参加运输的车日，包括实际出车工作及由于各种非技术性原因而停驶的车日。计算单位：车日。

计算公式：

$$完好车日 = 总车日 - 非完好车日 \tag{8-2}$$

（3）非完好车日

非完好车日指报告期内总车日中，因技术状况不好不能出车的车辆所占的车日，包括正在进行或等待进行维护、修理的车辆及待报废车辆所占的车日。计算单位：车日。

（4）工作车日

工作车日指报告期内完好车日中，实际出车工作的车日。计算单位：车日。

计算方法：一辆营运汽车，只要当天出过车（以签发路单为依据），不论其出车时间长短、出车班次多少和完成运输量多少，也不论其是否发生过保养、修理、停驶或中途抛锚等情况，均计为一个工作车日。

为装货、调车和其他营运性工作而出车，应计为工作车日。为进行试车未发生营运性活动而出车的，不算工作车日。

（5）停驶车日

停驶车日指报告期内完好车日中未出车工作的车日。计算单位：车日。

一般是因为无客、无货、燃料供应中断、缺驾驶员、缺轮胎、路线阻碍以及风、雨、雪等气象因素及其他原因而未能出车工作的车辆所占车日。

$$工作车日 + 停驶车日 = 完好车日 \tag{8-3}$$

2. 车吨（客）位日统计

车日指标反映了车辆数和车辆在企业保有天数，但没有考虑吨（客）位的因素，为此必须设置车吨（客）位日指标综合反映车辆数、车辆在企业保有天数、车辆吨（客）位三因素的关系。反映车吨（客）位日情况统计指标有：总车吨（客）位日、平均车数、平均总车吨（客）位等。

（1）总车吨（客）位日

总车吨（客）位日是指报告期内每天实际在用营运载货（客）车辆标记吨（客）位的累计数。计算单位：车吨（客）位日。

计算公式：

$$总车吨位日（车吨位日）= \sum（每辆车的总车日 \times 标记吨位） \tag{8-4}$$

$$总车客位日（车客位日）= \sum（每辆车的总车日 \times 标记客位） \tag{8-5}$$

【例 8.3】 某企业 6 月 1 日有标记吨位为 5t 的东风货车 200 辆，若 6 月该企业未发生车辆及吨位的增减变化，则该企业 6 月有 $200 \times 30 \times 5 = 30\ 000$（车吨位日）。

运输车辆的车吨（客）位日是在总车日的基础上消除了车辆变动的影响，又消除了车辆吨（客）位大小对生产能力的影响因素。它反映了可供使用的以每日吨（客）位为计量单位的生产能力，使得总车吨（客）位日描述的各企业的生产能力在不同企业或同一企业的不同时期以及据此计算的设备效率指标具有更广泛的可比性。

(2)平均车数

平均车数指报告期内平均每天所拥有的车辆数。计算单位:辆。

计算公式:

$$平均车数(辆)=\frac{总车日}{日历天数} \tag{8-6}$$

【例8.4】 某企业6月1日有车200辆,6月11日调入10辆车,并于11日办理了手续,6月21日报废2辆车,当天即办理手续没有参加运输,以后至月末未发生车辆增减变化,则该企业6月平均车辆数为:

$$总车日数=200\times30+10\times20-2\times10=6\ 180(车日)$$

$$平均车数=\frac{6\ 180}{30}=206(辆)$$

(3)平均总吨位

平均总吨位指报告期内平均每天所拥有的载货车辆的总吨位。计算单位:吨位。

计算公式:

$$平均总吨位(吨位)=\frac{总车吨位日}{日历天数} \tag{8-7}$$

(4)平均总客位

平均总客位指报告期内平均每天所拥有的载客车辆的总客位。计算单位:客位。

计算公式:

$$平均总客位(客位)=\frac{总车客位日}{日历天数} \tag{8-8}$$

【例8.5】 某企业6月1日有车200辆,其中40座的A型车150辆,50座的B型车50辆,6月11日购入50座的B型车50辆,同时报废40座的A型车10辆。直至月末再未发生车辆增减变化,则6月的平均总客位和平均客位如下:

总车日 $=150\times30+50\times30+50\times20-10\times20=6\ 800$(车日)

平均车数 $=6\ 800/30=227$(辆)

总车客位日 $=40\times150\times30+50\times50\times30+50\times50\times20-40\times10\times20=297\ 000$(车客位日)

平均总客位 $=297\ 000/30=9\ 900$(座)

平均客位 $=9\ 900/227=44$

3.行程统计

道路运输企业运用汽车实现货物(旅客)在空间上的位移,是车辆载有货物(旅客)行驶一定距离(按公里计算的里程)的结果。汽车运行里程的长短是反映运输能力使用程度的一个重要方面。反映车辆行程统计的指标有:总行程、载运行程、空驶行程、总行程载货(客)量、载运行程载货(客)量等。

(1)总行程(总车公里)

总行程指报告期内车辆在实际工作中所行驶的总里程数,不包括为进行保养、修理而进出保修厂及试车的里程。计算单位:车公里。

汽车的行驶里程应根据行车路单上的行程记录或实际行程统计。在运输生产过程中,因故绕道或进行循环运输,出车后未到达装、卸货地点,因故返回,其行程按实际行驶里程计算。

$$总行程=重车行程+空车行程 \tag{8-9}$$

(2)载运行程(重车行程)

载运行程指报告期内总行程中车辆载有客、货(不论是否满载)的行驶里程。计算单位:车公里。

(3)空驶行程(空车行程)

空驶行程指报告期内车辆总行程中空车行驶的里程,包括回空和调车等无载运行的里程。计算单位:车公里。

(4)总行程载货量

总行程载货量指报告期内在用载货车辆的总行程载运能力。计算单位:吨位公里。

计算公式:

$$\text{总行程载货量} = \sum(\text{单车总行程} \times \text{标记吨位}) \tag{8-10}$$

(5)总行程载客量

总行程载客量指报告期内在用载客车辆的总行程载运能力。计算单位:客位公里。

计算公式:

$$\text{总行程载客量} = \sum(\text{单车总行程} \times \text{标记客位}) \tag{8-11}$$

总行程载货(客)量表示在汽(挂)车全部行驶里程中可能实现的最大运输能力,即车辆在规定技术条件下按标记吨(客)位运行可能完成的最大运输工作量。这与目前道路运输车辆存在严重超载情况下,实际完成的运输量是不同的。

(6)载运行程载货量(重车行程载货量)

载运行程载货量指报告期内在用载货车辆的载运行程载运能力。计算单位:吨位公里。

计算公式:

$$\text{载运行程载货量} = \sum(\text{单车载运行程} \times \text{标记吨位}) \tag{8-12}$$

(7)载运行程载客量(重车行程载客量)

载运行程载客量指报告期内在用载客车辆的载运行程载客能力。计算单位:客位公里。

计算公式:

$$\text{载运行程载客量(客位公里)} = \sum(\text{单车载运行程} \times \text{标记客位}) \tag{8-13}$$

在运输生产过程中车辆空驶往往是运输生产过程不可避免的环节。重车行程载货(客)量表明车辆在运行中扣除空驶因素后的最大运输能力。这与目前道路运输车辆存在严重超载情况下,实际完成的运输量是不同的。

在行程一定的条件下,总行程载货(客)量和重车行程载货(客)量与车辆的标记吨(客)位的大小有关。因此,在车辆标记吨(客)位相同的情况下,可用总车公里与标记吨(客)位相乘求出,但在由标记吨(客)位不同的车辆组成的单位,其总行程载货(客)量、重车行程载货(客)量,则应按不同标记吨(客)位分别乘以总行程和重车行程,然后再相加求和。

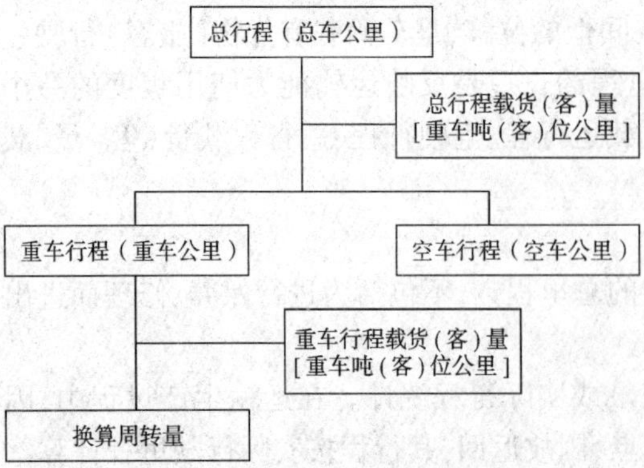

图 8-3 运输能力使用情况指标之间的关系

反映运输能力使用情况的上述指标是相互联系和相互制约的,它们的关系如图 8-3 所示。

【例 8.6】 某运输企业报告期有 A 型车 40 辆,标记吨位为 4 吨,完成总行程 240 000km,其中 200 000km 为重车里程。另有 B 型车 10 辆,标记吨位为 5t,完成总行程

70 000km,其中60 000km为重车公里,则该企业的总行程载货量及重车行程载货量为:

$$\begin{aligned}\text{总行程载货量} &= \sum(\text{总行程}\times\text{标记吨位})\\ &= 240\ 000\times 4+70\ 000\times 5\\ &= 1\ 310\ 000(\text{吨位公里})\end{aligned}$$

$$\begin{aligned}\text{重车行程载货量} &= \sum(\text{重驶行程}\times\text{标记吨位})\\ &= 200\ 000\times 4+60\ 000\times 5\\ &= 1\ 100\ 000(\text{吨位公里})\end{aligned}$$

4. 车辆的时间利用统计

反映车辆时间利用情况的统计指标有:完好率、非完好率、工作率、停驶率。

(1)完好率

完好率指报告期内完好车日在总车日中所占的比重。计算单位:%。

车辆完好率表明在报告期内,技术状况良好可随时出车进行运输工作的车辆的情况。完好率越高,表明技术状况良好的车辆越多,工作率的提高越有可能。同时,完好率也是反映车辆的技术状况、车辆管理、运用和修理、保养工作质量的指标。

计算公式:

$$\begin{aligned}\text{完好率} &= \frac{\text{完好车日}}{\text{总车日}}\times 100\%\\ &= \frac{\text{总车日}-\text{非完好车日}}{\text{总车日}}\times 100\%\\ &= \frac{\text{工作车日}+\text{停驶车日}}{\text{总车日}}\times 100\%\end{aligned} \tag{8-14}$$

(2)非完好率

非完好率指报告期内非完好车日在总车日中所占的比重。计算单位:%。

计算方法:

$$\text{非完好率} = \frac{\text{非完好车日}}{\text{总车日}}\times 100\% = 1-\text{完好率} \tag{8-15}$$

(3)工作率

工作率指报告期内工作车日在完好车日中所占的比重,用以反映车辆的利用程度。计算单位:%。

计算公式:

$$\text{工作率} = \frac{\text{工作车日}}{\text{完好车日}}\times 100\% = \frac{\text{完好车日}-\text{停驶车日}}{\text{完好车日}}\times 100\% \tag{8-16}$$

车辆工作车日与车辆停驶车日之和为车辆完好车日。可见,若要增加工作率,必须提高完好率和减少停驶车日。工作率的提高受车辆保修情况、运输组织、生产调度等影响。工作率表明运输企业营运车辆利用情况,反映企业的管理水平。

对工作车日的时间利用情况还可以用以下统计指标来反映:

(4)平均每日出车时间

平均每日出车时间指运输车辆平均每一个工作车日的出车时间。计算单位:h。

计算公式:

$$\text{平均每日出车时间} = \frac{\text{总出车时数}}{\text{工作车日数}} \tag{8-17}$$

由于车辆只要当天出过车参加营运性运输，不论出车时间长短即计一个工作车日，所以必须设置平均每日出车时间这一指标，才能进一步说明车辆时间的利用程度。平均每日出车时间可看作车辆工作率指标的一个辅助指标，它受企业工作制度和车辆运行组织工作水平的影响。

(5)出车时间利用系数

出车时间利用系数指在出车时间中车辆运行时间所占的比重。

计算公式：

$$出车时间利用系数=\frac{运行时间}{出车时间} \tag{8-18}$$

其中，运行时间和出车时间，可以是一定时期内的运行时间和出车时间总数，也可以是平均每个工作车日的运行时间和出车时间。

在车辆的出车时间内，包括车辆运行时间和车辆停歇时间。车辆停歇时间指车辆装卸货物及等待装卸货物（或旅客上、下车及等待上、下车）的时间、技术业务作业时间以及其他停歇时间。若要提高出车时间利用系数，必须压缩各种停歇时间，特别是要消除不必要的停歇时间，如车辆运行中排除机械故障时间和驾驶员不遵守作业制度任意延长休息时间等。

5. 车辆运行速度性能利用统计

反映车辆速度性能的指标主要有：技术速度、营运速度、平均车日行程等。

(1)技术速度

技术速度是指车辆在运行时间内平均每小时行驶的里程。计算单位：km/h。

计算公式：

$$技术速度=\frac{总行程}{运行小时数} \tag{8-19}$$

技术速度实际上是车辆的行驶速度。汽车动力性能、道路条件（如路面、宽度、坡度、弯道、视线等）、所运货物的特征、行车密度、车辆载质量等客观因素以及车辆保修质量、驾驶员的熟练程度等都对技术速度有影响。为了提高运输效率，必须在许可的条件下提高技术速度。

(2)营运速度

营运速度是指车辆在出车时间内平均每小时行驶里程。计算单位：km/h。

计算公式：

$$营运速度=\frac{总行程}{出车时间} \tag{8-20}$$

营运速度的大小不仅受技术速度的影响，还受运输组织工作好坏、运输距离大小和装卸停歇时间长短等因素的影响。在一定的技术速度下，营运速度与出车时间利用系数成正比。其相互之间的关系为：

$$营运速度=技术速度\times出车时间利用系数 \tag{8-21}$$

(3)平均车日行程

平均车日行程指报告期内平均每一个工作车日车辆所行驶的里程，是车辆速度性能利用与出车时间利用的综合性指标。计算单位：车公里。

计算公式：

$$平均车日行程 = \frac{总行程}{工作车日} \tag{8-22}$$

$$= 营运速度 \times 平均每日出车时间$$

$$= 技术速度 \times 出车时间利用系数 \times 平均每日出车时间$$

6. 行程利用程度统计

反映行程利用程度的指标主要有:里程利用率和空驶率。

(1)里程利用率

里程利用率指报告期内载运行程在总行程中所占的比重。计算单位:%。

计算公式:

$$里程利用率 = \frac{载运行程}{总行程} \times 100\% \tag{8-23}$$

提高里程利用率是提高车辆运用效率、降低运输成本的重要途径之一。影响里程利用率的因素很多,如货源、客源的充足程度及其在空间和时间分布情况、运输组织工作质量、车库与货场的空间布局等都对行程利用率有明显的影响。

(2)空驶率

空驶率指报告期内空驶行程在总行程里所占的比重。计算单位:%。

计算公式:

$$空驶率 = \frac{空驶行程}{总行程} \times 100\% \tag{8-24}$$

7. 车辆载重能力利用程度统计

反映车辆载重能力利用的指标主要有:吨(客)位利用率、实载率等。

(1)吨位利用率

吨位利用率指报告期内载货汽车自载换算周转量与其载运行程载货量的比值,用以反映载运行程载货量利用程度。计算单位:%。

计算公式:

$$吨位利用率 = \frac{自载换算周转量}{载运行程载货量} \times 100\% \tag{8-25}$$

(2)客位利用率

客位利用率指报告期内载客汽车自载换算周转量与其载运行程载客量的比值,用以反映载运行程载客量利用程度。计算单位:%。

计算公式:

$$客位利用率 = \frac{自载换算周转量}{载运行程载客量} \times 100\% \tag{8-26}$$

在计算货车的吨位利用率时,附载旅客所完成的旅客周转量人·km 应换算为 t·km。在计算客车的客位利用率时,附载货物所完成的货物周转量 t·km 应换算成人·km。

【例 8.7】 某运输企业报告期有 10 辆货车,标记吨位为 4t,报告期共完成货物周转量 9.6 万 t·km,并因带客完成旅客周转量 4 万人·km。总行程 4 万 km,其中 3 万 km 为重车行程。旅客周转量按 10 人·km 折 1t·km 计算,则吨位利用率为:

$$\frac{9.6 + 4 \div 10}{3 \times 4} \times 100\% = 83.3\%$$

吨(客)位利用率是表明车辆的装载能力的利用程度指标。影响这一指标的主要因素有:

货物的特征，如体积、包装情况、特殊要求等，起点站的货源和客源情况以及沿线客货源补充程度，车辆的形式，货物装车的技术，运输组织工作水平，车辆的技术状况，道路条件等。

(3)实载率

实载率是指报告期内车辆自载换算周转量占其总行程载货(客)量的比重，用以反映总行程载货(客)量利用程度。计算单位：%。

计算公式：

$$实载率 = \frac{自载换算周转量}{总行程载货(客)量} \times 100\% \tag{8-27}$$

8. 车辆牵引能力利用程度统计

为了充分发挥车辆牵引能力，在组织汽车运输生产过程中，常用主车拖带挂车，以提高车辆的使用效率，低运输消耗。

拖运率是指报告期内挂车完成的换算周转量占自载及拖载换算周转量的比重，用以反映拖载运输水平。计算单位：%。

计算公式：

$$拖运率 = \frac{拖载换算周转量}{自载及拖载换算周转量} \times 100\% \tag{8-28}$$

9. 运输能力综合利用统计

车辆运输能力的综合利用指标反映的是运输设备在单位工作时间内能生产出多少什么样的“产品”。这种以单位日历时间或报告期单位设备来计算的“产量”能充分地反映设备的综合利用程度。反映运输车辆运输能力综合利用的指标有：单车产量和车吨(客)位产量。

(1)自载换算周转量

自载换算周转量指报告期内运输车辆自载完成的货物周转量和旅客周转量按规定比例折算的周转量。计算单位：t·km(人·km)。

计算方法：将载货汽车或载客汽车自载完成的货物周转量和旅客周转量按10人·km = 1t·km的比例换算成同一计算单位后加总。

(2)自载及拖载换算周转量

自载及拖载换算周转量指报告期内运输车辆自载和挂车拖载完成的货物周转量和旅客周转量按规定比例折算的周转量。计算单位：t·km(人·km)。

计算方法：同自载换算周转量。

(3)单车产量

单车产量是指在报告期平均每辆车所完成的换算周转量。计算单位：t·km(人·km)。

在一定的条件下，单车产量的高低与运输企业完成的周转量多少有关。周转量完成的多少与企业车辆在时间、速度、行程、载质量以及货物(旅客)运送的平均距离有关。因此，单车产量集中地反映了车辆在时间、速度、行程、载质量等方面的综合利用效率。

在计算单车产量时，不仅要对主车、挂车分别进行计算，还应对主车、挂车进行综合计算。计算公式：

主、挂车分别计算：

$$汽(挂)车单车产量 = \frac{汽(挂)车完成的换算周转量}{汽(挂)车平均车数} \tag{8-29}$$

主、挂车综合计算：

$$单车产量=\frac{汽车和挂车完成的换算周转量}{汽车平均车数} \qquad (8\text{-}30)$$

(4)车吨(客)位产量

车吨(客)位产量是指报告期平均每个吨(客)位所完成的换算周转量。

车吨(客)位产量可按主车、挂车分别进行计算,也可按主车、挂车综合计算。计算公式:

主、挂车分别计算:

$$汽(挂)车车吨(客)位产量=\frac{汽(挂)车完成的换算周转量}{汽(挂)车平均总吨(客)位} \qquad (8\text{-}31)$$

主、挂车综合计算:

$$车吨(客)位产量=\frac{汽车和挂车完成换算周转量}{汽车平均总吨(客)位} \qquad (8\text{-}32)$$

第二节　道路运输车辆运用情况统计分析

车辆运用情况的统计指标,彼此之间存在着有机联系,互相影响,互相制约,每一个指标都对车辆运用水平产生一定的影响。因此,在车辆运用情况统计分析中,不单是计算各种项指标,还要研究分析这些指标之间的关系以及影响指标完成的因素,以便发现问题,及时提出措施,促进车辆运用水平不断提高。

一、车辆运用情况统计指标的计算

车辆运用情况统计指标较多,准确计算每一统计指标,是车辆运用情况统计分析研究的基础,也是车辆运用情况统计的主要内容之一。

【例 8.8】 某公司某年第一季度部分统计资料如表 8-1 所示,计算第一季度总车日、总车座位日、工作车日、总行程、旅客周转量、实载率、单车季产量、车座季产量、车座日产量。

某公司某年第一季度统计资料　　表 8-1

日历天数(d)	平均车数(辆)	完好率(%)	工作率(%)	平均车日行程(km)	里程利用率(%)	平均座位(座位)	客位利用率(%)
90	188	100	92	180	96	45	98

总车日 = 90 × 188 = 16 920(车日)

总车座位日 = 90 × 188 × 45 = 761 400(车座位日)

工作车日 = 90 × 188 × 100% × 92% = 15 566.4(车日)

总行程 = 15 566.4 × 180 = 2 801 952(车公里)

周转量 = 2 801 952 × 96% × 45 × 98% = 118 623 440(人·km)

实载率 = 118 623 440/(2 801 952 × 45) × 100% = 94.08%

单车季产量 = 118 623 440/188 = 630 975.7(人·km)

车座季产量 = 630 975.7/45 = 14 021.68(人·km)

车座日产量 = 14 021.68/90 = 155.796 5(人·km)

二、车辆运用情况统计指标的关系

车辆运用情况统计各指标以不同方式、不同程度影响着车辆运输效率,分析研究车辆运用指标和运输效率的关系(图 8-4),为车辆运输组织与管理提供基础数据和决策依据。

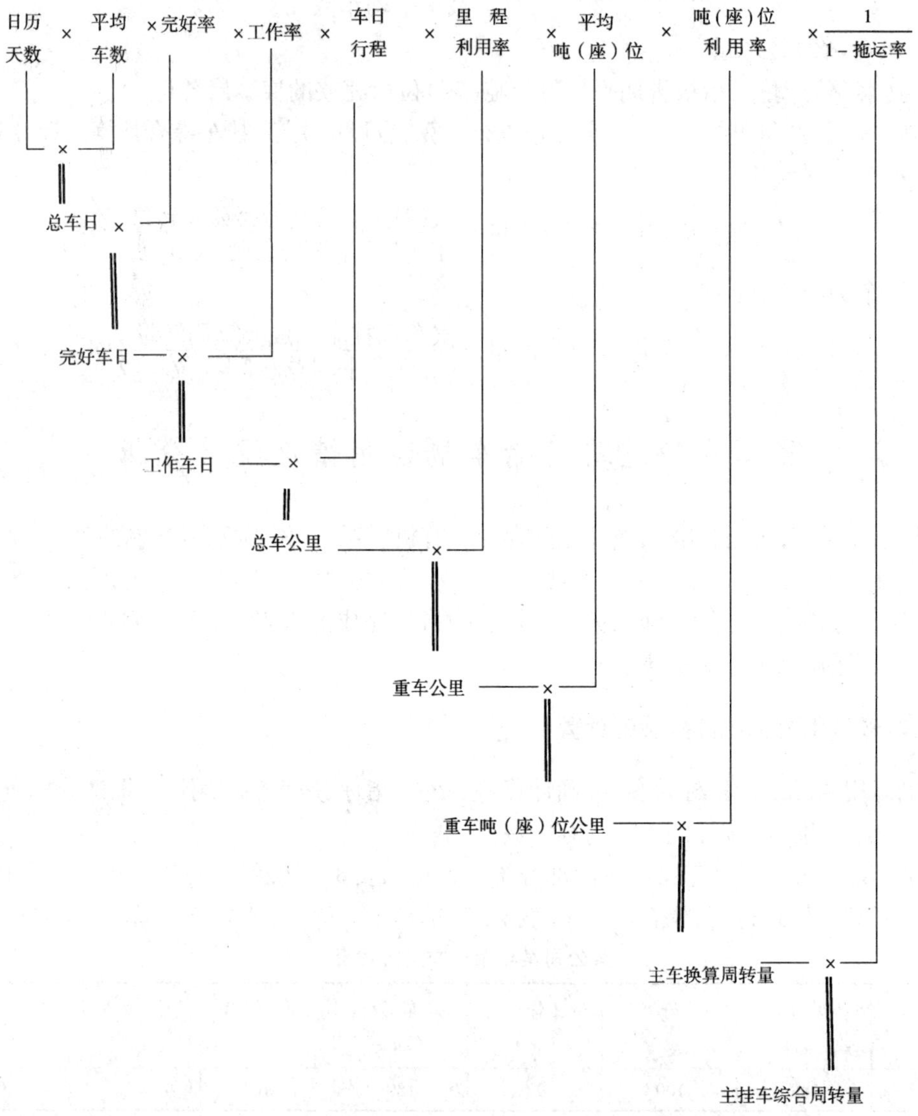

图 8-4　车辆运用情况统计指标之间关系

三、车辆运用情况统计分析方法

1. 比较分析法

比较分析法是通过指标对比,从数量上确定差异的一种分析方法。比较分析通常有如下三种形式:

(1)本期实际完成指标与计划指标比较,以确定计划的完成情况。

(2)本期实际指标与上期(或上年同期或历史先进水平)的实际指标进行比较,以了解企业生产经营管理的发展变化情况。

(3)本单位的实际指标与其他单位,特别是先进单位的同类指标比较,以扩大视野,在更大的范围内发现差距,促使企业赶超国内外先进水平。

在运用指标对比法时,必须注意经济指标的可比性。要考虑对比指标的计算口径、计价基础、时间单位是否一致。在同行业内企业之间进行指标对比时，还要考虑它们之间在技术经济上有无可比基础。这是正确进行指标对比的必要条件。

2. 比率分析法

比率分析法是通过计算和对比经济指标的比率，进行数量分析的一种方法。比率分析法具体有相关比率分析、构成比率分析、动态比率分析。

3. 因素分析法

因素分析法又称连锁替代法、连环替代法，它是确定引起某个经济指标变动的各个因素影响程度的一种计算方法。在几个相互联系的因素共同影响着某一指标的情况下，可应用这一方法来计算多个因素对经济指标发生变动的影响程度。

现设某一经济指标为 A，它受 X、Y、Z 三个因素影响。A 的值等于 X、Y、Z 的乘积。若用 A_0、X_0、Y_0、Z_0表示该指标各因素的计划值，A_1、X_1、Y_1、Z_1 分别表示该指标和各因素的实际值，那么有：

$$A_0 = X_0 Y_0 Z_0 \tag{8-33}$$

$$A_1 = X_1 Y_1 Z_1 \tag{8-34}$$

计划值与实际值的差异(V)为：

$$V = A_1 - A_0 \tag{8-35}$$

在分析各因素的变动对指标影响时，首先确定三个因素的替代顺序为 X、Y、Z；其次假定 Y、Z 不变，计算因素 X 变动时对指标的影响；然后，在 X 已变的基础上，计算 Y 因素变动的影响。以此类推，直到各个因素变动的影响都计算出来为止。用公式表示如下：

(1)X 因素变动对 A 指标的影响(V_1)

$$A_0 = X_0 Y_0 Z_0 \tag{8-36}$$

$$A_2 = X_1 Y_0 Z_0 \tag{8-37}$$

$$V_1 = A_2 - A_0 = (X_1 - X_0) Y_0 Z_0 \tag{8-38}$$

(2)Y 因素变动对 A 指标的影响(V_2)

$$A_3 = X_1 Y_1 Z_0 \tag{8-39}$$

$$V_2 = A_3 - A_2 = X_1 (Y_1 - Y_0) Z_0 \tag{8-40}$$

(3)Z 因素变动对 A 指标的影响(V_3)

$$A_1 = X_1 Y_1 Z_1 \tag{8-41}$$

$$V_3 = A_1 - A_3 = X_1 Y_1 (Z_1 - Z_0) \tag{8-42}$$

各因素变动对指标 A 的影响之和，即为实际值与计划值的差异，即

$$V = V_1 + V_2 + V_3 \tag{8-43}$$

连环替换法把一个综合指标的差异分解为各个因素所占的份额，有助于发现造成差异的原因。但是不难看出，这种方法是假定各个因素是按照一定的顺序发生变动而进行替代计算的，计算出来的结果有一定的假定性。它与连环替代的顺序有很大的关系，如果改变了，各个因素的数值也就不同。因此，在采用连环替代法时，必须正确确定替代的顺序。一般说来，分析的顺序应根据指标的性质、各个构成因素的内在联系和分析的具体要求而定。分析的要求不同，顺序也可有所不同。各个指标的分析顺序一旦确定后，不应任意改变，以保持分析的连续性以及不同时期分析结果的可比性。

4. 差额分析法

差额分析法是连环替代法的一种简化形式。

$$V_1 = (X_1 - X_0)Y_0Z_0 \tag{8-44}$$

$$V_2 = X_1(Y_1 - Y_0)Z_0 \tag{8-45}$$

$$V_3 = X_1Y_1(Z_1 - Z_0) \tag{8-46}$$

$$V = V_1 + V_2 + V_3 \tag{8-47}$$

【例 8.9】 某运输公司某月份车辆运用情况统计资料见表 8-2,利用差额分析法分析各项效率指标对旅客周转量的影响。

某运输公司某月份车辆运用情况统计资料 表 8-2

	总车日	完好率（%）	工作率（%）	平均车日行程（km）	里程利用率（%）	平均座位（座位）	客位利用率（%）	旅客周转量（人·km）
计划	1 200	98	90	160	98	45	95	7 094 666.98
实际	1 500	100	80	150	100	40.14	98	7 080 696
影响值								−13 970.9

总车日的影响:(1 500 − 1 200) ×0.98 ×0.90 ×160 ×0.98 ×45 ×0.95

=1 773 666.72(人·km)

完好率的影响:1 500 ×(1 −0.98) ×0.90 ×160 ×0.98 ×45 ×0.95 =180 986.4(人·km)

工作率的影响:1 500 ×1 ×(0.80 −0.90) ×160 ×0.98 ×45 ×0.95

= −1 005 480(人·km)

平均车日行程的影响:1 500 ×1 ×0.80 ×(150 −160) ×0.98 ×45 ×0.95

= −502 740(人·km)

里程利用率的影响:1 500 ×1 ×0.80 ×150 ×(1 −0.98) ×45 ×0.95 =153 900(人·km)

平均座位的影响:1 500 ×1 ×0.80 ×150 ×1 ×(40.14 −45) ×0.95 = −831 060(人·km)

客位利用率的影响:1 500 ×1 ×0.80 ×150 ×1 ×40.14 ×(0.98 −0.95)

=216 756(人·km)

1 773 666.72 +180 986.4 −1 005 480 −502 740 +153 900 −831 060 +216 756

= −13 970.9(人·km)

【例 8.10】 某汽车运输公司 6 月货车运用情况各项效率如表 8-3 所示。

某汽车运输公司 6 月货车运用情况各项效率表 表 8-3

	日历天数（d）	平均车数（辆）	完好率（%）	工作率（%）	车日行程（km）	里程利用率（%）	平均吨位（t）	吨位利用率（%）	换算周转量（t·km）
计划数	30	200	1	85	180	75	4	95	2 616 300
实际数	30	210	1	82	200	72	3.8	98	2 770 299
完成(%)	100	105	100	96.47	111.11	96	95	103.16	105.89

由表可知,6 月货物换算周转量计划为 2 616 300t·km,实际数为 2 770 299t·km,则超额完成计划 153 999t·km(2 770 299 −2 616 300 =153 999t·km)。

各项指标对周转量的影响程度,可以顺次逐项计算如下:

由于日历日数、完好率未变,故无影响值。

平均车数的影响值:30 ×(210 −200) ×1 ×0.85 ×180 ×0.75 ×4 ×0.95 =130 815(t·km)

工作率的影响值:30 ×210 ×1 ×(0.82 −0.85) ×180 ×0.75 ×4 ×0.95 = −96 957(t·km)

车日行程的影响值:30 ×210 ×1 ×0.82 ×(200 −180) ×0.75 ×4 ×0.95 =294 462(t·km)

里程利用率的影响值：$30\times210\times1\times0.82\times200\times(0.72-0.75)\times4\times0.95$
$=-117\ 785(t\cdot km)$

平均吨位的影响值：$30\times210\times1\times0.82\times200\times0.72\times(3.8-4)\times0.95$
$=-141\ 342(t\cdot km)$

吨位利用率的影响值：$30\times210\times1\times0.82\times200\times0.72\times3.8\times(0.98-0.95)$
$=84\ 805(t\cdot km)$

现将上述计算结果整理如表 8-4 所示。

上述计算整理结果(单位：t·km)　　表 8-4

指标提高增加的周转量		指标降低减少的周转量	
平均车数	130 815	工作率	96 957
车日行程	294 462	里程利用率	117 785
吨位利用率	84 805	平均吨位	141 342
合计	510 082	合计	356 084

差额：$510\ 082-356\ 084=153\ 998\ (t\cdot km)$

计算结果与实际增加的周转量(153 999 t·km)基本相等。

因运用效率指标的变化会对运输工作量带来不同程度的影响，因此对于未完成计划的指标要进行深入调查分析，分析其是主观因素所造成，还是客观因素变化所造成；对于已达到计划值或超计划值的指标，也应深入了解，分析其是否还有潜力，以促进车辆运用效率指标不断的提高。

四、车辆运用指标对车辆运输成本影响的分析方法

在分析车辆运用统计指标对车辆运输成本的影响时，首先将客车和货车的车辆运用计划和实际完成的统计资料以及计划成本与实际成本资料根据各种有关报表分别加以整理。然后，对车辆运输各项效率指标对运输成本的降低额进行分析，如表 8-5、表 8-6 所示。

货车运输成本计划和实际资料表（××年×月）(单位：元)　　表 8-5

项　　目	计　　划	实　　际
一、司助工资	23 712.00	25 172.84
1. 驾驶员和助手工资	21 600.00	22 990.00
2. 提取的职工福利费	2 112.00	2 182.84
二、车辆行驶费用	399 798.00	413 467.74
3. 燃料	189 484.80	193 935.60
4. 轮胎	47 344.00	47 912.00
5. 修理费	130 390.00	135 009.00
6. 折旧	23 528.00	24 444.00
7. 其他	9 051.20	12 167.14
三、养路费	95 844.00	101 088.96
四、间接营运费用	73 966.00	73 288.06
五、运输总成本	593 320.00	613 017.60
六、周转量(千 t·km)	4 564	4 912
七、单位成本(元/千 t·km)	130.00	124.80
八、补充资料		
1. 成本降低额		25 542.40
2. 成本降低率(%)		4%

货车运用计划和实际资料(××年×月) 表8-6

项目	计划		实际	
	数量	相对数或平均数	数量	相对数或平均数
一、主车				
平均车数(辆)		200		202
营运车日(车日)	6 000		6 060	
完好率(%)		96.5		97.2
完好车日(车日)	5 790		5 890	
工作车率(%)		97.9		98.0
工作车日(车日)	5 670		5 774	
平均日行程(km)		176.8		177.7
总车公里(车·km)	1 002 000		1 026 000	
里程利用率(%)		68.9		71
重驶车公里(车·km)	690 000		728 000	
重驶平均吨位(t)		3.91		3.89
重车吨位公里(t·km)	2 701 000		2 835 200	
重车载质量利用率(%)		97.7		97.8
主车吨公里(t·km)	2 639 000		2 774 000	
二、挂车				
挂车吨公里(t·km)	1 925 000		2 138 000	
三、主挂车合计				
主挂车合计吨公里(t·km)	4 564 000		4 912 000	
拖运率(%)		42.2		43.5

然后再对实际成本与计划成本进行比较分析,查明影响成本高低的各项因素。通常影响成本高低的因素不外两个方面:其一是各类费用的变动,如司助工资、车辆行驶费、养路费(由于是历史数据,仍有此项目,下同)、营运间接费用的变动;其二是车辆各项运用效率指标的变动,如营运车日、工作车率、车日行驶里程、行驶里程利用率的变动。现就货车运输有关资料分析说明如下:

根据表"计划成本与实际成本资料"查明某企业的货车成本降低额为:

$$(130.00-124.80)\times 4\,912=25\,542.40\text{ 元}$$

(1)各类费用影响2 813.60元(计算方法略)。

(2)效率指标影响。车辆运用计划各项效率指标变动对运输成本的影响,是指对吨公里单位成本的影响。因此,各项指标的变动对司助工资和营运间接费用都有影响;而对车辆行驶费用则仅是车公里以下的车辆利用效率和各项指标变动,才会有影响。由于养路费是与运输周转量直接有关,故各项效率指标对它均无影响,可不予计算。各项指标变动影响的降低额,计算方式如下:

$$①\ \begin{matrix}\text{营运车日}\\\text{变动影响}\end{matrix}=\left(\begin{matrix}\text{计划司}\\\text{助工资}\end{matrix}+\begin{matrix}\text{计划运营}\\\text{间接费}\end{matrix}\right)\times\left[\frac{\begin{matrix}\text{实际主车}\\\text{营运车日}\end{matrix}}{\begin{matrix}\text{计划主车}\\\text{营运车日}\end{matrix}}-1\right]$$

$$=(23\,712+73\,966)\times\left(\frac{6\,060}{6\,000}-1\right)=976.78\text{ 元}$$

$$②\text{完好率和工作率变动影响}=\left(\begin{matrix}\text{计划司}\\ \text{助工资}\end{matrix}+\begin{matrix}\text{计划运营}\\ \text{间接费}\end{matrix}\right)\times\left[\frac{\begin{matrix}\text{实际主车}\\ \text{工作车日}\end{matrix}}{\begin{matrix}\text{计划主车}\\ \text{工作车日}\end{matrix}}-\frac{\begin{matrix}\text{实际主车}\\ \text{营运车日}\end{matrix}}{\begin{matrix}\text{计划主车}\\ \text{营运车日}\end{matrix}}\right]$$

$$=(23\ 712+73\ 966)\times\left(\frac{5\ 774}{5\ 670}-\frac{6\ 060}{6\ 000}\right)=814.84\text{ 元}$$

$$③\begin{matrix}\text{平均车日行}\\ \text{程变动影响}\end{matrix}=\left(\begin{matrix}\text{计划司}\\ \text{助工资}\end{matrix}+\begin{matrix}\text{计划运营}\\ \text{间接费}\end{matrix}\right)\times\left[\frac{\begin{matrix}\text{实际车主}\\ \text{总车公里}\end{matrix}}{\begin{matrix}\text{计划主车}\\ \text{总公里}\end{matrix}}-\frac{\begin{matrix}\text{实际主车}\\ \text{工作车日}\end{matrix}}{\begin{matrix}\text{计划主车}\\ \text{工作车日}\end{matrix}}\right]$$

$$=(23\ 712+73\ 966)\times\left(\frac{1\ 026\ 000}{1\ 002\ 000}-\frac{5\ 774}{5\ 670}\right)$$

$$=547.97\text{ 元}$$

$$④\begin{matrix}\text{里程利用率}\\ \text{变动影响}\end{matrix}=\left(\begin{matrix}\text{计划司}\\ \text{助工资}\end{matrix}+\begin{matrix}\text{计划车辆}\\ \text{行使费用}\end{matrix}+\begin{matrix}\text{计划营运}\\ \text{间接费}\end{matrix}\right)\times\left[\frac{\begin{matrix}\text{实际主车}\\ \text{重驶车公里}\end{matrix}}{\begin{matrix}\text{计划主车}\\ \text{重驶车公里}\end{matrix}}-\frac{\begin{matrix}\text{实际主车}\\ \text{总车公里}\end{matrix}}{\begin{matrix}\text{计划主车}\\ \text{总车公里}\end{matrix}}\right]$$

$$=(23\ 712+399\ 798+73\ 966.00)\times\left(\frac{728\ 000}{690\ 000}-\frac{1\ 026\ 000}{1\ 002\ 000}\right)$$

$$=15\ 481.64\text{ 元}$$

$$⑤\begin{matrix}\text{重驶平均吨}\\ \text{位变动影响}\end{matrix}=\left(\begin{matrix}\text{计划司}\\ \text{助工资}\end{matrix}+\begin{matrix}\text{计划车辆}\\ \text{行使费用}\end{matrix}+\begin{matrix}\text{计划营运}\\ \text{间接费}\end{matrix}\right)\times\left[\frac{\begin{matrix}\text{实际主车重}\\ \text{车吨位公里}\end{matrix}}{\begin{matrix}\text{计划主车重}\\ \text{车吨位公里}\end{matrix}}-\frac{\begin{matrix}\text{实际主车}\\ \text{重驶车公里}\end{matrix}}{\begin{matrix}\text{计划主车}\\ \text{重驶车公里}\end{matrix}}\right]$$

$$=(23\ 712+399\ 798.00+73\ 966)\times\left(\frac{2\ 835\ 200}{270\ 100}-\frac{728\ 000}{690\ 000}\right)$$

$$=-2\ 679.98\text{ 元}$$

$$⑥\begin{matrix}\text{重车载质量利}\\ \text{用率变动影响}\end{matrix}=\left(\begin{matrix}\text{计划司}\\ \text{助工资}\end{matrix}+\begin{matrix}\text{计划车辆}\\ \text{行使费用}\end{matrix}+\begin{matrix}\text{计划营运}\\ \text{间接费}\end{matrix}\right)\times\left[\frac{\begin{matrix}\text{实际主车}\\ \text{吨公里}\end{matrix}}{\begin{matrix}\text{计划主车}\\ \text{吨公里}\end{matrix}}-\frac{\begin{matrix}\text{实际主车重}\\ \text{车吨位公里}\end{matrix}}{\begin{matrix}\text{计划主车重}\\ \text{车吨位公里}\end{matrix}}\right]$$

$$=(23\ 712.00+399\ 798+73\ 966)\times\left(\frac{2\ 774\ 000}{2\ 639\ 000}-\frac{2\ 835\ 000}{2\ 701\ 000}\right)$$

$$=731.50\text{ 元}$$

$$⑦\begin{matrix}\text{拖运率变}\\ \text{动影响}\end{matrix}=\left(\begin{matrix}\text{计划司}\\ \text{助工资}\end{matrix}+\begin{matrix}\text{计划车辆}\\ \text{行使费用}\end{matrix}+\begin{matrix}\text{计划营运}\\ \text{间接费}\end{matrix}\right)\times\left[\frac{\begin{matrix}\text{实际主挂车}\\ \text{合计吨公里}\end{matrix}}{\begin{matrix}\text{计划主挂车}\\ \text{合计吨公里}\end{matrix}}-\frac{\begin{matrix}\text{实际主车}\\ \text{吨公里}\end{matrix}}{\begin{matrix}\text{计划主车}\\ \text{吨公里}\end{matrix}}\right]$$

$$=(23\ 712.00+399\ 798+73\ 966)\times\left(\frac{4\ 912\ 000}{4\ 564\ 000}-\frac{2\ 774\ 000}{2\ 639\ 000}\right)$$

$$=12\ 483.25\text{ 元}$$

根据上述计算,各项因素影响的降低额可列于表 8-7。

汽运企业成本分析表　表 8-7

项　目	成本增高额	成本降低额
各类费用影响		
①司助工资额	2 813.60 元	
②车辆行驶费类	1 460.84 元	
③养路费	4 093.74 元	2 063.04 元
④营运间接费		677.94 元
效率指标影响		28 356.00 元
①营运车日		976.78 元
②工作车率		814.84 元
③平均车日行程		547.97 元
④里程利用率		15 481.64 元
⑤重驶平均吨位	2 679.98 元	
⑥重车载质量利用率		731.50 元
⑦拖运率		12 483.25 元
合计降低额		25 542.40 元

以上分析结果说明各类费用和各项效率指标变动对运输成本的影响程度,但还不能真正说明各成本项目的节约和浪费的具体原因。因此,还必须对汽车运输成本的每项费用进行详细的分析,查明每一成本项目实际节约和超支的具体原因。

第三节　装卸搬运车辆与机械运用情况统计

装卸搬运是货物运输生产过程中重要的组成环节,是完成货物位移的必需步骤。装卸搬运是指货物运输过程中,在起始点和终结点(包括中途换装)所进行的装、卸、集、疏货物的短距离位移作业。它把货物运输生产活动的各个环节联结成连续的作业过程。装卸搬运车辆与机械是进行装卸搬运的重要手段。

一、装卸搬运车辆与机械的概念与分类

1. 装卸搬运车辆与机械的概念

装卸搬运车辆与机械是指在运输过程中用于将货物装上和卸下车辆、短距离的移动等相关作业的车辆与机械的总称。

2. 装卸搬运车辆与机械的分类

(1)装卸搬运车辆与机械按工作状态分为运行式和固定式两大类。

(2)装卸搬运车辆与机械按动力源分为人力、电力和内燃动力三大类。

(3)装卸搬运车辆与机械按装卸方式分为气力输送、带式输送、料斗装卸、起落吊钩装卸、抓举装卸和电磁吸盘装卸六大类。

(4)装卸搬运车辆与机械按技术特征分为间歇作业和连续作业两大类。

间歇作业类装卸搬运车辆与机械是指在一定时间内,只能完成一次装车(船)或卸车(船)过程(一次搬运过程)的车辆与机械。

连续作业类装卸搬运机械是指连续不间断地进行装卸搬运作业的机械。

二、装卸搬运车辆与机械的统计范围

装卸搬运车辆与机械的数量与能力按产权进行统计。只要产权属于本单位，不论是租借给其他单位使用的车辆与机械，还是暂时封存不用或等待报废尚未经批准的车辆与机械，均应纳入统计。

装卸搬运车辆与机械的运用情况按使用权统计。凡从事营业性道路运输、搬运、装卸的搬运装卸机械，均应进行统计，包括正在使用、因故停工、待修、在修以及待报废的装卸机械，不包括正在恢复修理、经批准封存及出租的装卸机械。

三、装卸搬运车辆与机械的主要统计指标

1. 装卸搬运车辆与机械的数量与能力统计指标

(1)装卸搬运车辆与机械数

装卸搬运车辆与机械数是指报告期末道路货运场站装卸搬运车辆与机械的实际数量。计算单位：辆(台)。

计算方法：对于每个具体单位来说，装卸搬运车辆与机械数的统计以固定资产台账为基础。

统计分组：

①按动力源分为电力、内燃动力和人力装卸搬运车辆与机械数。

②按装卸搬运车辆与机械的类型分组。

③按装卸搬运车辆与机械的能力分组。

(2)装卸搬运能力

装卸搬运能力是指报告期末装卸搬运车辆与机械具备的额定货物装卸搬运量。计算单位：t。

计算方法：每台装卸搬运车辆与机械的装卸搬运能力，按其原制造厂出厂的标记最大起重、搬运能力计算。若无标记最大起重、搬运能力，则按技术部门核定的最大起重、搬运能力计算。

统计分组：同装卸搬运车辆与机械数的分组。

2. 装卸搬运车辆与机械运用情况统计指标

(1)日历台时

报告期内装卸机械在用日历小时数。计算单位：台时。

计算公式：

$$日历台时 = \sum 每台装卸机械在用日历小时数 \tag{8-48}$$

统计分组：一般按装卸机械的类别进行分组。

(2)完好台时

报告期内装卸机械技术状况良好可供使用的台时数。计算单位：台时。

(3)非完好台时

报告期内装卸机械技术状况不良，不能从事装卸作业和其他工作(如移动工作场地、途中行驶)的台时数。计算单位：台时。

统计范围：包括正常的维修保养台时，待修、待报废台时以及一小时以上的故障

台时。

(4)工作台时

报告期内在完好台时中,装卸机械实际进行装卸作业和其他工作(如移动工作场地、途中行驶)的台时数。计算单位:台时。

(5)停工台时

装卸机械在完好台时中,一切未参加工作的台时数,包括由于货种不适应、无任务、缺燃料、停电以及风、雨、雪等原因而未进行工作的台时数。计算单位:台时。

(6)装卸作业量

报告期内装卸机械在装卸作业过程中所完成的货物装卸作业吨数。计算单位:t。

计算方法:在装卸作业的一个完整操作过程中,几台机械联合作业完成一吨货物,则每台机械分别计算一个作业吨。装卸作业的一个完整操作过程是指货物由一种运输工具搬运到另一种运输工具或库场、站点;或由库场、站点搬运到运输工具;或由一个库场、站点搬运到另一个库场、站点的完整移动过程。

(7)完好率

完好率指报告期内装卸机械的完好台时占日历台时的比重。计算单位:%。

计算公式:

$$完好率=\frac{完好台时}{日历台时}\times 100\% \tag{8-49}$$

(8)工作率

工作率指报告期内装卸机械的工作台时占完好台时的比重。计算单位:%。

计算公式:

$$工作率=\frac{工作台时}{完好台时}\times 100\% \tag{8-50}$$

(9)台时产量

台时产量指报告期内装卸机械平均每台时完成的装卸作业量。计算单位:t/台时。

计算公式:

$$台时产量=\frac{作业量}{日历台时} \tag{8-51}$$

(10)工作台时产量

工作台时产量指报告期内装卸机械平均每工作台时完成的装卸作业量。计算单位:t/台时。

计算公式:

$$工作台时产量=\frac{作业量}{工作台时} \tag{8-52}$$

复习思考题

1. 道路运输车辆运用情况统计有什么意义?目前统计现状如何?
2. 车辆运用情况统计指标有哪些?其具体含义和相互关系怎样?
3. 影响车辆运输效率的指标有哪些?提高运输效率指标的途径有哪些?
4. 车辆运用情况统计分析有什么意义?其分析方法有哪些?
5. 什么是“差额法”?如何运用“差额法”对车辆运用情况进行分析?

6. 某车队2007年初有A型4t货车20辆,从8月16日开始调出该车5辆,有关车辆运用情况资料见表8-8,计算A型车的各项效率指标。

2007年A型车相关效率指标 表8-8

	非完好车日(车日)	停驶车日(车日)	平均日出车时间(h)	技术速度(km/h)	出车时间利用系数	里程利用率(%)	吨位利用率(%)
A型	265	132	9	40	0.7	65	93

7. 利用表8-9所给数据,对车吨日产量的影响情况进行分析。

某车队车辆运用情况相关指标 表8-9

	工作率(%)	车日行程(km)	里程利用率(%)	吨位利用率(%)	拖运率(%)	车吨日产量(t·km)
计划	92	240	61	95	42	220.61
实际	93	238	60	98	40	216.91
差额						-3.7

8. 某公司对两条班线运营进行改制,运营情况见表8-10。试利用差额分析法对收入变动情况进行分析。

某公司A、B两条线路改制前后相关指标 表8-10

线路	改制前行驶里程(千km)	改制后行驶里程(千km)	改制前单位收入(元/千km)	改制后单位收入(元/千km)	改制前总收入(元)	改制后总收入(元)
A线	47.57	48.01	1 878.77	1 733.24	89 373	83 213
B线	55.69	63.96	981.62	1 248.65	54 666	79 864

第九章　道路运输能源消耗统计

行车燃料是道路运输车辆运行的动力能源,也是车辆运行中主要的物质消耗。对道路运输活动中能源消耗情况进行统计,对于加强道路运输管理、提高道路运输环保意识和节能降耗意识具有重要意义。

第一节　燃油消耗统计

燃油消耗(道路运输能源消耗主要是燃油消耗)统计的目的,是通过观察和了解车辆及机械在生产中实际消耗的燃油总量和平均消耗量,监督与检查燃油消耗情况,分析研究节约超耗的原因,总结经验,为企业或行业管理提供决策参考。

一、燃油消耗的统计范围

统计范围:凡道路运输车辆的燃油消耗均纳入统计。一般分为运输生产和运输辅助生产燃油消耗。

运输生产燃油消耗是指道路运输车辆进行运输生产时对燃油的消耗。

运输辅助生产燃油消耗是指与道路运输生产密切相关的辅助行业,如道路运输场站、车辆维修检测和道路养护等生产活动对燃油的消耗。

二、燃油消耗的主要统计指标

燃油消耗统计就是要准确地计算报告期营运车辆燃油的总消耗量、平均消耗量、应耗量及节约或超耗的数量等,为加强企业车辆技术管理和企业管理水平提供依据。

1. 燃油消耗量

燃油消耗量是指报告期内运输生产车辆消耗的燃油数量。计算单位:L、kg。

燃油消耗量是运输车辆燃料消耗统计中最基本的总量指标,是计算平均实耗水平、考核燃料节约或超耗以及核算运输成本的依据之一。为此,要做好运输车辆燃料消耗统计工作,首先必须及时、准确地统计好燃料实际消耗量。一般有以下统计分组:

(1)按燃油类别分为汽油消耗量、柴油消耗量、其他燃油消耗量。

(2)按消耗燃油车辆的类别分为客车燃油消耗量和货车燃油消耗量。

(3)按使用类别分为运输生产燃油消耗、运输辅助生产燃油消耗和其他燃油消耗。

目前,道路运输能源种类较多,能源消耗统计一般均换算为标准煤,计量单位为吨标准煤。各类能源折算标准煤的参考系数如表 9-1 所示。

各类能源折算标准煤的参考系数　　表 9-1

类　别	折算标准煤系数	类　别	折算标准煤系数
汽油	1.0918×10^{-3} 吨标准煤/L	LPG	0.942 9 吨标准煤/m^3
柴油	1.2094×10^{-3} 吨标准煤/L	LNG	0.773 2 吨标准煤/m^3

$$燃料消耗总计=汽油消耗量\times 1.0918\times 10^{-3}+柴油消耗量\times 1.2094\times 10^{-3}+LPG消耗量\times 0.9429+LNG消耗量\times 0.7732 \quad (9\text{-}1)$$

2. 百车公里燃油消耗量

百车公里燃油消耗量指报告期内道路运输车辆每行驶百公里的平均燃油消耗数量。计算单位：L/100km。

计算公式：

$$百车公里燃油消耗=\frac{燃油总消耗量}{总行程}\times 100 \quad (9\text{-}2)$$

统计分组：同燃油消耗量分组。

百车公里燃油消耗量指标主要反映运输企业车辆的技术管理工作的质量和驾驶员的技术水平。影响燃油消耗的因素很多，如道路状况、气候条件、驾驶员的技术水平、车辆的技术状况等，而技术状况又与车辆的使用、保养、修理的质量有关。因此，百车公里燃油消耗量指标着重反映车辆的技术管理工作的质量，在分厂牌型号计算的情况下还可以反映各类车的技术性能。

3. 百吨公里燃油消耗量

百吨公里燃油消耗量是指报告期内道路运输车辆每完成百吨公里换算周转量的平均燃油消耗数量。计算单位：L/100t · km。

计算公式：

$$百吨公里燃油消耗量=\frac{燃油总消耗量}{总换算周转量}\times 100 \quad (9\text{-}3)$$

统计分组：同燃油消耗量分组。

百吨公里燃油消耗水平，除受到前述因素影响外，还受里程利用率、吨位利用率与拖运率等指标影响，能综合反映道路运输企业的燃料消耗水平和经济效益。

百车公里燃油实耗量指标着重反映车辆技术状况、吨位大小、道路情况及气候条件等客观因素的影响，适宜于对单车进行考核。但这一指标没有反映汽车运输企业的生产经营管理方面的情况，而百吨公里燃油实耗量指标却综合了里程利用率、吨位利用率和拖运率及车吨产量等因素的影响，能确切地反映企业经营管理水平。因此，它适宜于上级主管机关考核企业或企业考核车队车辆运行燃油消耗水平的主要指标。它们之间的关系可用下面的公式表示：

$$百吨公里燃油消耗量=百车公里燃油消耗量\times(1-拖运率)/(里程利用率\times 平均吨位\times 吨位利用率) \quad (9\text{-}4)$$

交通运输综合统计年报表有关燃料消耗的报表如9-2所示。

4. 行车燃油应耗量

行车燃油应耗量就是按定额计算的燃油应耗量（简称应耗量）。行车燃油消耗定额是计算应耗量的基础，燃油消耗定额不同，应耗量的计算结果就不同。

行车燃油消耗定额制订方法：一是实际测定法，即企业在道路、气候、驾驶水平、装载程度通常的情况下，对特定车型运行在特定线路完成运输任务过程的燃油消耗进行实地测定，借以确定燃油消耗定额的方法；二是统计分析法，即企业对以往燃油消耗统计资料进行加工整理，分析研究，进而确定燃油消耗定额的方法。行车燃油消耗定额也可按经验估工法进行计算：

$$P=M+\lambda\sigma \quad (9\text{-}5)$$

式中：P——估算的燃油消耗定额；

M——平均燃油消耗；

λ——标准偏差系数；

σ——标准偏差。

营业性汽车运输效率和燃料消耗 表 9-2

表　　号：交行统 14 表

制表机关：交通运输部

批准机关：国家统计局

批准文号：国统制〔2008〕71 号

填报单位：　　　　　　　　　20　年　　　　　　　　有效期至：2010 年 10 月

指　标	计算单位	序号	载货汽车	载客汽车
甲	乙	丙	1	2
工作率	%	1		
里程利用率	%	2		
实载率	%	3		
换算周转量(汽油)	100t · km	4		
换算周转量(柴油)	100t · km	5		
汽油消耗总量	L	6		
柴油消耗总量	L	7		
百车公里耗汽油	L	8		
百车公里耗柴油	L	9		
百吨公里耗汽油	L	10		
百吨公里耗柴油	L	11		

单位负责人：　　统计负责人：　　填表人：　　联系电话：　　报出日期：20　年　月　日

平均消耗的计算公式为：

$$M = (a + 4c + b)/6 \tag{9-6}$$

式中：a——先进水平；

b——保守水平；

c——有把握水平。

标准偏差系数 λ 在通常情况下，取值 1.5～2 较为适宜。

标准偏差 σ 的计算公式为：

$$\sigma^2 = (b - a)(b - a)/6 \tag{9-7}$$

燃油消耗定额不能制订得太高，也不能太低，应使定额起到激励作用，能够激发员工节油的积极性。

燃油消耗定额有 4 种类型，对应的应耗量计算方法如下：

(1)按空、重车百车公里燃油消耗定额形式计算其应耗量

①客车：

燃油应耗量 = 重车百车公里燃油定额 × 重车总行程/100 + 空车百车公里燃油定额 × 空车总行程/100　　(9-8)

②货车：

燃油应耗量 = 主车重车百车公里燃油定额 × 主车重车总行程/100 +
主车空车百车公里燃油定额 × 主车空车总行程/100 +
挂车重车百车公里燃油定额 × 挂车重车总行程/100 +

挂车空车百车公里燃油定额×挂车空车总行程/100　　(9-9)

(2)按空车、重车综合百车公里燃油消耗定额形式计算燃油应耗量

燃油应耗量=主车百车公里燃油定额×主车总行程/100+挂车百车公里燃油定额×挂车总行程/100　　(9-10)

(3)按百车公里(以空车为标准)附加百吨公里燃油消耗定额形式计算其燃油应耗量

①客车:

燃油应耗量=百车公里燃油定额×总行程/100+附加千人公里燃油定额×旅客换算周转量/1000　　(9-11)

②货车:

燃油应耗量=主车百车公里燃油定额×主车总行程/100+挂车百车公里燃油定额×挂车总行程/100+附加百吨公里燃油定额×主、挂车综合换算周转量/100+附加百吨公里燃油定额×主、挂车综合换算周转量/100　　(9-12)

上述几种燃油消耗定额,对于在特殊运行条件下计算的燃油消耗量,均有附加燃油定额。

(4)按综合百吨公里燃油消耗定额形式计算燃油应耗量

燃油应耗量=百吨公里燃油消耗定额×换算周转量/100　　(9-13)

第二节　行车燃油消耗情况统计分析

一、行车燃油消耗定额执行情况的检查

行车燃油消耗定额是衡量企业燃油消耗量的节约或超耗的标准。检查行车燃油消耗定额执行情况主要是用实耗量与按定额计算的应耗量进行比较,用以表明实际消耗与定额之间的差距。主要有以下两种表现方法:

1. 用绝对数表示

差额=实耗量-应耗量　　(9-14)

当实耗量大于应耗量,其差额为正(+)值,即为超耗量;实耗量小于应耗量,其差额为负(-)值,即为节约量。

2. 用相对数表示

节(亏)油率是指车辆运行燃油节约或超耗量占按定额计算的应耗量的比重,表明节油幅度大小。其计算公式为:

节(亏)油率=燃油节约或超耗数/按定额标准计算的应耗量×100%　　(9-15)

【例9.1】　8t半挂车运行情况如图9-1所示。表9-3为行车燃料消耗定额表。试用百车公里附加百吨公里燃料消耗定额法计算应耗量、百车公里燃油消耗量、百吨公里燃油消耗量、节(亏)油率和完成燃耗百分比。

行车燃料消耗定额表(部分)　　表9-3

项　　目	一类	二类	三类	百吨公里附加
百车公里附加百吨公(L/百车公里)	27.1	28.5	34.2	1.6

百车公里附加百吨公里:

应耗量:(6+200+14)×27.1/100+(180+230)×28.5/100+(160+150)×34.2/100+

[(180 + 200 + 230) × 8 + 160 × 7] × 1.6/100 = 378.49(L)

百车公里燃油消耗量:380/(6 + 200 + 14 + 180 + 230 + 160 + 150)/100 = 40.43(L/100t · km)

百吨公里燃油消耗量:380/[(180 + 200 + 230) × 8 + 160 × 7]/100 = 6.33(L/100t · km)

亏油率:(378.49 − 380)/378.49 × 100% = 0.4%

完成燃油百分比:380/378.49 × 100% = 100.4%

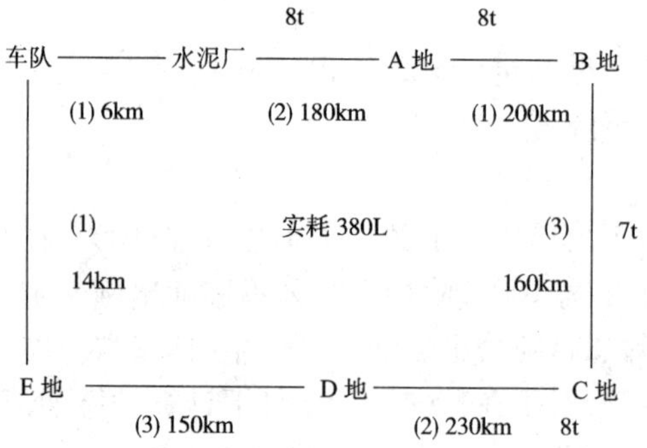

图 9-1　8t 半挂车运行情况

二、行车燃油平均实际消耗量的变动分析

行车燃油消耗定额执行情况的分析,仅仅说明汽车行驶一定里程和完成一定周转量的定额与实际相比节耗情况,并不能说明汽车运输企业燃油消耗水平变化和燃油消耗的经济效果。因此,需要进一步研究行车燃油平均消耗量的变动情况。

1. 按平均百车公里燃油消耗计算

平均百车公里燃油实耗指数

= 报告期平均百车公里燃油实耗量/基期平均百车公里燃油实耗量 × 100%　(9-16)

平均百车公里燃油实耗量水平变动所节约或超耗的燃油数量

=(报告期每百车公里燃油实耗量 − 基期每百车公里燃油实耗量) × 报告期总行程/100　(9-17)

升降率 = 平均百车公里燃油实耗指数 − 1　(9-18)

2. 按平均百吨公里燃油消耗计算

平均百吨公里燃油实耗指数 = 报告期每百吨公里燃油实耗量/基期每百吨公里实耗量 × 100%　(9-19)

平均百吨公里实耗量水平变动所节约或超耗的燃油数量

=(报告期每百吨公里燃油实耗量 − 基期每百吨公里燃油实耗量) × 主挂车综合换算周转量/100　(9-20)

升降率 = 平均百吨公里燃油实耗指数 − 1　(9-21)

【例 9.2】 某汽车运输公司营运货车有关燃油消耗资料如表 9-4 所示。

某汽车运输公司营运货车有关燃油消耗资料　表 9-4

	平均百车公里燃油实耗量(L)	总行程(万 km)	平均百吨公里燃油实耗量(L)	主挂车综合换算周转量(万 t · km)
报告期	33.3	18.5	7.5	82.14
基期	35	17	7.8	76.28

(1)按平均百车公里燃油消耗量计算

平均百车公里实耗量指数:33.3/35 ×100% =95.14%

降低率:100% −95.14% =4.86%

由于平均百车公里燃油实耗量降低4.86%所节约燃油总数为:

$$(35-33.3)\times 185\ 000/100=3\ 145\text{L}$$

(2)按平均百吨公里燃油消耗量计算

平均百吨公里实耗量指数 =7.5/7.8 ×100% =96.15%

降低率 =100% −96.15% =3.85%

由于平均百吨公里燃油实耗量降低3.85%所节约燃油总数为:

$$(7.8-7.5)\times 821\ 400/100=3\ 464\text{L}$$

三、对行车燃油节、超诸因素的统计分析

车辆运行燃油消耗受多种因素的影响,不仅受道路、气候条件的影响,而且与车辆运用情况(如里程利用率、吨位利用率、拖运率等)有很大关系。因此,在计算燃油消耗节约或超耗数量后,还可以进一步分析研究影响燃油消耗量的各因素影响程度,以便寻求节约燃油的途径与措施。由于百吨公里燃油消耗指标能确切反映行车燃油消耗水平和燃油消耗定额执行情况以及燃油管理工作,并且它与车辆各项效率指标有着直接的关系,能表明汽车运输企业经营管理工作的好坏,因此需要对百吨公里燃油实耗量的诸因素影响程度进行分析。分析方法主要是运用差额法,借助下列公式分析各项因素变动对燃油消耗量的影响程度,即分析车辆各项效率指标对百吨公里燃油实耗水平的影响程度。

$$\text{百吨公里燃油消耗量}=\text{百车公里燃油消耗量}\times(1-\text{拖运率})/\text{里程利用率}\times \text{平均吨位}\times\text{吨位利用率} \qquad (9\text{-}22)$$

【例9.3】 根据某汽车队某年6月与7月的燃油消耗情况以及其他有关的指标资料(表9-5),分析各因素对百吨公里燃油实耗量指标的影响程度。

各因素对百吨公里燃油实耗量指标的影响程度 表9-5

	行车燃油消耗量(L)			平均实耗量(L)		换算周转量(t·km)	里程利用率(%)	平均吨位(t)	吨位利用率(%)	拖运率(%)
	应耗量	实耗量	节(−)超(+)数量	百车公里	百吨公里					
6月	44 220	43 164	−1 056	30.1	7.442	580 000	50.9	4	102.7	48.3
7月	48 500	46 714	−1 786	30.2	7.345	636 000	51.5	4	100.4	49.7
差额				+0.1			+0.6	—	−2.3	+1.4
影响值				+0.025	−0.097		−0.087	—	+0.169	−0.204
增或减				+159	−617		−553	—	+1.074	−1.297

(1)由于平均百车公里耗油指标上升,使百吨公里耗油上升:

$$(30.2-30.1)\times(1-0.483)/(0.509\times 4\times 1.027)=+0.025\ \text{L}/100\text{t}\cdot\text{km}$$

即增加耗油量为:

$$63\ 600/100\times 0.025=+159\ \text{L}$$

（2）由于里程利用率提高，使百吨公里耗油下降：

$$30.2\times(1-0.483)/(4\times1.027)\times(1/0.515-1/0.509)=-0.087\mathrm{L}/100\mathrm{t}\cdot\mathrm{km}$$

即降低耗油量为：

$$636\ 000/100\times(-0.087)=-553\ \mathrm{L}$$

（3）由于平均吨位无变化，故无影响值。

（4）由于吨位利用率降低，使百吨公里耗油量上升：

$$30.2\times(1-0.483)/(0.515\times4)\times(1/1.004-1/1.027)=+0.169\mathrm{L}/100\mathrm{t}\cdot\mathrm{km}$$

即增加耗油量为：

$$63\ 600/100\times0.169=1\ 074\mathrm{L}$$

（5）由于拖运率提高，使百吨公里耗油下降为：

$$30.2/(0.515\times4\times1.004)\times[(1-0.497)-(1-0.483)]=-0.204\mathrm{L}/100\mathrm{t}\cdot\mathrm{km}$$

即降低耗油量为：

$$636\ 000/100\times(-0.204)=-1\ 297\mathrm{L}$$

这说明该车队7月由于百吨公里耗油指标下降0.097L，使全队节约燃油617L，4项指标综合影响是：

$$(0.025+0.169)-(0.087+0.204)=-0.097\mathrm{L}/100\mathrm{t}\cdot\mathrm{km}$$

$$63\ 600/100\times-0.097=-617\mathrm{L}$$

或

$$(159+1\ 074)-(553+1\ 297)=-617\mathrm{L}$$

从以上分析情况看，行车燃油消耗总量随周转量、百车公里耗油量增加而增加，成正比例关系；随里程利用率、平均吨位、吨位利用率和拖运率提高而降低，成反比关系。因此，提高里程利用率、拖运率，适当增大车辆吨位、合理装卸等是降低燃油消耗的重要措施。

四、燃油税费改革分析

近年来，我国经济发展与资源环境的矛盾突出，节能减排工作任务艰巨。一方面，随着经济发展和人民生活水平提高，我国对石油需求不断增加，由于资源匮乏，我国从1993年由净出口国变为净进口国，对外依存度逐年提高，目前已达到50%，寻找石油资源的成本也越来越高。另一方面，我国石油利用效率低、单耗水平高、浪费现象严重。我国单位GDP石油消耗和机动车每百公里油耗都明显高于发达国家水平。随着机动车保有量的快速增长，耗油量急剧增加，燃油污染也日益严重。目前，大城市80%以上的一氧化碳、40%以上的氮氧化物来自机动车尾气排放。为保持经济社会的可持续发展，迫切需要抑制燃油的不合理消费。

长期以来，除征收车辆购置税外，我国公路交通基础设施维护和建设资金，主要通过征收公路养路费和车辆通行费等方式筹集，这对公路交通发展起到了重要作用。但是，也带来一些矛盾和问题。由于养路费按车辆及载质量计费，存在异地挂靠、大吨小标、超限超载等逃避收费现象以及收费行为不规范问题，造成车主负担不公平。同时，在收费公路发展中也存在规模大、站点多、结构不合理等问题，影响了区域经济发展和居民出行。1999年10月，全国人大常委会修订了《中华人民共和国公路法》，明确提出了“国家采用依法征税的办法筹集公路养护资金，具体实施办法和步骤由国务院规定”，为燃油税费改革提供了法律依据。

为建立规范的税费体制和完善的价格机制，促进节能减排、环境保护和结构调整，公平负担,依法筹措交通基础设施养护和建设资金,根据《中华人民共和国公路法》等有关法律、法规规定,国家发展改革委、财政部、交通运输部、国家税务总局拟订了成品油价税费改革方案,并广泛征求了意见,其主要内容有:

1. 成品油价税费改革的总体思路

规范政府收费行为,取消公路养路费等收费;在不提高现行成品油价格的前提下,提高成品油消费税单位税额,依法筹集交通基础设施养护、建设资金;完善成品油价格形成机制,理顺成品油价格。

2. 关于燃油税费改革

(1)取消公路养路费等收费。取消公路养路费、航道养护费、公路运输管理费、公路客货运附加费、水路运输管理费、水运客货运附加费等6项收费,逐步有序取消已审批的政府还贷二级公路收费。

(2)成品油消费税单位税额安排。汽油消费税单位税额由每升0.2元提高到1元,柴油由每升0.1元提高到0.8元,其他成品油单位税额相应提高。汽、柴油等成品油消费税价内征收,单位税额提高后,现行汽、柴油价格水平不提高。

(3)成品油消费税收入的使用。这次调整税额形成的成品油消费税收入一律专款专用,主要用于替代公路养路费等6项收费的支出,补助各地取消已审批的政府还贷二级公路收费,并对种粮农民、部分困难群体和公益性行业给予必要的扶持。

3. 关于完善成品油价格形成机制

国产陆上原油价格继续实行与国际市场直接接轨,国内成品油价格继续坚持与国际市场有控制地间接接轨,建立和完善既能反映国际市场石油价格变化和企业生产成本又考虑国内市场供求关系,既反映石油资源稀缺程度又兼顾社会各方面承受能力的价格形成机制,促进资源节约和环境保护。

国内汽、柴油出厂价格以国际市场原油价格为基础,并综合国内平均加工成本、税收和合理利润等因素来确定。将现行汽、柴油零售基准价格允许上下浮动改为实行最高零售价格。最高零售价格以出厂价格为基础,加流通环节差价确定,并将原流通环节差价中允许上浮8%的部分缩小为4%左右。国家将继续对成品油价格进行适当调控。

国内成品油价格按完善后的机制运行后,当年成品油价格变动引起的农民种粮增支,继续纳入农资综合直补政策统筹安排,对种粮农民综合直补只增不减。出租车在运价调整前,继续由财政给予临时补贴。渔业(含远洋渔业)、林业、城市公交、农村道路客运(含岛际和农村水路客运),补贴标准随成品油价格的升降而增减。

4. 相关问题及解决措施

(1)妥善安置交通收费征稽人员。在地方各级人民政府统一领导下,多渠道妥善安置交通收费征稽人员,中央相关部门给予指导、协调和支持,确保改革稳妥有序推进。

(2)确保取消收费政策到位。取消公路养路费等收费后,要加强监督检查,确保取消收费政策落到实处,严格禁止变相新增收费项目、乱收费。对违反规定的,要严肃查处,并追究相关责任人的责任。

(3)加强成品油市场监管。加强油品市场监测和监管,严厉打击虚假销售偷逃税款、油品走私、经营假冒伪劣油品以及合同欺诈等违法行为,确保成品油市场稳定。

5. 实施时间

成品油价税费改革方案自2009年1月1日起实施。

第三节　道路运输业能源消耗统计与考核

目前，我国正处在工业化和城镇化加快发展的阶段，能源问题已经成为制约经济和社会发展的重要因素。交通行业是耗能大户，整个交通行业的能源消耗量占全社会的7%～8%。其中，道路运输消耗量占交通行业的52%，道路运输业节能降耗任务艰巨。道路运输业能源消耗统计是道路运输业节能降耗的基础工作，研究建立科学、完整、有效的道路运输能源消耗统计体系，客观、真实地反映道路运输业能源消耗的实际，对促进道路运输业节能降耗工作和建设"资源节约型、环境友好型"的交通行业意义重大。

一、国内外道路运输能源消耗统计的比较研究

道路运输业是能源消耗大户，道路运输能源消耗是世界各国共同关注的问题。在国际上，以美国、英国、日本等为代表的发达国家，基本上均建立了关于道路运输能源消耗统计的基础指标、效率指标、强度指标和宏观指标等统计指标，并进行着相应的统计调查、分析和研究。而在国内，长期以来道路运输业能源消耗统计指标单一、笼统，仅有的统计指标也因种种原因未能进行系统、有效的统计，有的地方能源消耗统计甚至名存实亡，能源消耗统计数据的信息、咨询、监督等职能没有得到充分的发挥。近年来，随着建立节约型社会和建设"资源节约型、环境友好型"交通行业等理念的提出，道路运输行业能源消耗统计问题又再次引起了人们的重视。国家统计局、交通运输部等部门对此也非常重视，开展了一系列研究，形成了一些阶段性成果。国内外现有的研究成果，大多偏向从国家层面进行研究，而针对省、市级道路运输业能源消耗统计问题研究的较少，对省、市级道路运输业的相关工作指导性不强。

二、道路运输业能源消耗统计指标的设计

道路运输车辆能源消耗量与车型、能源类别、周转量、运量、车辆技术状况、里程利用率、载质量利用率、实载率、地区气温、路面等级、海拔高度、驾驶员的操作水平等因素有关，其相互关系十分复杂。根据对美国、英国、日本等发达国家道路运输能源消耗统计指标的分析（表9-6），考虑到我国道路运输能源消耗统计的习惯、基础、可能性和操作性，我国道路运输业能源消耗统计还不能完全按照分类指标进行统计，拟先以分车型的百车公里能源消耗量、能源消耗总量

部分发达国家与我国道路运输能源消耗统计指标比较　　表9-6

类别	美　国	英　国	日　本	我　国
调查指标	车辆数 车英里 燃料消耗量 人英里 吨英里	车辆数 车英里 燃料消耗量 人英里 吨英里	车辆数 车英里 燃料消耗量 人英里 吨英里	燃料消耗量 旅客周转量 货物周转量
推算指标	平均每车行驶英里 平均每加仑行驶英里 平均每车燃料消耗量 能源强度	平均每车行驶英里 平均每加仑行驶英里	平均每车行驶英里	百车公里燃料消耗量 百吨（千人）公里燃料消耗量

为基本统计指标,辅助以百吨(千人)公里能源消耗量指标进行总量和单耗的统计。道路运输能源消耗统计指标的设计和调查应遵循动态性的原则,与时俱进。随着相关统计基础的逐步完善和提高,再进行能源效率指标、能源消耗强度指标、单位增加值能源消耗等相关指标统计的扩展,从而及时、准确地反映道路运输业能源消耗的实际情况。

三、道路运输业能源消耗统计调查方法的确立

我国从计划经济到市场经济的体制变革,使道路运输业的经营模式发生了很大的变化。而道路运输业一直沿用计划经济时代的能源消耗统计方法和手段,不能经济地获得能源消耗真实的统计数据,必须对道路运输能源消耗统计方法进行改革。道路运输统计调查的方法有普查、统计报表制度、抽样调查、重点调查、典型调查等。从目前我国道路运输统计的发展来看,采用抽样调查的方法进行能源消耗统计调查是一个正确的选择。但问题在于随着经济体制的转型,道路运输经营业户的经营统计资料普遍缺乏或不健全,加之利益主体的多元化现象的存在,即便是随机抽取的样本也较难取得较为完整的能源消耗统计数据。鉴于此,笔者认为,道路运输业能源消耗统计宜采用抽样调查和典型调查相结合的方法。除按照抽样调查的基本原理进行分层抽样外,还应该选择一部分典型企业和经营业户进行重点跟踪,深入了解道路运输业能源消耗的实际情况,以提高能源消耗抽样调查数据的真实性、准确性和可靠性。当然,也可考虑改革统计手段,采用先进的仪器、设备进行能源消耗统计数据的采集。本节对此暂不涉及。

采用典型单位(企业、线路、车型)进行道路运输能源消耗统计调查是一种比较经济、可行的操作办法。典型单位一般要选取那些管理比较规范、财务制度比较健全、具有一定的统计能力和代表性且配合程度较好的道路运输企业和经营业户进行调查。典型单位的选择也可在道路运输综合统计时确定的道路运输重点联系企业中选取。典型单位确定后,要建立定期培训、定期联系、优惠政策等制度,并对其进行情感投资和智力投资,为准确地进行道路运输业能源消耗统计奠定扎实的基础。目前,由于利益主体的多元化,调查对象不愿意接受调查及不配合调查的现象越来越多,同时存在人为虚报、谎报、瞒报数据的现象。因此,典型单位和典型调查方法在目前显得尤为重要。

考虑到2008年进行了全国公路运输量专项调查,此调查是我国道路运输统计历史上规模最大、投入人力物力最多的一次大型统计调查。从经济性、操作性、共享性的角度出发,道路运输业能源消耗统计可充分利用此次专项调查的数据,进行数据的深入挖掘,实现信息共享;也可根据全国公路运输量专项调查的方法,进行道路运输业能源消耗统计的抽样框整理、样本量分配、样本抽取、样本调查和组织实施等工作,具体见调查方案。

通过抽样调查、典型调查采集到样本车辆数据后,道路运输车辆的能源消耗的统计和估算就显得非常重要。实践证明,能源消耗统计和估算应分类进行。一方面,这是抽样调查方法本身的特点和优势;另一方面,分类进行统计和估算的数据是各级道路运输部门经营、管理所需要的和最为关心的数据。值得说明的是,为更好地满足各级部门对道路运输能源消耗统计数据的需要,在样本量确定时要予以充分考虑,否则会影响调查估算的精度。本节重点讨论道路运输车辆能源单耗的统计与估算。

1. 样本车辆调查月内燃料单耗的计算

样本车辆调查月内燃料单耗:

$$z_{2hldi} = \text{实际调查期内燃料消耗总量/实际调查期内行驶总里程} \qquad (9\text{-}23)$$

燃料单耗是将不同燃料类型的单耗折算为标准煤后进行计算。各类燃料与标准煤的折算按有关折算系数进行折算。

2. 基本层燃料单耗 Z_{2hld} 的估计值与精度计算

第 d 基本层样本车辆的平均燃料单耗：

$$\hat{Z}_{2hld} = \bar{z}_{2hld} = \frac{1}{n_{hld}}\sum_{i=1}^{n_{hld}} z_{2hldi} \tag{9-24}$$

$\hat{Z}_{2hld}$ 的方差估计为：

$$v(\hat{Z}_{2hld}) = \frac{1-f_{hld}}{n_{hld}} \cdot s_{2hld}^2 \tag{9-25}$$

其中：

$$f_{hld} = \frac{n_{hld}}{N_{hld}} \tag{9-26}$$

$$s_{2hld}^2 = \frac{1}{n_{hld}-1}\sum_{i=1}^{n_{hld}}(z_{2hldi} - \bar{z}_{2hld})^2 \tag{9-27}$$

$\hat{Z}_{2hld}$ 的标准差估计为：

$$s(\hat{Z}_{2hld}) = \sqrt{v(\hat{Z}_{2hld})} \tag{9-28}$$

3. 车辆类型层燃料单耗 Z_{2hl} 的估计值与精度计算

第 l 车辆类型层燃料单耗的估计值：

$$\hat{Z}_{2hl} = \sum_{d=1}^{D} w_{hld} \cdot \bar{z}_{2hld} = \sum_{d=1}^{D}\frac{N_{hld}}{N_{hl}} \cdot \bar{z}_{2hld} \tag{9-29}$$

$\hat{Z}_{2hl}$ 的方差估计为：

$$v(\hat{Z}_{2hl}) = \sum_{d=1}^{D} w_{hld}^2 \cdot v(\hat{Z}_{2hld}) = \sum_{d=1}^{D}\frac{N_{hld}^2}{N_{hl}^2} \cdot v(\hat{Z}_{2hld}) \tag{9-30}$$

$\hat{Z}_{2hl}$ 的标准差估计为：

$$s(\hat{Z}_{2hl}) = \sqrt{v(\hat{Z}_{2hl})} \tag{9-31}$$

4. 全省车辆类型层单耗 Z_{2l} 的估计值与精度计算

全省第 l 车辆类型层燃料单耗的估计值：

$$\hat{Z}_{2l} = \sum_{h=1}^{H} w_{hl} \cdot \bar{z}_{2hl} = \sum_{h=1}^{H}\frac{N_{hl}}{N_l} \cdot \bar{z}_{2hl} \tag{9-32}$$

$\hat{Z}_{2l}$ 的方差估计为：

$$v(\hat{Z}_{2l}) = \sum_{h=1}^{H} w_{hl}^2 \cdot v(\hat{Z}_{2hl}) = \sum_{h=1}^{H}\frac{N_{hl}^2}{N_l^2} \cdot v(\hat{Z}_{2hl}) \tag{9-33}$$

$\hat{Z}_{2l}$ 的标准差估计为：

$$s(\hat{Z}_{2l}) = \sqrt{v(\hat{Z}_{2l})} \tag{9-34}$$

5. 全省车辆燃料单耗 Z_2 的估计值与精度计算

全省车辆燃料单耗的估计值：

$$\hat{Z}_2 = \sum_{l=1}^{L} w_l \cdot \bar{z}_{2l} = \sum_{l=1}^{L}\frac{N_l}{N} \cdot \bar{z}_{2l} \tag{9-35}$$

$\hat{Z}_2$ 的方差估计为：

$$v(\hat{Z}_2) = \sum_{l=1}^{L} w_l^2 \cdot v(\hat{Z}_{2l}) = \sum_{l=1}^{L} \frac{N_l^2}{N^2} \cdot v(\hat{Z}_{2l}) \tag{9-36}$$

$\hat{Z}_2$ 的标准差估计为：

$$s(\hat{Z}_2) = \sqrt{v(\hat{Z}_2)} \tag{9-37}$$

式中： $h=1,2,\cdots,H$,地市层编号,其中 H 为省内地市数；

$l=1,2,\cdots,L$,车辆类型层编号,其中 L 为类型总数；

$d=1,2,\cdots,D$,基本层编号,其中 D 为基本层数；

$i=1,2,\cdots,n_{hld}$,基本层内样本编号,其中 n_{hld} 为 hld 基本层的样本数；

N——全省的车辆总数；

N_h——第 h 地市车辆总数,$\sum_{h=1}^{H} N_h = N$；

N_{hl}——第 h 地市 l 类型层车辆总数,$\sum_{l=1}^{L} N_{hl} = N_h$；

N_{hld}——第 h 地市 l 类型 d 基本层车辆总数,$\sum_{d=1}^{D} N_{hld} = N_{hl}$；

z_{2hldi}——样本车辆燃料单耗；

Z_{2hld}、$\hat{Z}_{2hld}$——第 h 地市 l 车辆类型层 d 基本层车辆燃料单耗及其估计值；

Z_{2hl}、$\hat{Z}_{2hl}$——第 h 地市 l 车辆类型层车辆燃料单耗及其估计值；

Z_{2h}、$\hat{Z}_{2h}$——第 h 地市车辆燃料单耗及其估计值；

Z_2、$\hat{Z}_2$——全省车辆燃料单耗及其估计值；

$v(\hat{\theta})$——燃料消耗估计值的方差估计；

$s(\hat{\theta})$——燃料消耗估计值的标准差估计,$s(\hat{\theta}) = \sqrt{v(\hat{\theta})}$。

四、道路运输业能源消耗统计模型的建立

影响车辆能源消耗的因素很多,建立道路运输业能源消耗统计模型,可以反映道路运输业能源消耗量与主要影响因素的关系。通过建立统计模型,进行统计检验,剔除一些次要的影响不大的因素,从而抓住问题的本质,找出其中的规律。据此,可建立如下车辆能源消耗统计模型：

$$y = \xi_0 + \xi_1 x_1 + \xi_2 x_2 + \xi_3 x_3 + \xi_4 x_4 + \xi_5 x_5 + \xi_6 x_6 + \varepsilon \tag{9-38}$$

式中：y——百车(吨)公里燃料消耗量；

x_1——载货(客)量利用率；

x_2——里程利用率；

x_3——车辆技术状况；

x_4——路面等级；

x_5——海拔高度；

x_6——地区气温；

ε——随机变量。

通过对模型进行显著性检验,检验总体的自变量 $x_1,x_2,x_3,\cdots,x_p$ 与因变量 y 之间是否满

足线性关系。若不满足，可以通过剔除一些变量来使其满足线性关系。通过对模型进行回归系数检验，剔除那些次要的影响不大的变量，简化回归方程。经过显著性检验、回归系数检验，达到了优化统计变量的目的，使统计模型实现了优化、简化。简化后的车辆能源消耗基本模型如下：

$$y = \xi_0 + \xi_1 x_1 + \xi_2 x_2 + \varepsilon \tag{9-39}$$

式中：y——百车（吨）公里燃料消耗量；

x_1——载货（客）量利用率；

x_2——里程利用率；

ε——随机变量。

上述车辆能源消耗统计模型若分省（市）、分能源（汽油、柴油）类别、分车辆类别、分吨（座）位层建立，相容性会更好。具体车辆类别和吨（座）位层的划分见表9-7。有关研究表明，在统计资料不足的情况下，用各类别车辆的全国统计模型来代替各个省对应类别车辆统计模型是可行的，与本省建立的模型推算的误差较小。如果用本省自身建立的模型来代替其所属的各地市建立的模型，其误差更小。同时，由于目前周转量统计很难统计到精确的数据，因此建立百车公里能源消耗的统计模型效果会好一些。

客货汽车车型分类表　　表9-7

燃油类型	类别	货车（核定载质量 t）	客车（核定载质量 座位）
汽油	Ⅰ	$X \leqslant 2$	$X \leqslant 15$
	Ⅱ	$2 < X \leqslant 4$	$15 < X \leqslant 30$
	Ⅲ	$4 < X \leqslant 8$	$X > 30$
柴油	Ⅰ	$X \leqslant 2$	$X \leqslant 15$
	Ⅱ	$2 < X \leqslant 4$	$15 < X \leqslant 30$
	Ⅲ	$4 < X \leqslant 8$	$X > 30$
	Ⅳ	$8 < X \leqslant 20$	
	Ⅴ	$X > 20$	

五、道路运输企业能源消耗统计长效机制的建立

道路运输企业是道路运输行业能源消耗统计的重点对象。道路运输企业能源消耗统计工作的好坏直接关系着道路运输业节能降耗目标的实现与否。借鉴国内先进经验，结合实际，道路运输企业可通过如下方法建立能源消耗统计的长效机制：

1. 制订能源消耗定额

道路运输能源消耗定额工作是道路运输企业管理的基础工作之一，是加强企业经济核算、实现企业管理目标的重要手段。道路运输企业能源消耗定额可采用跟车试验法、统计分析法和经验估工法等方法制订。道路运输企业能源消耗定额要充分体现先进性、合理性和激励性，既要保证制订的定额能够起到能源消耗节约的效果，又要保证大多数基层单位通过一定的努力能够实现目标，同时又要和企业每位员工的业绩联系在一起，具有一定的激励性。

2. 建立能源消耗统计制度

建立科学、合理的能源消耗统计制度是实施能源消耗统计的关键。长期以来，由于许多道

路运输企业没有建立起新的、有效的能源消耗统计制度，而旧的能源消耗统计的做法又没有继承下来，致使道路运输企业能源消耗统计工作缺少“抓手”，无法准确、及时、客观地反映能源消耗的实际。道路运输企业结合实际可通过建立一系列诸如行车路单制度、满油箱及 IC 卡加油制度、统计月报分析制度等具体的统计制度，确保能源消耗统计工作落到实处。

(1)行车路单制度

行车路单是车辆运行过程各种作业的原始记录，是能源消耗统计的基础资料，在计划经济时期发挥了较大的作用。当前需要将此方法不断完善，建立起符合现代道路运输发展要求和经营模式的行车路单制度，为企业能源消耗统计及其他管理工作提高真实、可靠的原始资料。

(2)满油箱及 IC 卡加油(气)制度

科学、准确地统计车辆和驾驶员的能源消耗情况是能源消耗统计工作的重点和难点。道路运输企业通过实施满油箱及 IC 卡加油(气)制度，能够提供能源消耗方面真实、准确的统计数据，从而有效地促进能源消耗统计和节能降耗等工作的开展。

(3)统计月报分析制度

统计月报分析将具体车辆、基层车队或车组月度内的车辆运行情况、能源消耗情况等加以统计与分析(表 9-8)，便于各级人员及时、全面地了解道路运输企业车辆的能源消耗总体水平、能源效率等情况，从而为企业经营、管理和节能降耗工作的有效开展提供决策依据。

道路运输车辆能源消耗统计指标影响因素 表 9-8

序号	统计指标	主要影响因素	分析方法
1	分类百车公里燃料消耗量	车辆技术状况、里程利用率、实载率、地区气温、路面等级、海拔高度、驾驶技术等	动态相对指标对比 结果相对指标对比 比例相对数对比 比较相对数对比 强度相对数对比
2	分类车燃料消耗量	百车公里燃料消耗量、行驶里程等	
3	分类百吨公里燃料消耗量	百车公里燃料消耗量、周转量、运量等	
4	综合百吨公里燃料消耗量	百吨公里燃料消耗量、车辆构成等	
5	燃料消耗总量	分类百车公里燃料消耗量、分类车燃料消耗量、车辆构成、车辆数等	

3. 完善考核奖惩制度

建立完善的能源消耗考核奖惩制度是道路运输企业加强能源消耗统计和实现节能降耗目标的保证。为了充分调动和提高驾驶员、管理员等的节能积极性，应加强能源消耗定额工作的实施，完善能源消耗考核奖惩制度，并根据统计考核情况予以奖励和惩罚。同时，要建立相应的后续保障机制，真正实现企业节能降耗的目标。

道路运输业能源消耗统计与节能降耗工作是一个系统工程，涉及道路建设、车辆制造、运输经营、运输管理、政策环境等多方面因素。道路运输业通过制订科学合理的能源消耗定额，建立系统完善的能源消耗统计制度，实施积极有效的考核奖惩方法，有助于激发全体经营业户节能降耗的主动性和积极性，提高道路运输业乃至整个社会节能降耗水平，从而促进“资源节约型、环境友好型”交通行业的建设和发展。

复习思考题

1. 道路运输车辆消耗能源主要有哪些？各类能源与标准煤如何折算？

2. 道路运输能源消耗统计指标有哪些？统计这些指标有什么意义？

3. 道路运输车辆能源消耗定额制订方法有哪些？定额制订时应注意哪些问题？

4. 你认为应如何进行道路运输业能源消耗统计与分析？如何加强道路运输业节能降耗工作？

5. 你认为燃油税的实施对道路运输业及道路运输能源消耗统计有何影响？

6. 某汽车运输公司营运货车有关燃油消耗资料如表 9-9 所示，试按平均百车公里燃油消耗量和平均百吨公里燃油消耗量分别计算节(亏)油量。

某汽车运输公司营运货车有关燃油消耗资料　　表 9-9

	平均百车公里燃油实耗量(L)	总行程(万 km)	平均百吨公里燃油实耗量(L)	主挂车综合换算周转量(万 t·km)
报告期	30	20	7.5	84
基期	35	17	7.8	76

第十章　运输质量与行车事故统计

运输质量是用户对道路客货位移的满意程度。运输质量统计是交通运输统计的重要内容之一。通过对道路运输过程中的质量情况统计,从而反映运输生产中存在的问题以及道路运输业的运输质量高低和效果大小,为提高运输服务水平,加强企业管理提供依据。

行车事故统计是对运输生产过程中的行车事故情况进行统计,用以反映道路运输生产的安全状况,为加强安全管理和监督提供依据。

第一节　运输质量统计

一、质量与运输质量的概念

1. 质量的概念

随着社会生产力的进步和人们认识水平的不断深化,质量概念也在不断更新和发展。

(1)传统的质量概念

传统的质量概念是指产品性能是否符合技术规范,也就是将产品的质量特性与技术规范(包括性能指标、设计图纸、验收技术条件等)相比较。如果质量特性处于规范值的容差范围(通常称为公差带)内,为毫无区别的合格;超出容差范围,为毫无区别的不合格,这就是所谓的"门柱法"(Goalpost),也就是符合性质量控制。直至20世纪50年代,符合性控制一直是质量管理的基本方法,并发挥了重要作用。当前在我国工业领域仍有大量企业使用这种符合性控制。在工业发展的初期,产品技术含量低,结构简单,符合性质量控制可以发挥其重要的质量把关作用,但对于高科技和大型复杂的产品,符合性质量控制已不能满足质量管理的要求。于是美国的朱兰博士在20世纪80年代提出了产品的"质量就是适用性"(Fitness for Use)的观点。所谓适用性就是产品在使用过程中满足顾客要求的程度。朱兰关于质量的定义已比较接近于当今的质量概念。

(2)ISO 9000系列国际标准(2000版)中关于质量的定义

质量(Quality)是一组固有特性满足要求的程度。"要求"是指明示的、通常隐含的或必须履行的需求或期望。ISO 9000系列标准强调要以顾客为关注焦点,以增强顾客满意为目的,确保顾客的要求得到确定并予以满足,提供满足顾客和适用的法律法规要求的产品,理解并满足现有及潜在顾客和最终使用者的当前和未来的需求和期望,以及理解和考虑其他相关方的当前和未来的需求和期望,并强调应持续改进。ISO 9000(2000)所给出的关于质量的概念是广义的质量概念,大质量的概念,代表了当前世界各国对于质量概念的最新认识,体现了在质量概念方面的进步。

2. 运输质量的概念

运输数量与运输质量是密不可分的。质量在一定意义上可理解为产品或服务的适用性,即产品或服务能满足用户使用和消费的程度。运输质量包括三个相互联系的方面,即运输产品质量、运输服务质量和运输工作质量。通常所讲运输服务质量是前两者,这是一种较为狭义的质量概念。运输产品质量是指满足旅客、货主对客、货位移特定需求的一种特性,反映了顾客在物质方面的需求;运输服务质量是指在实现运输对象位移过程中,运输生产应能满足顾客精神、文化需求方面的一种特性,反映了顾客在精神方面的需求;运输工作质量是指运输生产过程中,所涉及各种设施、设备、制度、规范、文化等符合有关质量要求的特性,是运输产品质量和运输服务质量的保障。上述三者之间互为补充缺一不可。运输质量概念可用图10-1表示。

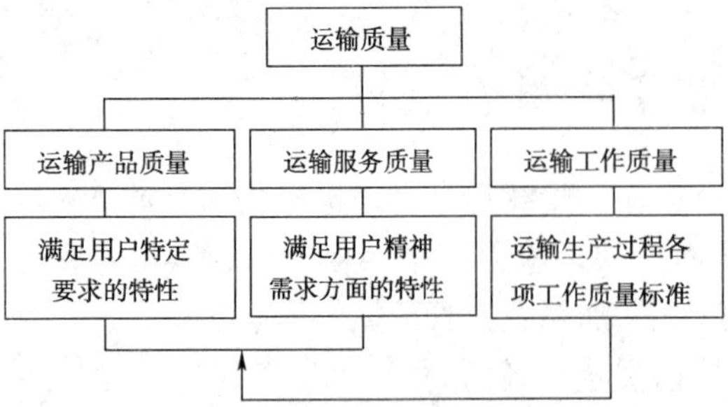

图10-1 运输质量构成

3. 运输质量的特性

(1)安全性。安全为了运输,运输必须安全。运输的安全性包括运输过程中车辆运行安全以及运输对象的安全。安全性是评价运输质量的首要因素,坚持安全运输是确保运输质量最基本也是最起码的要求。

(2)及时性。及时性是运输质量的时间特性。它是指迅速、准时地满足客货运输时间需求的特性。及时性直接影响客货的时间价值。随着社会经济的发展和人民生活质量的提高,及时性显得尤为重要。

(3)经济性。经济性是指以尽可能少的运输消耗来实现运输生产的特性。它既反映了宏观方面的要求,也反映了微观方面的要求。企业应处理好投入与产出的关系,在提高运输效率和劳动生产率的同时,努力减少单位运输成本。

(4)方便性。方便性是指尽可能便利客货运输需求的特性。它的基本要求是做到招之即来,来则能运,运则能达。道路运输企业应尽最大可能实现运输对象的门到门服务。

(5)服务性。服务性要求运输企业在生产经营活动中,能够满足客货运输的个性化需求,是企业各方面工作的综合体现。

4. 运输质量有关概念

脱班是指营运班车未按照预定的班次、班期开行。

误点(晚点)是指客运班车在允许的延误时间外,迟于班次时刻表规定的时间发车、运行、停靠、到达。

货差是指货物在运输、装卸、保管过程中出现的票货不符、数量溢缺等差错。货差主要是由于错装、错卸、漏装、漏卸、错转、错交等原因造成的。为减少货差,应加强装卸质量、业务工作质量和交接环节的管理工作。

货损是指货物在运输、装卸、保管过程中发生的质量上的损坏。货损包括违纪进行装卸作业,发生交通事故等原因造成的货物碰坏、摔坏、残损、污染、变质、变形,以及由于挥发、撒失、流失等原因所造成的超过自然减量的货物损耗。

货运质量事故是指承运责任期内,由于承运人责任所造成的货物灭失、短少、变质、污染、损坏和运输延误。

二、运输质量的主要统计指标

1. 数量指标

(1)总班次

总班次是指报告期内应发送的客运班次总数。计算单位:班次。

(2)实发班次

实发班次是指报告期内实际发送的客运班次数。计算单位:班次。

(3)正班班次

正班班次是指报告期内按计划发出的客运班次数。计算单位:班次。

(4)脱班班次

脱班班次是指报告期内客运班车脱班的班次数。计算单位:班次。

(5)误点班次

误点班次是指报告期内客运班车误点的班次数。计算单位:班次。

(6)脱班影响出行人次

脱班影响出行人次是指报告期内因客运班车脱班所影响的出行人次数。计算单位:人次。

(7)误点影响出行人次

误点影响出行人次是指报告期内因客运班车误点所影响的出行人次数。计算单位:人次。

(8)脱班直接经济损失

脱班直接经济损失是指报告期内客运班车脱班所造成的直接经济损失。计算单位:元。

(9)误点直接经济损失

误点直接经济损失是指报告期内客运班车误点所造成的直接经济损失。计算单位:元。

(10)重大运输服务质量事故件数

重大运输服务质量事故件数是指报告期内凡在地级以上新闻媒体上曝光的服务质量问题或由当事人投诉并经查情节确实十分恶劣的服务质量问题的数量。计算单位:件。

(11)货运质量事故次数

货运质量事故次数是指报告期内发生的货运质量事故次数。计算单位:次。

统计范围:凡货物损失金额在200元以上的货运质量事故,均纳入统计。

统计分组一般有以下分组:

按货运质量事故的肇事原因分为驾驶员责任事故次数、车辆机械事故次数、行人或道路原因事故次数、其他原因事故次数。

(12)货运质量事故经济损失

货运质量事故经济损失是指报告期内发生的货运质量事故所造成的经济损失金额。计算单位:元。

统计范围:对每个具体货运质量事故,其经济损失仅包括该事故造成的车辆、货物直接损失折款,不包括现场抢救(险)、人身伤亡善后处理的费用,也不包括停工、停产和停业等所造成的间接经济损失。

(13)货差量

货差量是指报告期内货物运输中出现运输货物差错的实际数量。计算单位:t。

统计范围:货差事故主要包括票货分离(有货物无运送票据或有运送票据无货物,但已查明货物下落者),误运送(误装卸、漏装卸、错运和部分货件与全批货物分离),误交付,件数不符,质量不符等。

计算方法:货差量按发生货差事故的货物总吨数计算。

(14)货损量

货损量是指报告期内货物运输中出现运输货物损坏或丢失的实际数量。计算单位:t。

统计范围:货损事故主要包括火灾、被盗、丢失、损坏、货物腐坏、货物被污染和货物湿损等。

计算方法:不论何种情况,货损数量均按发生货损事故的该批货物总吨数计算。

(15)货运质量事故赔偿金额

货运质量事故赔偿金额是指报告期内由于发生货运质量事故承运人实际已支付的赔偿总金额。计算单位:元。

(16)超载班次

超载班次是指报告期内发生的客(货)运超载班次数。计算单位:班次。

2. 效率及质量统计指标

(1)脱班率

脱班率是指报告期内客运班车脱班班次占总客运班次的比率。计算单位:‱。

计算公式:

$$脱班率=\frac{脱班班次}{总班次}\times 10\ 000‱ \tag{10-1}$$

(2)误点率

误点率是指报告期内客运班车误点班次占总班次的比率。计算单位:‱。

计算公式:

$$误点率=\frac{误点班次}{总班次}\times 10\ 000‱ \tag{10-2}$$

(3)客车正班率

客车正班率是指报告期内客运班车正班班次占总班次的比率。计算单位:%。

计算公式:

$$客车正班率=\frac{正班班次}{总班次}\times 100\% \tag{10-3}$$

(4)发车正点率

发车正点率是指报告期内客运班车正点发车班次占总班次的比率。计算单位:%。

计算公式:

$$发车正点率=\frac{正点班次}{总班次}\times 100\% \tag{10-4}$$

(5)旅客正运率

旅客正运率是指报告期内正点发送旅客人次数占发送旅客总人次数的比率。计算单位:%。

计算公式:

$$旅客正运率=\frac{正点发送旅客人次}{发送旅客人次}\times 100\% \tag{10-5}$$

(6)售票差错率

售票差错率是指报告期内发售的差错票数占发售总票数的比率。计算单位:‰。

计算公式:

$$售票差错率=\frac{发售差错票数}{发售总票数}\times 1\ 000‰ \tag{10-6}$$

(7)行包正运率

行包正运率是指报告期内完成的行包正点发运件数占行包总发运件数的比率。计算单位:%。

计算公式:

$$行包正运率=\frac{行包正点发运件数}{行包总发运件数}\times 100\% \tag{10-7}$$

(8)行包赔偿率

行包赔偿率是指报告期内所有从事旅客运输的客车运输的客车所支付的行包赔偿金额占行包营业总收入的比率。计算单位:‰。

计算公式:

$$行包赔偿率=\frac{行包赔偿金额}{行包营业总收入}\times 1\,000‰ \tag{10-8}$$

(9)旅客意见处理率

旅客意见处理率是指报告期内已处理的旅客意见件数占收到的旅客意见总件数的比率。计算单位:%。

计算公式:

$$旅客意见处理率=\frac{已处理旅客意见件数}{收到旅客意见总件数}\times 100\% \tag{10-9}$$

(10)货运质量事故频率

货运质量事故频率是指报告期内完成百万吨公里货物周转量发生货运质量事故的次数。计算单位:次/百万 t·km。

计算公式:

$$货运质量事故频率=\frac{货运质量事故次数}{货物周转量}\times 10^6 \tag{10-10}$$

(11)货差率

货差率是指报告期内发生的货差实际数量与货运量的比率。计算单位:‰。

计算公式:

$$货差率=\frac{货差量}{货运量}\times 1\,000‰ \tag{10-11}$$

(12)货损率

货损率是指报告期内发生的货损数量与货运量的比率。计算单位:‰。

计算公式:

$$货损率=\frac{货损量}{货运量}\times 1\,000‰ \tag{10-12}$$

(13)货运质量事故赔偿率

货运质量事故赔偿率是指报告期内货运质量事故赔偿金额与货运营业收入总金额的比率。计算单位:‱。

计算公式:

$$货运质量事故赔偿率=\frac{货运质量事故赔偿金额}{货运收入总金额}\times 10\,000‱ \tag{10-13}$$

(14)超载率

超载率是指超载班次占总班次的比重。计算单位:%。

计算公式：

$$超载率=\frac{超载班次}{总班次}\times 100\% \tag{10-14}$$

三、道路运输质量的评价

1. 安全性指标

主要有行车事故次数、行车事故受伤人数、行车事故死亡人数、行车事故率、行车事故伤人率、行车事故死亡率等。

2. 及时性指标

主要有正班班次、脱班（或误点）班次、脱班（或误点）率、脱班（或误点）影响出行人次、脱班（或误点）直接经济损失、客车正班率、发车正点率、旅客正运率等。

3. 经济性指标

主要有行车事故经济损失、行包赔偿率等。

4. 方便性指标

方便性指标不太好设定，一般可用旅客平均排队购票时间、应接服务咨询电话时间等指标表示。

5. 服务性指标

主要有售票差错率、旅客意见处理率、行包差错率、行包毁损率、顾客满意率等。道路运输质量评价方法可采用层次分析法、模糊评价法等方法进行评价。

第二节　行车事故统计

运输安全是提高运输效益，保证人民生命、财产安全的重要保障。为了加强安全生产工作，及时掌握车辆事故的发生情况，分析研究事故发生的原因和规律，总结经验教训，采取有效措施防止事故的发生，应认真做好行车事故的统计工作。

一、行车事故的概念及统计目的

行车事故是指企业营运车辆在运行或停放过程中，因发生碰撞、碾压、翻车、失火、坠落等事态而造成的人、车、货死亡或损坏的事故。

行车事故统计的目的在于掌握行车事故发生的次数、原因和死伤情况，以便对各种事故进行分析和研究，总结经验教训，制订防范对策。

二、行车事故的分类

1. 货运事故的分类

货运事故一般按货物损失金额大小分为小事故、一般事故、大事故、重大事故 4 类。

（1）货运小事故。货物损失金额在 200 ~ 1 500 元（含 1 500）的事故。

（2）货运一般事故。货物损失金额在 1 500 ~ 5 000 元（含 5 000）的事故。

（3）货运大事故。货物损失金额在 5 000 ~ 10 000 元（含 10 000）的事故。

（4）货运重大事故。货物损失金额在 10 000 元以上的事故。

2. 客运事故的分类

客运事故一般按人员伤亡数量可分为以下几种：

(1)客运轻微事故。一次造成轻伤1~2人的事故。

(2)客运一般事故。一次造成重伤1~2人,或者轻伤3人以上的事故。

(3)客运重大事故。一次造成死亡1~2人,或者重伤3~10人的事故。

(4)客运特大事故。一次造成死亡3人以上,或者重伤11人以上,或者死亡1人同时重伤8人以上,或者死亡2人同时重伤5人以上的事故。

轻伤指因事故造成人员的受伤程度达到司法部、最高人民法院、最高人民检察院、公安部发布的《人体轻伤鉴定标准(试行)》的有关规定。

重伤指因事故造成人员的受伤程度达到司法部、最高人民法院、最高人民检察院、公安部发布的《人体重伤鉴定标准(试行)》的有关规定。

事故死亡指因事故造成人员在事故发生后7日内死亡。

三、运输安全的主要统计指标

1. 行车事故次数

行车事故次数是指报告期内道路运输中发生的行车事故次数。计算单位:次。

统计分组一般有以下分组：

(1)按行车事故的等级分为轻微事故次数、一般事故次数、重大事故次数和特大事故次数4类。

(2)按行车事故的肇事原因分为驾驶员责任事故次数、车辆机械事故次数、行人或乘客过失事故次数、道路原因事故次数和其他原因事故次数。

(3)按发生行车事故的运输车辆种类分为客运行车事故次数和货运行车事故次数。

2. 行车事故受伤人数

行车事故次数是指报告期内由于发生行车事故而造成受伤的实际人数。计算单位:人。

统计分组一般有以下分组：

(1)按人员的受伤程度分为重伤人数和轻伤人数。

(2)按发生行车事故的运输车辆种类分为客运行车事故受伤人数和货运行车事故受伤人数。

3. 行车事故死亡人数

行车事故死亡人数是指报告期内由于发生行车事故而造成死亡的实际人数。计算单位:人。

计算方法:对每个具体的行车事故,死亡人数按在事故发生后7日内死亡的人数计算。

统计分组:按发生行车事故的运输车辆种类分为客运行车事故死亡人数和货运行车事故死亡人数。

4. 行车事故经济损失

行车事故经济损失是指报告期内发生的行车事故所造成经济损失的实际总金额。计算单位:元。

统计范围:对每个具体的行车事故,其经济损失仅包括该事故造成的车辆、财产直接损失折款,不包括现场抢救(险)、人身伤亡善后处理的费用,也不包括停工、停产和停业等所造成的间接经济损失。

统计分组:按发生行车事故的运输车辆种类分为客运行车事故经济损失和货运行车事故

经济损失。

5. 行车事故率

行车事故率是指报告期内所发生的行车事故次数与总行程的比率。计算单位:次/百万车公里。

计算公式:

$$行车事故率 = \frac{行车事故次数}{总行程} \times 10^6 \tag{10-15}$$

6. 行车事故伤人率

行车事故伤人率是指报告期内行车事故受伤人数与总行程的比率。计算单位:人/百万车公里。

计算公式:

$$行车事故伤人率 = \frac{行车事故受伤人数}{总行程} \times 10^6 \tag{10-16}$$

7. 行车事故死亡率

行车事故死亡率是指报告期内行车事故死亡人数与总行程(总车公里)的比率。计算单位:人/百万车公里。

计算公式:

$$行车事故死亡率 = \frac{行车事故死亡人数}{总行程} \times 10^6 \tag{10-17}$$

四、道路运输行业行车事故统计报表制度简介

为加强道路运输行业安全生产监督管理,做好道路运输行业行车事故统计工作,及时、准确、完整地反映道路运输行业行车事故情况,保障道路运输行业行车事故应急处理和全面统计分析工作及时、有效的开展,特制订本统计报表制度。

(1)本报表制度的统计范围为道路运输企业或者个体运输业户(以下简称运输经营者)在运输活动中所发生的行车事故(以下简称运输行业行车事故)。

(2)各级交通运输主管部门和运输经营者应按照本制度的要求,及时上报运输行业行车事故情况。

(3)运输经营者发生运输行业行车事故后,应迅速报告事故发生地交通运输主管部门和运输经营者所属地的交通运输主管部门。事故发生地和运输经营者所属地交通运输主管部门接到报告后,应及时报告省级交通运输主管部门。

(4)各省级交通运输主管部门对辖区内所属运输经营者和辖区区域内所发生的一次死亡3人以上、30人以下的行车事故、涉及外籍人员(包括港、澳、台)死亡的行车事故、造成重大污染的危险化学品(包括剧毒、放射、爆炸品等)运输事故,应在接到报告后12小时之内按照《道路运输行业行车事故快报》(表10-1)的表式报交通运输部,并及时续报事故伤亡人数变化、事故调查和处理情况。

各省级交通运输主管部门对辖区内所属运输经营者和辖区区域内所发生的一次死亡30人以上的行车事故,应当在接到报告后2小时之内按照《道路运输行业行车事故快报》的表式报交通运输部,并及时续报事故伤亡人数变化、事故调查和处理情况。

(5)各省级交通运输主管部门对辖区内所属运输经营者所发生的一次死亡1人以上的行

车事故和危险化学品运输事故，应当按照《道路运输行业行车事故统计表》（表10-2）的表式按月汇总后，于每月15日之前将上月的统计表报交通运输部。

道路运输行业行车事故快报

表10-1

表　　号：交道路41表
制表机关：交通运输部
批准机关：国家统计局
批准文号：国统制〔2008〕71号
有效期至：2010年10月

填报单位：

事故发生时间	年　月　日　时			天气情况	
事故地点				路况	
运行线路				线路类别	
发生事故单位				资质等级	
始发站（地）				车站等级	
车牌号		车型		营运证号	
核定人（吨）数		实载人（吨）数		危险化学品品名	
驾驶员姓名		从业资格类别及证号			
人员伤亡情况					
死亡（人）		失踪（人）		受伤（人）	
事故概况					
事故初步原因及责任分析：					

单位负责人：　　填表人：　　联系电话：　　报出日期：20　年　月　日　时

道路运输行业行车事故统计表

表10-2

表　　号：交道路42表
制表机关：交通运输部
批准机关：国家统计局
批准文号：国统制〔2008〕71号
有效期至：2010年10月

填报单位：　　20　年　月

指标	序号	事故次数（次）				死伤人数（人）	
		合计	一次造成死亡10人以上	一次造成死亡3至9人	一次造成死亡1至2人	死亡	受伤
甲	乙	1	2	3	4	5	6
本月合计	1						
客车	2						
货车	3						
危险化学品运输车辆	4						

单位负责人：　　统计负责人：　　填表人：　　联系电话：　　报出日期：20　年　月　日

(6)如以上事故报表存在错、漏,应及时用电话或者传真给予更正,并随后报送更正的报表。

(7)本制度由交通运输部道路司负责解释。

五、行车事故统计分析方法

质量管理中常用的统计方法是以概率论和数理统计为基础的一套管理图表和方法。质量管理中常用的7种分析工具为:主要因素图、因果分析图、相关图、分层图、调查表法、直方图、控制图。为了正确地分析行车事故发生的原因,在运输质量管理工作中,通常采用主要因素图、因果分析图进行分析。

1. 主要因素图

主要因素图也称排列图,是找出影响产品质量主要因素的一种简单有效的分析方法。主要因素图是意大利经济学家巴雷特在对社会财富分布进行分析时采用的图形,后来人们将其应用于质量管理中,并取得了很好的效果。采用主要因素图对行车事故分析,可将行车事故的原因归为三类:主要因素(累计频率0~80%)、次要因素(累计频率80%~90%)、一般因素(累计频率90%~100%)。通过主要因素图的分析,可以明确质量管理的重点和提高质量的努力方向。

【例10.1】 某运输公司报告期共发生行车事故67次。其中,由于驾驶员过度疲劳造成19次,机械故障造成17次,货物装载不当造成14次,高速行驶造成8次,违反交通规则造成5次,调度不当造成3次,驾驶员酒后开车1次。试用主要因素图对行车事故进行分析。

以上各因素按其频率大小排列为:

驾驶员过度疲劳造成19次(频率28.4%,累计频率28.4%);

机械故障造成17次(频率25.4%,累计频率53.8%);

货物装载不当造成14次(频率20.9%,累计频率74.7%);

高速行驶造成8次(频率11.9%,累计频率86.6%);

违反交通规则造成5次(频率7.4%,累计频率94%);

调度不当造成3次(频率4.5%,累计频率98.5%);

驾驶员酒后开车1次(频率1.5%,累计频率100%)。

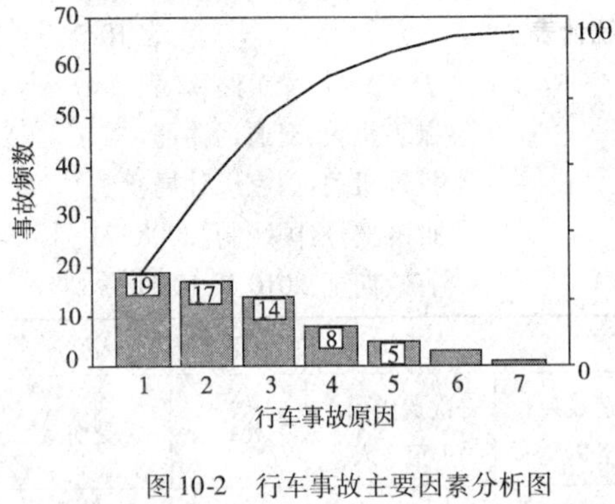

图10-2 行车事故主要因素分析图

根据以上数据制作主要因素图,见图10-2。

从图可以看出,前三个原因是造成行车事故的主要因素。抓住前三个原因,行车事故就基本上能够得到解决。

主要因素图只是反映行车事故的主要原因,但在实际工作中,一次事故并不是一个原因造成的,即使经过调查了解,认为某一原因是主要原因,而这一原因又可能是由若干小原因的综合影响。因此,为深入了解事故原因,需采用因果分析图进行进一步分析。

2. 因果分析图

因果分析图也称鱼刺图、树形图,是运输质量管理工作中常用的一种分析影响质量诸因素的有效方法。在行车事故分析中主要是对行车事故的原因从大到小、由粗到细逐步作深入的分析，属探究式分析方法。采用因果分析图对某次翻车事故进行分析见图10-3。

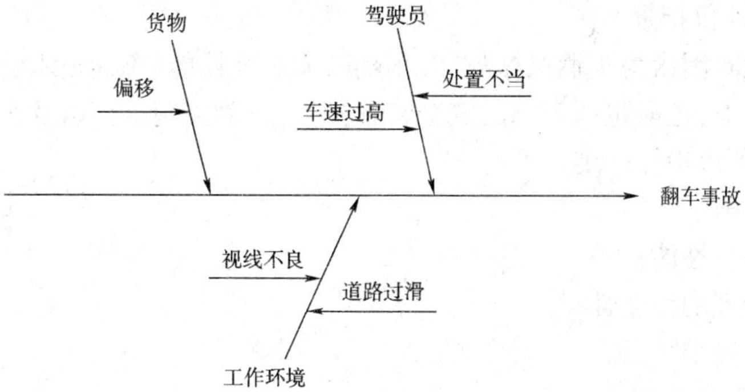

图10-3　行车事故因果分析图

直方图、控制图、相关图等方法也可应用于行车事故的分析。

六、道路运输安全评价指标

1. 事故指标

(1)事故率指标

包括事故次数/道路长度、车辆事故率、车公里事故率、人口事故率、当量事故率、综合事故率等指标。这些指标可以确定系统事故发生频率的大小，反映系统事故防范和事故控制的效果。

(2)经济损失指标

包括社会直接经济损失指标和社会间接经济损失指标。以上指标可以确定系统事故造成的经济损失，从一个方面反映事故后果的严重程度及对道路运输事故及事故后果严重程度的衡量。

(3)人员受伤(死亡)率指标

包括受伤、死亡人数/车辆数、万车受伤、死亡率和人口死亡、受伤率指标。这些指标确定事故造成的人员伤亡比率，是从人员伤亡角度对事故后果严重程度的衡量。

(4) F－N 指标

即事故死亡人数/事故次数。该指标不仅可反映系统事故后果的严重程度，还可以间接反映系统的事故应急和安全救助水平。

2. 隐患指标

根据对道路运输系统安全影响因素分析，确定道路运输系统各子系统的危险因素及隐患评价指标。

(1)驾驶员安全评价指标

人员子系统危险因素包括：驾驶员生理、心理行为特性、疲劳状况，驾驶员年龄(重点在21～30岁)，驾驶员文化程度，驾驶员技术。根据对道路运输驾驶员作业的性质、道路运输企业的特点分析，得到以下驾驶员安全评价指标：

①驾驶员聘用管理；

②驾驶员安全行车记录及档案管理；

③驾驶员文化程度；

④驾驶员平均技术等级；

⑤驾驶员年龄。

(2)车辆安全评价指标

车辆子系统危险因素为车辆机械故障、车辆防撞综合性能、车辆技术管理的健全性。从运输企业管理方面考虑,还应包括车辆的安全装置检查、车辆强制维护以及车辆更新和报废。通过筛选,车辆安全评价指标确定如下:

①车辆机械故障;

②车辆防撞综合性能;

③车辆技术管理的健全性;

④车辆强制二级维护。

(3)道路环境评价指标

道路环境子系统危险因素包括:路面状况差,道路线性和视距不良;道路交叉口复杂;道路基础设施不全,养护管理差;自然环境条件恶劣。环境安全评价指标确定为:

①路面、道路线性和视距状况;

②道路交叉口;

③道路基础设施和养护管理;

④自然环境条件。

(4)管理评价指标

管理子系统危险因素包括:安全生产管理机构及人员不合理、安全生产管理规章制度不健全、安全生产宣传教育制度不完善、安全生产事故应急预案不健全和安全生产事故控制及处理制度不妥。结合企业安全管理的实际,管理安全评价指标确定为:

①安全生产管理机构及人员;

②安全生产管理规章制度;

③安全管理水平。

道路运输安全评价方法包括概率风险评价法、定量的评分评价法、灰色系统安全评价法和模糊综合评价方法等。

复习思考题

1. 运输质量的统计指标有哪些?如何对道路运输质量进行评价?

2. 行车事故统计指标有哪些?如何对道路运输安全进行评价?

3. 质量管理中常用的统计方法有哪些?如何应用这些方法对道路运输质量和安全进行分析?

4. 比较不同运输方式服务的质量。你认为道路运输业应如何提高服务质量?

5. 你认为运输安全和运输效益有什么关系?如何进行定量分析和评价?

6. 某运输公司2008年发生行车责任事故共79次。其中,驾驶员酒后驾驶,违章操作52次;由于行人过失、违章引起行车肇事20次;由于道路狭窄、大雾等引起行车事故5次;由于机械原因造成事故2次。

根据上述行车责任事故统计资料,利用主要因素图对事故进行分析,并绘制主要因素图。

第十一章　道路运输业产值统计

道路运输业是联系社会生产、分配、交换和消费的重要环节，是第三产业的重要产业部门。道路运输业通过对社会提供客货运输服务为社会创造价值。道路运输量是反映道路运输业完成运输工作数量的实物指标，表明一定时期运输生产的总成果。然而，仅有实物量指标是不够的。客观上要求必须从价值量上反映道路运输业的总成果，即进行道路运输业的产值统计。道路运输业的产值统计指标主要有道路运输业总产值和道路运输业增加值。

道路运输业产值统计的主要任务是准确地计算道路运输业总产值、增加值，反映道路运输业产值的总量、构成及变动情况，为道路运输业进行科学管理、不断提高经济效益以及进行国民经济核算提供参考。

第一节　道路运输统计与国民经济核算

一、我国国民经济核算体系的简介

为统一规范对国民经济运行的科学衡量、评价和管理，在一定的经济理论指导下，所建立的反映经济运行发展规律的统计指标体系，就是国民经济核算体系。我国目前使用的国民经济核算体系——《中国国民经济核算体系(2002)》由五套基本核算表、一套国民经济账户和两张附属表组成。基本核算表包括：

1. 国内生产总值及其使用表

国内生产总值及其使用表以国内生产总值为核心指标，对社会生产和使用进行全面系统的核算，核算社会生产最终成果及其使用去向，综合反映国民经济的生产规模、水平、结构、重大比例关系，是计算和分析宏观经济效益指标的重要依据。

2. 投入产出表

投入产出表运用投入产出原理核算各产品部门在生产中投入来源和产出使用方向，侧重反映国民经济各部门之间的投入产出关系，揭示社会生产过程中各环节之间、各部门之间相互依存和相互制约的经济技术联系。

3. 资金流量表

资金流量表着重反映全社会各种资金在各部门之间的分配流量和流向以及各部门投资资金的筹集情况。

4. 国际收支平衡表

国际收支平衡表反映国家(或地区)对外经济交往情况，对与国外发生的各种经济往来收支进行全面系统的核算，综合反映国际收支的规模、结构和平衡情况。

5. 资产负债表

资产负债表是对全社会非金融资产和金融资产、负债的存量规模及其在各部门的分布状况进行全面核算，反映一国或一个地区资产负债总规模及其结构，从财力、物力方面显示国家或地区的经济实力。

以上 5 个部分的核算彼此紧密衔接,连成一体,形成对社会再生产过程进行系统描述的总体系,但它们又是各自具有相对独立性的子体系,在核算内容和功能上都各有侧重。

国民经济账户是运用账户核算方法对国民经济运行过程进行全面系统的描述。它包括经济总体账户、国内机构部门账户及国外部门账户。国民经济账户把社会再生产核算表中各种流量和存量的基本指标连接起来,形成一套逻辑严密、结构严谨的账户体系,系统地描述国民经济循环过程及国民经济各部门间的内在联系。另外两张附属表,即自然资源实物量核算表和人口资源与人力资本实物量核算表,也是我国国民经济核算体系的组成部分。

二、道路运输统计与国民经济核算的关系

国民经济是由各行各业构成的有机整体,各个部门又分别由经济活动性质相同企业、事业、行政等法人单位及所属的产业活动单位所组成。道路运输业是联系社会生产、分配、交换和消费,维系国民经济运行,满足人民日常交流的重要基础产业部门,是国民经济的重要组成部分。它的生产经营活动虽然不直接产生具有实物形态的产品,但所形成的货物和旅客的位移带来了实物形态产品价值的增值,增加了社会财富。道路运输业是具有生产、服务双重性的特殊部门,涉及国民经济各个领域。在进行国民经济核算时,离不开道路运输业的核算数据。同时,道路运输业的规模、速度、比例等应放在整个国民经济中去分析和考核。

道路运输业统计与国民经济核算关系密切。国民经济核算体系可分为六部分十七张报表。其中,涉及道路运输统计的有四部分八张报表,即社会再生产基本条件核算中的劳动力平衡表和资产负债表;生产与使用核算中的国内生产总值及使用表、投入产出表和综合价值指数表;分配与流通核算中的资金流量表和主要商品资源与使用平衡表;消费与积累核算中的固定资产投资资金来源和使用表。

第二节　道路运输业总产值统计

一、道路运输业总产值的概念和作用

道路运输业总产值是指道路运输业在一定时期内通过生产活动所消耗物质产品的转移价值和追加的劳动价值的货币表现,即道路运输活动中经营客货运输、装卸及仓储等业务的收入。道路运输业总产值是从价值上衡量一定时期内道路运输生产活动总成果的一项综合性指标,也是增加值核算的基础依据。主要作用是:

(1)综合反映道路运输业在一定时期内生产规模、经营状况及道路运输生产力的发展水平。

(2)衡量道路运输业生产发展的速度,用以研究道路运输业与国民经济其他部门的比例关系及投入产出的经济效益。

(3)作为计算道路运输业增加值、劳动生产率等指标的依据。

二、道路运输业总产值的计算原则

在新国民经济核算体系中,行业分类依据是按单位的社会经济活动的同一性进行的,划分行业的基本单位法人单位和下属的产业活动单位。道路运输业由从事道路运输业务为主要经

营目的的基本单位构成，包括货物运输、旅客运输、搬运装卸、堆存及其他运输性质的基本单位。

计算总产值的业户应遵循独立核算的原则。法人单位作为调查单位，必须具备以下三个条件：

(1)依法成立，有自己的名称、组织机构和场所，能独立承担民事责任。

(2)独立拥有和使用(或授权使用)资产，承担负债，有权与其他单位签订合同。

(3)会计上独立核算，能编制资产负债表。

在确定调查单位时，除同时符合上述三个基本条件的法人单位外，还包括从事道路运输生产、服务活动的个体(联户)。

非交通法人单位的交通产业活动单位创造的价值按独立核算的原则已包括在所属企业总产值中，在计算交通运输业总产值时，不应再包括这部分单位的产值。交通运输业户内部有其他经营性质的法人单位，如商店、旅馆等，也应按独立核算的原则，将其创造的产值从交通运输业总产值中扣除。

三、道路运输业总产值的内容

(1)货运收入：指道路运输业户经营货物运输活动，根据规定的运费率向货物托运人收取的货运运费收入，包括货物保值加价收入。

旅客托运的行李包裹从性质上属于货运，所以货运收入中应包括行李包裹的运费收入。

(2)客运收入：指道路运输业户在完成旅客运输经营活动中实际收取的客票收入。

(3)装卸收入：指车站、港口和经营装卸业务的运输公司通过货物的装卸活动所取得的收入，包括联运业务的换装及汽车和火车的倒装收入。

(4)货运杂项收入：指运输业户在收取运输、装卸收入以外的杂项收入，包括托管货物收入、补票、罚款收入等。

以上收入不包括代其他部门征收的各种费用。

四、道路运输业总产值的计算

道路运输业总产值的资料可直接从道路运输业户的会计报表中的经营收入项取得。在计算跨地区并实行统一核算的道路运输业户的总产值时，按清算收入计算。

第三节　道路运输业增加值统计

一、道路运输业增加值的概念及其统计意义

1. 道路运输业增加值的概念

道路运输业增加值是指一定时期内道路运输业户通过生产经营活动和劳务活动为社会提供的最终成果的货币表现。道路运输业增加值的价值构成是固定资产折旧价值和新创造的价值，是国内生产总值的一个组成部分。

2. 道路运输业增加值统计的意义

(1)道路运输增加值统计是进行国民经济核算的基础。国内生产总值是各个部门增加值之和，道路运输业增加值统计可为国民经济核算提供基础数据。同时，进行道路运输业增加值

统计,可使国民经济核算建立在微观的增加值核算基础上,为宏观调控提供系统的统计信息。道路运输业增加值的统计也是对第三产业增加值核算的充实和完善。

(2)建立道路运输增加值指标可使道路运输业统计指标体系系统化。我国运输业统计指标体系中对生产成果的核算主要为实物量指标,而这些指标在综合、汇总、比较时往往遇到许多限制,也不能反映运输业在运输生产中的实际贡献和实际成果。而增加值是反映运输业在运输过程中所追加的价值,能客观反映运输业的生产成果。有了增加值指标,就可以全面反映运输部门经济活动的成果,使运输部门的核算指标体系趋于系统化。

(3)能真实反映运输业的生产成果及其为社会所做贡献,有利于进行行业间对比和反映其对国民经济增长的贡献。道路运输业增加值避免了道路运输业总产值因包括转移价值带来的重复计算。同时,它包括固定资产折旧,能真实地表现道路运输业生产活动的成果,便于不同行业间的对比。

二、道路运输业增加值和总产值的区别和联系

道路运输业增加值和总产值的区别主要是:道路运输业增加值不包括总产值中的燃料、材料等中间消耗的转移价值。

道路运输业增加值和总产值的区别与联系如图 11-1 所示。

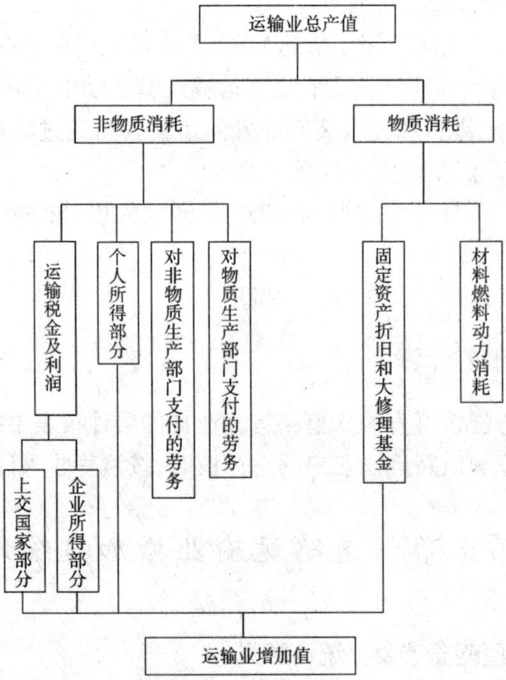

图 11-1　运输业总产值与增加值区别与联系

三、道路运输业增加值的计算

1. 道路运输业增加值的计算方法

(1)生产法

生产法是从生产的角度计算道路运输业增加值的方法。此法计算的增加值是从道路运输业户在一定时期内为社会提供的劳务价值总量(总产出)中,扣除中间消耗后的余额。计算

公式：

$$增加值 = 总产出 - 中间消耗 \tag{11-1}$$

$$总产出 = 主营业务成本 + 主营业务税金 + 主营业务利润 + 工资增长费 + 销售费用 + 教育附加费 \tag{11-2}$$

中间消耗是业户在本期内生产经营过程中，外购产品和外购劳务的消耗。计入中间消耗的产品和劳务必须与总产出的统计口径一致，并具备两个条件：是外购并已计入总产出的产品和劳务；是本期投入生产并一次性消耗掉的产品和劳务。

道路运输业户中间消耗包括中间物质消耗和中间劳务消耗。中间物质消耗是指业户在生产经营过程中消耗的外购物质产品价值和支付给物质生产部门的劳务费用，主要包括外购材料、燃料、润料、动力、轮胎、工具、备品备件、通信导航器材、业务用品、低值易耗品摊销及向外单位支付的运输费、邮电费、加工费、修理费、仓储费等。中间劳务消耗又称对非物质生产部门的支付，是指业户在生产经营过程中间向非物质生产部门支付的各种劳务费用，包括利息净支出、保险费、会议费、广告费等。

(2)分配法

分配法也称收入法，是从价值的分配角度计算道路运输业增加值的方法，也是从收入角度按生产产品提供劳务过程中所形成的要素收入计算增加值的方法。分配法主要包括劳动者报酬、福利基金、利润、税金、固定资产折旧、大修理基金及其他增加值项目。计算公式：

$$增加值 = 劳动者报酬 + 福利基金 + 利润 + 税金 + 折旧及大修理基金 + 其他 \tag{11-3}$$

或

$$增加值 = 支付给个人 + 支付给国家 + 留给本单位 + 支付给其他单位 \tag{11-4}$$

固定资产折旧是道路运输业在核算期内为生产中耗用的固定资产而提取的补偿价值，分为固定资产基本折旧和大修理基金。按照规定，计提固定资产基本折旧的单位，应将核算期内实际提取的固定资产基本折旧价值计入增加值中；不提折旧的单位（如个体运输户），应采取虚拟折旧的方法，即参照类似固定资产及其使用年限计算折旧。计提大修理基金的单位，可将这一款项计入增加值，不提的则不进行虚拟计算。

劳动者报酬是从事道路运输生产的劳动者在生产过程中创造的价值自己所得部分。它有三种基本形式：一是货币工资，包括道路运输单位支付给劳动者的工资、奖金、津贴和补贴，个体运输户的货币纯收入；二是实物工资，包括道路运输单位以免费或低于成本价提供给劳动者的各种物质产品和服务，其中免费的要以市场价格估价，低于市场价格的要对市场价格和职工实际支付价格之间差额估算；三是社会保险，具体是道路运输单位为劳动者向政府和保险部门支付的待业、退休、养老、人身、医疗、财产等保险，按实际支付时间计入到劳动者报酬。

生产税净额是核算期内道路运输单位向政府缴纳的生产税与政府向道路运输单位支付的生产补贴相抵之后的差额。现行税制下道路运输单位的生产税包括营业税、城乡维护建设税、房产税、车船税等，以及缴纳的各种规费。生产补贴包括价格补贴和亏损补贴，主要指国家为鼓励某些盈利小的运输项目或偏僻运输线路经营，而给予的运价上的补贴或政策性亏损补贴。

营业盈余是个平衡项目，由总产出减去中间投入、固定资产折旧、劳动者报酬和生产税净额而得，表现为道路运输单位所获得的收益，包括职工福利基金、营业利润等内容。

2. 增加值表和核算科目转换工作表

(1)增加值表

增加值表是综合反映增加值及分配关系的统计表，内容见表 11-1。

增 加 值 表

表 11-1

序号	指　　标	金额
1	一、总产值	
2	二、中间消耗	
3	①中间物质消耗	
4	②中间劳动消耗（对非物质生产部门的支付）	
5	三、增加值	
6	①劳动者报酬	
7	②福利基金	
8	③利润	
9	④税金	
10	⑤折旧及大修理基金	
11	⑥其他	
12	四、增加值分配	
13	①支付给劳动者	
14	②支付给国家	
15	③留在本单位	
16	④支付给其他单位	

（2）核算科目转换工作表

道路运输业增加值的资料主要来源于会计报表中的资产负债表、成本表、损益表、利润分配表等会计报表和有关会计科目归集的资料。图 11-2 以损益表、利润分配表和营运费用表说明增加值核算与会计核算的关系。

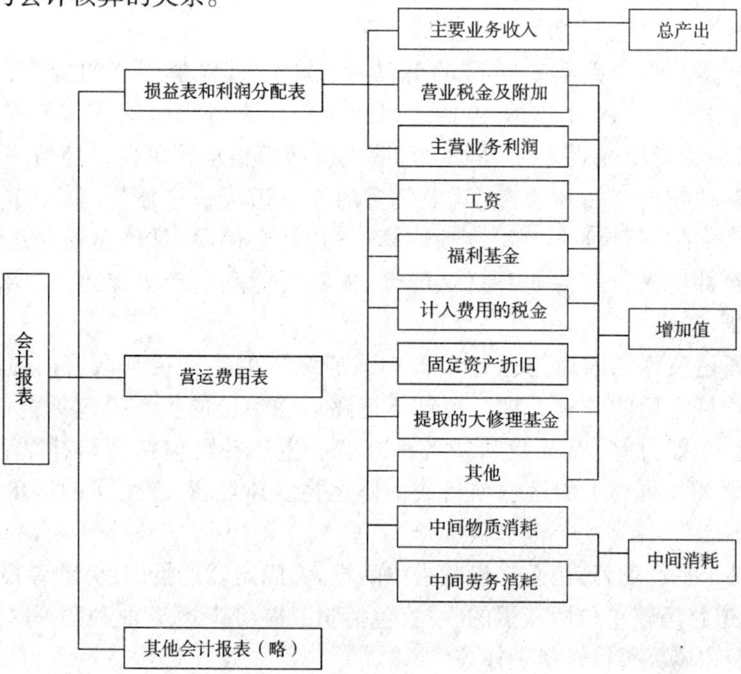

图 11-2　增加值核算与会计核算的关系

四、道路运输业产值的价格换算

道路运输业产值计算中,主要有两种剔除价格变动因素的方法。

1. 价格指数法

价格指数法是通过编制道路价格指数以消除价格变动的方法。有了运输价格指数,就可以用它去除按现行价格计算的运输业产值,求得按可比价格计算的运输业产值。但是由于运价种类繁多,编制运输价格指数比较复杂,实践中也可采用可比价格法。目前,中国物流采购联合会编制的货物运输价格指数为此方法的应用创造了条件。

2. 可比价格法

可比价格法是把过去某年的现行价格作为不变格固定下来,用以计算以后各年价格的方法。

五、道路运输增加值统计应注意的问题

1. 采取两种核算方法相互进行修正,以提高核算的准确度

道路运输业增加值核算方法主要有收入法和分配法。用收入法进行核算,主要核算四方面内容:劳动者报酬、生产税净额、固定资产折旧和营业盈余。而核算这四方面的一个重要前提就是核算的范围和内容应尽可能全面。但是运输业中有很大一部分是社会运力和社会人员,很难进行统计。这一块数据正确与否正是能否准确全面反映道路运输业发展的关键。因此,在核算时要采取两种方法进行核算,相互修正,以提高核算的准确度。

2. 合理、准确界定核算范围

增加值核算最重要的问题和难点之一就是增加值的漏统、低估。而增加值漏统、低估的两个弊病:一是核算范围不全;二是服务计价过低。对道路运输业而言,增加值的漏统和低估主要是核算范围不全造成的,如超载运输、城市交通运输、农村自营车辆运输、企业自营运输、行业管理等方面的内容,依据增加值的内涵应该也在核算的范畴内。但是目前的交通运输业统计规章制度和统计核算实践并没有将这些内容核算在增加值内,漏统了类似内容,从而低估了道路运输业增加值的成果。因此,在进行核算时,要将类似内容通过一些标准合理界定,防止漏统、低估。

3. 尽可能全面地将企业自营运输反映到道路运输增加值核算体系中来

随着现代物流业的发展和企业规模的不断壮大以及企业内部分工的细化,很多企业为提高竞争力、努力节约运输时间、降低运输成本,将生产过程中的运输环节分化出来,设立自己的运输公司、物流公司等自营运输机构(如海尔物流、苏宁物流等)为自身服务。由于道路运输业增加值核算应该既包括流通领域的运输,也包括生产过程中的运输,但是这一部分在生产过程中发生的运输成果并没有反映到道路运输业的运输增加值核算中,而是包含在所依附的产业中并未剥离开来,从而低估了道路运输业增加值的成果。虽然这一部分量很大,但是由于是企业内部活动的一部分,都有相应完善的统计资料,应该能够将这一部分以企业自营运输纳入核算体系中来。

第四节　道路运输业对国民经济贡献的评价

道路运输业是国民经济的基础产业,与国民经济的其他产业相互依存、相互关联,在整个

经济活动中起着重要的作用。道路运输业对国民经济贡献包括两个方面:第一,道路运输业对国内生产总值的贡献。它不仅表现为道路运输业自身生产经营活动对国内生产总值的贡献(直接效果),也表现为与此相关的加工制造业、冶金业、进出口贸易、金融业以及与之相关的其他行业等间接引致的贡献(波及效果,包括前向波及效果、后向波及效果和消费波及效果)。第二,道路运输业对劳动就业的贡献。它表现为道路运输业每增加一个单位的产值,在道路运输业和其他部门直接和间接所提供的就业人数。本书重点讨论道路运输业对国内生产总值的贡献。

一、道路运输业对国内生产总值贡献的评价指标

道路运输业对国内生产总值贡献的主要评价指标有道路运输业增加值、道路运输业对国内生产总值(GDP)贡献率和完全贡献率等。

1. 道路运输业增加值

道路运输业增加值是道路运输业对国民经济贡献评价中的核心指标,是一定时期内道路运输业对国民经济生产活动最终成果的价值表现,是国内生产总值的组成部分。在全社会各行业增加值之和,称为国内生产总值,即 GDP。增加值核算方法主要有生产法、收入法、产出法三种。根据我国国内生产总值的核算方法,第三产业服务业增加值主要应用收入法进行核算。道路运输业属于服务业范畴,因此道路运输业增加值测算也主要以收入法为主。

2. 道路运输业对国内生产总值(GDP)贡献率

道路运输业对国内生产总值(GDP)贡献率是指报告期内一定区域内道路运输业增加值占该区域国内生产总值(GDP)的份额。计算单位:%。

计算公式:

道路运输业对国内生产总值的贡献率 =(道路运输业增加值/国内生产总值)×100% (11-5)

3. 道路运输业对国内生产总值(GDP)完全贡献率

道路运输业对国内生产总值(GDP)完全贡献率是指报告期内一定区域内道路运输业直接创造的增加值与间接引致各行业创造的增加值的总和(完全贡献)占该区域国内生产总值(GDP)的份额。计算单位:%。

计算公式:

道路运输业对国内生产总值的完全贡献率 =(道路运输业完全贡献/国内生产总值)×100% (11-6)

4. 道路运输业增加值增长对 GDP 增长的拉动率

道路运输业增加值增长对 GDP 增长的拉动率 = 道路运输业增加值增长对 GDP 增长的贡献率 × GDP 的增长速度 (11-7)

道路运输业增加值增长对 GDP 增长的贡献率 = 道路运输业增加值的增量/GDP 的增量 (11-8)

增长速度 = 本期增加值/上期增加值 - 1 (11-9)

上述各式的计算均按可比价格计算。

二、道路运输业对国内生产总值贡献的计算

道路运输业对国内生产总值贡献是一个涉及面较广的经济问题。由于受国民经济行业分类及统计基础等因素影响,目前尚未找到一个有效的分析方法。本书试图在深刻分析道路运

输业增加值概念的基础上，借鉴前期研究的经验（主要是引入了单位产量的增加值，即"增加值系数"的概念，通过对运输企业的典型调查推算行业的增加值系数，从而结合行业产量的统计数据推算运输业的增加值），从国民经济各个行业之间的相互关联带动影响出发，利用投入产出法对道路运输业对国内生产总值贡献进行评价。

1. 道路运输业对国内生产总值的直接效果和波及效果

为了全面、客观地衡量道路运输生产活动对国内生产总值的贡献，单纯测算道路运输生产活动对国内生产总值的直接贡献和直接贡献率是不够的（直接效果）。国民经济是一个系统，由若干个国民经济行业构成的，各个行业相互关联、相互影响。道路运输业在进行自身生产经营过程之中，会直接或间接消耗其他行业的生产成果，从而对其他行业的生产造成一定的影响，即产生波及效果。从国民经济各个行业之间的相互关联带动影响来看，道路运输业的波及效果分后向波及效果、前向波及效果和消费波及效果三种。

（1）后向波及效果

道路运输业的发展离不开基础设施的建设，基础设施的建设需要大量的原材料，如水泥、钢材、机械设备等。道路运输业的发展会不断扩大对这些中间投入的需要，从而促进和带动这些部门的发展，并产生一定效果。道路运输业这种因需要其他部门的产品作为自己中间投入而产生的波及效果，称为道路运输业的后向波及效果。

（2）前向波及效果

道路运输业的发展能将更多的产品送达消费地，也能将更多的原材料运至生产地。道路运输业的发展为这些部门的扩大生产提供了可能，并创造了有利的条件，从而对这些部门产生效果。道路运输业这种因充当其他部门的中间投入而产生的效果，称为道路运输业前向波及效果。

（3）消费波及效果

道路运输业的后向波及效果与前向波及效果使有关部门扩大生产，提高效益，增加了员工的收入。收入的增加必然会刺激消费，使社会的消费需求增加。社会需求的增加必然会各部门进一步扩大生产，从而增加收入，如此循环。道路运输业这种因引起消费作用而产生各部门效益提高的效果，称为道路运输业消费波及效果。道路运输业的直接效果、波及效果可以利用投入产出表进行计算。

2. 投入产出表及相关系数

投入产出表是根据国民经济各部门生产中的投入来源和使用去向纵横交叉组成的一张棋盘式平衡表格。它以矩阵这种独特的形式，全面、系统地描述国民经济各部门在一定时期（通常为一年）生产中的投入来源和产出使用去向。投入产出表是基于产品部门分类的投入产出表的结构示意图。我国的投入产出表由三部分组成，称为第Ⅰ、Ⅱ、Ⅲ象限。

第Ⅰ象限是由名称相同、排列次序相同、数目一致的若干个产品部门纵横交叉而成的中间产品矩阵，其主栏（纵向）为中间投入，宾栏（横向）为中间使用。矩阵中的每个数字都具有双重意义：从横行方向反映产出部门的产品（包括货物和服务）提供给各投入部门作为中间使用的数量；从纵列的方向反映投入部门在生产过程中消耗产出部门的产品的数量。这一部分充分揭示了国民经济各部门之间相互依存、相互制约的技术经济联系，反映了国民经济各部门之间相互依赖、相互提供劳动对象以供生产和消耗的过程。

第Ⅱ象限是第Ⅰ象限在水平方向上的延伸，主栏和第Ⅰ象限的部门分组相同，宾栏是最终消费、资本形成总额、出口等各种最终使用。

第Ⅰ象限和第Ⅱ象限组成的横表，反映国民经济各部门的产品的使用去向，即各部门的中间使用和最终使用数量。

第Ⅲ象限是第Ⅰ象限在垂直方向上的延伸，主栏是固定资产折旧、劳动者报酬、生产税净额、营业盈余等各种最初投入，宾栏的部门分组与第Ⅰ象限相同。这一部分反映各产品部门的增加值（最初投入）的构成情况，体现了国内生产总值的初次分配。

第Ⅰ象限和第Ⅱ象限组成的竖表，反映国民经济各部门在生产经营活动中的各种投入来源及产品价值构成，即各部门总投入及其所包含的中间投入和增加值的数量。

表11-2为投入产出表结构组成。

投入产出表结构组成（产品部门×产品部门表） 表11-2

<table>
<tr><td colspan="2" rowspan="4">产　出
投　入</td><td colspan="4">中间使用</td><td colspan="11">最终使用</td><td rowspan="4">进口</td><td rowspan="4">总产出</td></tr>
<tr><td rowspan="3">产品部门1</td><td rowspan="3">…</td><td rowspan="3">产品部门n</td><td rowspan="3">中间使用合计</td><td colspan="5">最终消费</td><td colspan="3">资本形成总额</td><td rowspan="3">出口</td><td rowspan="3">最终使用合计</td></tr>
<tr><td colspan="3">居民消费</td><td rowspan="2">政府消费</td><td rowspan="2">合计</td><td rowspan="2">固定资本形成额</td><td rowspan="2">存货增加</td><td rowspan="2">合计</td></tr>
<tr><td>农村居民消费</td><td>城镇居民消费</td><td>小计</td></tr>
<tr><td rowspan="2">中间投入</td><td>产品部门1
⋮
产品部门n</td><td colspan="4">第Ⅰ象限</td><td colspan="13">第Ⅱ象限</td></tr>
<tr><td>中间投入合计</td><td colspan="4"></td><td colspan="13"></td></tr>
<tr><td>增加值</td><td>劳动者报酬
生产税净额
固定资产折旧
营业盈余
增加值合计</td><td colspan="4">第Ⅲ象限</td><td colspan="13"></td></tr>
<tr><td></td><td>总投入</td><td colspan="4"></td><td colspan="13"></td></tr>
</table>

在利用投入产出基本模型进行道路运输贡献分析时，需用到直接消耗系数、完全消耗系数两个重要概念。

（1）直接消耗系数

直接消耗系数，又称投入系数，是指某一部门（如j部门）在生产经营活动中，单位总产出所直接消耗的各部门（如i部门）的产品或服务的数量，记为$a_{ij}(i, j = 1, 2, \cdots, n)$。它是两个部门间直接存在的投入产出关系的数量表现。直接消耗系数的计算，就是用j部门生产时所消耗的i部门产品数量除以j部门的总产出，即

$$a_{ij} = x_{ij}/x_j, \qquad i, j = 1, 2, \cdots, n \tag{11-10}$$

如2002年某省的投入产出表中，道路运输对农业的直接消耗系数是0.001 697 6，即每百万元道路运输业产值直接消耗1 697.6元农业。

（2）完全消耗系数

与直接消耗系数相对应，完全消耗系数是指增加某一个部门单位总产出需要消耗各部门产品和服务的全部数量。它是全面揭示国民经济各部门之间技术经济的全部联系和相互依赖关系的主要指标。以道路运输业为例，道路运输业直接消耗各部门中间产品，如机械设备制造业，而机械设备制造业同样也会消耗其他各部门的中间产品，如金属冶炼加工业等，金属冶炼

加工业又会消耗金属矿采选业的中间产品，依次循环直至收敛。这些消耗被称为间接消耗。而完全消耗系数就等于直接消耗系数和全部间接消耗系数之和，一般用符号 b_{ij} 表示。

$$b_{ij}=a_{ij}+\sum_{k=1}^{n}b_{ik}a_{kj} \tag{11-11}$$

式中：k——生产中间产品的部门。

在 2002 年某省投入产出表中，道路运输业对农业的完全消耗系数是 0.048 501 8，即每百万元道路运输业产值完全消耗 48 501.8 元农业。

道路运输生产活动创造的完全贡献是指道路运输生产活动直接、间接引致各行业创造的增加值之和。也就是说，完全贡献除了包括道路运输业自身创造的增加值之外，还包括国民经济各行业中由于道路运输直接消耗、间接消耗其产品而创造的增加值。该部分增加值是由道路运输业的生产所引发的，应该包含在道路运输业的完全贡献中。

$$\begin{array}{c}\text{道路运输生产活动的}\\ \text{完全贡献}\end{array}=\begin{array}{c}\text{道路运输直接创造的}\\ \text{增加值}\end{array}+\begin{array}{c}\text{各行业由于道路运输业}\\ \text{的消耗而创造的增加值}\end{array} \tag{11-12}$$

$$\begin{aligned}\begin{array}{c}\text{各行业由于道路运输业的}\\ \text{消耗而创造的增加值}\end{array}&=\sum_{\text{各行业}}\begin{array}{c}\text{道路运输业}\\ \text{的总产出}\end{array}\times\begin{array}{c}\text{道路运输业对某行业}\\ \text{的完全消耗系数}\end{array}\times\text{某行业的增加值率}\\ &=\begin{array}{c}\text{道路运输业}\\ \text{的总产出}\end{array}\times\sum_{\text{各行业}}\left(\begin{array}{c}\text{道路运输业对某行}\\ \text{业的完全消耗系数}\end{array}\times\text{某行业的增加值率}\right)\end{aligned} \tag{11-13}$$

三、道路运输业对劳动就业的贡献

道路运输业对劳动就业的贡献主要表现为道路运输业为进行 1 个单位的生产，在道路运输业和其他部门直接和间接所需要的就业总人数。这里主要用综合就业系数来表示道路运输业对劳动就业的贡献。

$$\text{综合就业系数}=\text{道路运输业就业系数}\times\text{逆阵（列昂捷夫矩阵的逆阵）中的相应系数} \tag{11-14}$$

$$\text{道路运输业就业系数}=\text{道路运输业就业人数}/\text{道路运输业总产值} \tag{11-15}$$

近年来，我国经济持续快速增长，人民生活水平不断提高，道路运输在我国经济和社会发展中发挥着越来越重要的作用。这就对道路运输统计工作就提出了新的要求，要求道路运输统计工作能够更好地反映道路运输宏观环境的发展变化，服务中心工作，充分反映道路运输业对国民经济的贡献度。由于目前我国道路运输统计基础还比较薄弱，统计口径存在差异，价值量指标调查相对困难，使得道路运输业对国民经济贡献率的实际测算不是很理想，需要从理论和实践上不断探索。

复习思考题

1. 结合实际，谈谈道路运输统计与国民经济核算的关系。
2. 什么是道路运输业的总产值和增加值？二者关系如何？
3. 道路运输增加值的核算方法有哪些？核算时应注意什么问题？
4. 道路运输业对国民经济贡献表现在哪些方面？如何计算道路运输业对国民经济的贡献率？
5. 你认为统计道路运输业对国民经济的贡献率有什么意义？在实际工作中，测算道路运输业对国民经济的贡献率存在哪些问题？应如何解决？

第十二章 道路运输相关业务统计

道路运输相关业务统计包括道路运输场站统计、机动车维修统计及机动车驾驶员培训统计等。道路运输场站经营状况、机动车维修效率及机动车驾驶员培训的质量与道路运输生产密切相关。因此,加强对道路运输相关业务的统计具有重要意义。道路运输相关业务统计是通过各种统计指标描述道路运输相关业务的数量、质量、效率,反映其业务规模、发展水平及生产效率,为制订道路运输相关业务发展规划和行业管理提供参考。

第一节 道路运输相关业务统计概述

一、道路运输相关业务统计的含义

道路运输相关业务包括道路运输场站经营、机动车维修经营及机动车驾驶员培训等。道路运输相关业务是道路运输管理的重要内容之一。不论是依照国家交通主管部门对道路运输行业管理范围的界定,还是依照国民经济行业分类中的界定,道路运输相关业务都应包括在道路运输统计范围之内。道路运输相关业务统计就是对道路运输场站业务、机动车维修业务及机动车驾驶员培训业务的统计工作,是统计工作在上述业务中的应用。

二、道路运输相关业务统计的范围

道路运输相关业务的统计范围包括道路运输场站、机动车维修、机动车驾驶员培训等业务的统计。

1. 道路运输场站

道路运输场站是为客货提供运输服务业务,为车辆提供停靠、发放等服务的场所,是道路运输生产的基础设施,也是联系承运、托运双方的重要枢纽。道路运输场站具有组织客货源、提供中转换乘服务、实现多式联运、提供通信信息及其他多种综合服务的功能。

道路运输场站按服务对象的不同分为客运站、货运站、客货综合站和独立停车场4类。

2. 机动车维修

《机动车维修管理规定》中规定,机动车维修经营是指以维持或者恢复机动车技术状况和正常功能,延长机动车使用寿命为作业任务所进行的维护、修理以及维修救援等相关经营活动。机动车维修是道路运输生产的保障环节,可使车辆在合理的技术使用条件下,经常保持良好的状况,随时出车工作,对于延长车辆寿命,节约燃料和降低消耗,保证道路运输安全、优质、高产、低耗地完成运输生产任务具有重要的作用。因此,做好机动车维修统计工作具有重要意义。

3. 机动车驾驶员培训

《机动车驾驶员培训管理规定》中规定,机动车驾驶员培训业务是指以培训学员的机动车驾驶能力或者以培训道路运输驾驶人员的从业能力为教学任务,为社会公众有偿提供驾驶培训服务的活动，包括对初学机动车驾驶员、增加准驾车型的驾驶员和道路运输驾驶员所进行的驾驶培训、继续教育以及机动车驾驶员培训教练场经营等业务。

三、道路运输相关业务统计的任务

道路运输相关业务统计的任务是准确、及时、全面地反映道路运输相关业务在数量、质量、效率等各方面的情况，描述其业务的发展规模、发展水平及生产效率，为制订道路运输相关业务发展计划、检查其相关制度的执行情况、提高其经营管理水平服务。

第二节　道路运输场站统计

道路运输场站是道路运输生产的基础设施，是联系承运、托运双方的重要枢纽。道路运输场站统计主要统计经道路运输管理机构核定，并取得经营许可的客运站、货运站数量，站务人员数量，客运站、客货运站的投资及生产情况，及时、准确地收集和分析站场的规模及生产活动情况，为道路运输企业和交通主管部门提供决策参考。

一、道路运输场站分类

1. 客运站

客运站是指具有一定设施（如前广场、停车场、站房等）和设备，已经取得了经营许可证的公用型和汽车企业内部的专门办理旅客运输业务的场所。

按客运站的等级，分为一级车站、二级车站、三级车站和四级车站。

2. 货运站

货运站是指具有一定设施（如装卸场、停车场、仓库、堆场等）和设备，专门办理货物运输业务的场所。

按货运站的等级，分为一级车站、二级车站、三级车站和四级车站。

3. 客货综合站

客货综合站是指既有客运站功能，又有货运站功能的客货综合性汽车站。

4. 独立停车场

独立停车场是指专用于停放车辆的场所。

二、道路运输场站统计的主要指标

1. 道路运输场站数量

道路运输场站数量是指报告期末各类道路运输场站的实际数量。计算单位：个。

道路运输场站数量按客运站、货运站、客货综合站和独立停车场分别进行统计。其中，客、货运站数量的统计可按照客、货运站的等级分组：一级车站数量、二级车站数量、三级车站数量和四级车站数量。货运站数量的统计也可按货运站的业务范围和功能分组：货运综合服务站数量、专用物资货运站数量、零担货运站数量、集装箱货运站数量和危险品货运站数量。

2. 道路运输场站面积

道路运输场站面积的统计包括场站面积、建筑面积及货运站的堆存面积。计算单位：m^2。

(1)客运站面积

客运站面积是指报告期末道路客运站实际占用的土地面积,包括站前广场和站外绿化地面积。

客运站的面积以土地使用权为准进行统计,包括站前广场、停车场、站房、附属设施和职工生活福利设施等所有车站设施占用的土地面积。

客运站面积的统计按照客运站的等级分组进行统计。

(2)客运站建筑面积

客运站建筑面积是指报告期末道路客运站中所有生产、生活设施的建筑面积之和。

客运站建筑面积的统计可按客运站的等级分组,也可按照用途分为生产用建筑面积和非生产用建筑面积。

(3)货运站面积

货运站面积是指报告期末公路货运站实际占用的土地面积,包括站前广场和站外绿化地面积。

货运站面积以土地使用权为准进行统计,包括生产性设施、生产辅助设施和生活服务设施(如站房、停车场、仓库、堆场、维修车间、职工生活用房等)占用的土地。

货运站面积的统计分组与货运站数量的统计分组相同。

(4)货运站建筑面积

货运站建筑面积是指报告期末道路货运站中所有生产、生活设施的建筑面积之和。

货运站建筑面积的统计可按货运站的等级分组,也可按照用途分为生产用建筑面积和非生产用建筑面积。

(5)堆存面积

堆存面积是指报告期末道路货运站中用于堆存货物和存放运输车辆的面积。

堆存面积统计分组按实际功能和用途分为库房面积、堆场面积、停车场面积。

3. 道路运输场站生产

(1)客运站生产统计主要指标

①营运班线数量。报告期末已开通客运班线车的实际线路数量。计算单位:条。

②营运班线里程。报告期末已开通客运班车的线路总里程。计算单位:km。

③班线运量。报告期内在已开通营运班线上从事旅客运输的车辆完成的运量。计算单位:人。

营运班线可根据运输区域和营运班线长度分组统计:

a. 根据运输区域,分为跨省班线、跨地(市)班线、跨县(市)班线和县内班线。

跨省班线是指起讫点在不同省内或起讫点虽在同一省内,但穿越其他省的班线。跨地(市)班线是指起讫点在不同地(市)内或起讫点虽在同一地(市)内,但穿越其他地(市)的班线。跨县(市)班线是指整条班线均在同一地(市)内,但穿越不同的县的班线。县内班线是指始发点和终到站在同一个县(包括县级市)内的营运线路。

b. 根据营运班线长度分为一类班线、二类班线、三类班线和四类班线。

一类班线是指营运距离在800km及以上的班线。二类班线是指营运距离在400km及以上的班线。三类班线是指营运距离在150km及以上的班线。四类班线是指营运距离在150km以下的班线。

④日发班次是指报告期内道路客运站平均每日始发的客运班次数。计算单位:班次。计

算公式：

$$日发班次=\frac{报告期发出的总班次}{报告期日历日数} \quad (12\text{-}1)$$

⑤日过往班次是指报告期内平均每日过往道路客运站的班次数。计算单位：班次。计算公式：

$$日过往班次=\frac{报告期过往总班次}{报告期日历日数} \quad (12\text{-}2)$$

⑥日均发送量是指报告期内道路客运站平均每日发送的旅客人数。计算单位：人。计算公式：

$$日均发送量=\frac{报告期发送旅客总人数}{报告期日历日数} \quad (12\text{-}3)$$

（2）货运站生产统计主要指标

货运站生产统计指标主要有货物吞吐量和换算货物吞吐量。

①货物吞吐量。货物吞吐量是指报告期内道路货运站发出和到达的货物实际数量。计算单位：t。统计时，一般按货物的种类分组。货物种类及其代码如下：

01. 煤炭及制品；02. 石油、天然气及制品；03. 金属矿石；04. 钢铁；05. 矿物性建筑材料；06. 水泥；07. 木材；08. 非金属矿石；09. 肥料及农药；10. 盐；11. 粮食；12. 机械、设备、电器；13. 化工原料及制品；14. 有色金属；15. 轻工、医药产品；16. 农林牧渔业产品；17. 其他。

②换算货物吞吐量。换算货物吞吐量是指报告期内按换算系数计算的货物吞吐量。换算系数见表 12-1。计算公式：

$$换算货物吞吐量=\sum(每类货物吞吐量\times换算系数) \quad (12\text{-}4)$$

各类货物吞吐量换算系数 表 12-1

货物类别	换算系数	货物类别	换算系数
普通货物	1.00	仓储	1.00
快速货运货物	1.30	配送	+0.20
零担货物	1.25	包装	+0.15 ~ 0.25
集装箱拼箱货	1.25	半成品加工等	+0.20 ~ 0.50

目前，为准确统计道路运输量，很多地方均在尝试依托道路客货运输场站进行统计，新道路运输统计报表制度也增加了相关统计内容（表 12-2、表 12-3）。

道路客货运站报表表式 表 12-2

指标名称	计量单位	序号	数量
一、客运站			
1. 客运站数量合计	个	1	
其中：配备危险品安全监测仪的客运站	个	2	
一级站	个	3	
其中：配备危险品安全监测仪的一级站	个	4	
二级站	个	5	

续上表

指　标　名　称	计量单位	序　　号	数　　量
其中:配备危险品安全监测仪的二级站	个	6	
三级站	个	7	
其中: 配备危险品安全监测仪的三级站	个	8	
四级站	个	9	
五级站	个	10	
简易站及招呼站	个	11	
2. 客运站本期完成投资合计	万元	12	
其中:政府投资	万元	13	
3. 客运站站务人员合计	人	14	
4. 客运站平均日发班次	班次	15	
其中:一级站	班次	16	
二级站	班次	17	
5. 客运站平均日旅客发送量	人次	18	
其中:一级站	人次	19	
二级站	人次	20	
二、货运站			
1. 货运站数量合计	个	21	
一级站	个	22	
二级站	个	23	
三级站	个	24	
四级站	个	25	
2. 货运站本期完成投资合计	万元	26	
其中:政府投资	万元	27	
3. 货运站平均日换算货物吞吐量	万 t	28	
其中:一级站	万 t	29	

公路客运站旅客运输量调查表

表 12-3

表　　号:交企统 1 表
制表机关:交通运输部
批准机关:国家统计局
批准文号:国统制〔2008〕71 号
有效期至:2010 年 10 月

20　年　月

1. 基本情况

1.1　客运站名称				
1.2　客运站所在地行政区划编码		1.3　经营许可证编号		
1.4　客运站级别		1. 一级　2. 二级　3. 三级　4. 四级　5. 其他		

续上表

2. 运输量完成情况

指标		序号	客运班次（班次）	投入运力（客位）	发送量（人）
甲		乙	1	2	3
2.1 总计		1			
2.2 班线按运输距离分	800km 及以上	2			
	400～800km	3			
	200～400km	4			
	100～200km	5			
	100km 以下	6			
2.3 班线按行驶区域分	跨省线路	7			
	跨地市线路	8			
	跨县线路	9			
	县内线路	10			

备注：

单位负责人：　　统计负责人：　　填表人：　　联系电话：　　报出日期:20　年　月　日

为进一步提高交通统计工作服务水平，全面、准确、系统地掌握行业发展状况，2008 年交通运输部组织开展了全国公路水路运输量专项调查和第三次全国港口普查两项全国性大型统计调查工作。在此次调查过程中，有大量的工作都是依托客货运场站进行的，均取得了很好的效果。为此，应继续加强和完善道路运输场站统计，以满足新形势道路运输统计的要求。

第三节　机动车维修统计

一、机动车维修业务分类

《机动车维修管理规定》中规定，机动车维修经营业务根据维修对象分为汽车维修经营业务、危险货物运输车辆维修经营业务、摩托车维修经营业务和其他机动车维修经营业务四类。

1. 汽车维修经营业务及其他机动车维修经营业务

汽车维修经营业务、其他机动车维修经营业务根据经营项目和服务能力分为一类维修经营业务、二类维修经营业务和三类维修经营业务。

获得一类汽车维修经营业务、一类其他机动车维修经营业务许可的，可以从事相应车型的整车修理、总成修理、整车维护、小修、维修救援、专项修理和维修竣工检验工作；获得二类汽车维修经营业务、二类其他机动车维修经营业务许可的，可以从事相应车型的整车修理、总成修理、整车维护、小修、维修救援和专项修理工作；获得三类汽车维修经营业务、三类其他机动车维修经营业务许可的，可以分别从事发动机、车身、电气系统、自动变速器维修及车身清洁维护、涂漆、轮胎动平衡和修补、四轮定位检测调整、供油系统维护和油品更换、喷油泵和喷油器维修、曲轴修磨、汽缸镗磨、散热器(水箱)、空调维修、车辆装潢(篷布、坐垫及内装饰)、车辆玻璃安装等专项工作。

2. 摩托车维修经营业务

摩托车维修经营业务根据经营项目和服务能力分为一类维修经营业务和二类维修经营业务。

获得一类摩托车维修经营业务许可的,可以从事摩托车整车修理、总成修理、整车维护、小修、专项修理和竣工检验工作;获得二类摩托车维修经营业务许可的,可以从事摩托车维护、小修和专项修理工作。

3. 危险货物运输车辆维修经营业务

获得危险货物运输车辆维修经营业务许可的,除可以从事危险货物运输车辆维修经营业务外,还可以从事一类汽车维修经营业务。

二、机动车维修统计的主要指标

1. 汽车维修机构与装备主要统计指标

(1)汽车维修业户数

汽车维修业户是指持有交通主管部门核发的《汽车维修技术合格证》,并从工商行政管理机关领取了营业执照,从事汽车、摩托车等机动车维修业务的经营单位。

汽车维修业户数是指报告期末从事汽车维修的业户实际数量。

可按两种方式分组:

①按汽车维修业户的经济类型分为国有、集体、个体、中外合资、独资、私营和港澳台合资汽车维修业户数八类。

②按汽车维修业户的经营范围分为一类、二类、三类汽车维修业户数。

(2)摩托车维修业户数

摩托车维修业户是指具有摩托车修理资格的经营业户。

摩托车维修业户数是指报告期末从事汽车维修的业户实际数量。

(3)汽车维修厂区面积

汽车维修厂区面积是指报告期末汽车维修业户的实际占地面积,以土地使用权为准进行统计。

(4)汽车维修厂房面积

汽车维修厂房面积是指报告期末所有汽车维修业户用于车辆维修的厂房建筑面积。

(5)汽车维修设备数量

汽车维修设备数量是指报告期末汽车维修业户拥有的汽车维修机械和仪器设备的实际数量。

汽车维修设备数量是以固定资产台账为依据统计的,可按两种方式分组:

①按汽车维修设备的结构和性能分为汽车维修通用设备、汽车维修专用设备。

②按汽车维修设备的用途分组。

2. 机动车维修作业数量主要统计指标

机动车维修作业数量统计,主要反映汽车运输企业的营运车辆,在报告期进行各级技术保养和修理作业的车辆次数。它是检查车辆维修生产计划完成情况的依据,必须及时、准确地做好车辆保修作业统计。

机动车维修作业数量统计指标是修竣辆次。修竣辆次指在报告期内维护和修理竣工,经检验合格出厂的车辆次数。每辆车进行维护或修理并竣工一次,即计算一个修竣辆次,包括前期送修和本期送修,不包括尚未修竣出厂的辆次和返修竣工辆次。

统计分组:一般按修理与维护的级别分为大修修竣辆次、总成大修修竣辆次、小修修竣辆次、一级维护修竣辆次、二级维护修竣辆次、专项修竣辆次。

在统计车辆修竣辆次时,应注意以下问题:

(1)营运车与非营运车应分别统计。

(2)列入修竣辆次的车辆,必须是在截止报告期最后竣工、技术检验合格、送修单位验收的车辆。

(3)修竣辆次不包括返修竣工的辆次。

(4)在保养作业过程中发现的小修或纳入保养作业项目的计划性小修,结合保养进行者,不再另作小修统计。如果影响保养在厂时间定额,可按一次小修统计。

(5)修竣辆次应按车辆实际进行的各种不同级别的技术保养和修理作业分别统计,但不按报修单位或派工单安排的级别统计。

3. 机动车维修作业质量统计

(1)返修辆次

返修辆次是指报告期内修竣出厂的车辆在保修期内由于修理工艺、材料或配件质量等原因,再次回厂进行修理的车辆数,包括本期修竣并返修和前期修竣本期返修的辆次。

一辆车返修一次即算一个返修辆次。凡有返修单的汽车不论返修时间的长短及修理费用的多少,返修几次就计算几次返修辆次。但经检验属于配件问题引起的返修,在车辆进厂不超过半天,修理工时在8小时以内者,可以不计返修辆次,只计返修工时。

统计返修辆次的原始记录可以用车辆返修派工单。承修单位接受返修车辆后,由生产调度部门确定返修项目并签发返修派工单,同时登记有关台账,月终汇总计算返修辆次。返修车辆不论在何时修竣出厂,返修辆次均以统计签发返修派工单的报告期为宜。

(2)返修率

返修率是指报告期内回厂返修辆次占修竣出厂辆次的比重。计算单位:%。

计算公式:

$$\text{返修率} = \frac{\text{报告期返修辆次}}{\text{报告期修竣辆次}} \times 100\% \tag{12-5}$$

返修率指标是反映保修工作质量的指标。返修率低,则说明保修作业质量高;反之,则说明保修作业质量低。

(3)返工率

返工与返修不同,车辆在修理过程中或修竣交车检验时,发现有不合质量标准的作业,必须重新修理或调整,这种情况称为“返工”。凡在修理与制配中,由操作工人自检发觉不合格,经过自检返工修复者,不作为返工处理。但如属于下一工序发觉或由检验员检验不合格,需交回原承修工人返工,或自行发觉,需移送其他工种返工者,均作返工处理。

返工率有三种表现形式:

①以返工工时计算返工率:

$$\text{返工率} = \text{返工工时}/\text{实际总工时} \times 100\% \tag{12-6}$$

②以返工损失价值计算返工率：

$$返工率 = 返工损失费用/实际总费用 \times 100\% \tag{12-7}$$

③以返工车日计算返工率：

$$返工率 = 返工车日/在厂总车日 \times 100\% \tag{12-8}$$

4. 车辆维修作业其他统计指标

(1)在厂时间

在厂时间是指报告期内修竣车辆的在厂总时间。分在厂总车日和在厂总车时。

统计分组与修竣辆次分组相同。

(2)平均在厂时间

平均在厂时间是指报告期内修竣车辆的平均在厂时间。计算单位：车日（车时）/辆次。

计算公式：

$$平均在厂时间 = \frac{报告期在厂时间}{报告期修竣辆次} \tag{12-9}$$

(3)从业人员数

从业人员数是指报告期末从事车辆维修生产和管理活动的人员数量。

统计分组：一般按工作岗位分为管理人员数和技术人员数。

由于目前机动车维修行业人才缺口较大，从业人员流动性比较强，人员的无序流动加大了该行业人员管理的难度，因此需要通过一定的统计措施来准确掌握人员流动及维修业拥有员工情况。

第四节　驾驶员培训统计

机动车驾驶员培训业务是为社会公众有偿提供驾驶培训服务的活动。做好驾驶员培训业务统计工作有助于加强驾驶员管理，规范机动车驾驶员培训经营活动，维护机动车驾驶员培训市场秩序。

一、机动车驾驶员培训业务分类

机动车驾驶员培训业务根据经营项目分为普通机动车驾驶员培训、道路运输驾驶员从业资格培训、机动车驾驶员培训教练场经营三类。

普通机动车驾驶员培训根据培训能力分为一级普通机动车驾驶员培训、二级普通机动车驾驶员培训和三级普通机动车驾驶员培训三类。

道路运输驾驶员从业资格培训根据培训内容分为道路客货运输驾驶员从业资格培训和危险货物运输驾驶员从业资格培训两类。

二、驾驶员培训统计

1. 驾驶员培训机构统计

(1)驾驶员培训业户数

驾驶员培训业户是指具备由道路运输管理机构颁发的机动车驾驶员培训许可证件，并持机动车驾驶员培训许可证件依法向工商行政管理机关办理有关登记手续，为社会公众有偿提供驾驶培训服务的经营单位。

驾驶员培训业户数是指报告期末从事驾驶培训的业户实际数量。驾驶员培训业户数量可按照经济类型、注册资金或经营范围分组统计。

(2)驾驶员培训业户基本情况

驾驶员培训机构的基本情况统计包括对其培训能力、经营范围、机构人员情况、教练车情况、教学设施几个方面的统计。其中,培训能力的统计包括年培训人数、场地容量(辆)、教练道路(km)、车辆密度(车/km)、车位面积(m^2)、穿桩车位(个)、道路标准(级)等内容。驾驶员培训机构人员情况按职工总数、管理人员、驾驶操作教员、理论教员、维护及故障排除实习操作教员分组统计。计算单位:人。驾驶员培训教练车情况首先要统计教练车总数,其次是按照大型客车、大型货车、小型汽车(手动挡、自动挡)、二轮摩托车、三轮摩托车分组统计。驾驶员培训教学设施的统计包括教室、硬化教练场地、教练道路、办公用房、修理车间、实习车间、学员宿舍、常规教学用具等方面内容。

驾驶员培训业户基本情况统计见表12-4。

驾驶员培训业户基本情况 表12-4

指标名称	计量单位	序号	数量	备注
一、机动车驾驶员培训业户合计	户	1		
其中:普通机动车驾驶员培训	户	2		
一级普通机动车驾驶员培训	户	3		
二级普通机动车驾驶员培训	户	4		
三级普通机动车驾驶员培训	户	5		
道路运输驾驶员从业资格培训	户	6		
道路客货运输驾驶员从业资格培训	户	7		
危险货物运输驾驶员从业资格培训	户	8		
机动车驾驶员培训教练场经营	户	9		
二、教练员人数	人	10		
其中:理论教练员	人	11		
驾驶操作教练员	人	12		
道路客货运输驾驶员从业资格培训教练员	人	13		
危险货物运输驾驶员从业资格培训教练员	人	14		
三、管理人员人数	人	15		
其中:理论教学负责人	人	16		
驾驶操作训练负责人	人	17		
教学车辆管理人员	人	18		
结业考核人员	人	19		
计算机管理人员	人	20		
四、培训人次	人次	21		
其中:培训合格人次	人次	22		
内:从业资格培训人次	人次	23		
五、教学车辆合计	辆	24		

续上表

指 标 名 称	计量单位	序号	数量	备 注
1. 大型客车	辆	25		
2. 通用货车半挂车（牵引车）	辆	26		
3. 城市公交车	辆	27		
4. 中型客车	辆	28		
5. 大型货车	辆	29		
6. 小型汽车	辆	30		
7. 低速汽车	辆	31		
8. 摩托车	辆	32		
9. 其他车型	辆	33		
六、教学场地（含租赁场地）面积	m^2	34		

(3)驾驶员培训业户服务质量统计

驾驶员培训业户服务质量统计应当包括对教练员的职业道德、教学水平、安全教学、服务质量、学员满意度等内容的统计。

(4)教练员流动情况统计

对驾驶培训教练员的统计是驾驶员培训机构统计的一个重要方面。由于驾驶培训教练员的流动性比较强，增加了准确统计教练员的难度，不仅需要对从事驾驶培训的教练员总数及驾培机构人员进行统计，还需要对教练员流动情况进行统计（表12-5），以准确反映教练员规模及所属机构，规范教练员的管理活动。

教练员管理（流动）情况月报表 表12-5

机构名称： 年 月 日

姓名	年龄	性别	教练证号	何时在本校执教	何时离开本校

说明：各驾驶员培训机构务必如实填写，并于每月25日上报情况

校长： 填表人：

2. 驾驶员培训情况统计

(1)驾驶员培训人数

驾驶员培训人数是指报告期内参加驾驶员培训的人员的实际数量。

统计分组：按照初学机动车培训人数、增加准驾车型的培训人数、道路运输驾驶人员驾驶培训人数分组统计。

(2)驾驶员培训合格人数

驾驶员培训合格人数是指报告期内参加并通过了驾驶员培训的人员的实际数量。

统计分组：按照初学机动车培训人数、增加准驾车型的培训人数、道路运输驾驶人员驾驶培训人数分组统计。

表12-6为机动车驾驶员培训情况统计年报表。

机动车驾驶员培训情况统计年报表　　　　表12-6

<table>
<tr><td colspan="2">单位名称</td><td colspan="5"></td><td colspan="3">许可证编号</td><td colspan="5"></td><td colspan="2">法定代表人</td><td colspan="2"></td></tr>
<tr><td colspan="2" rowspan="2">单位地址</td><td colspan="5" rowspan="2"></td><td colspan="3" rowspan="2">电子邮箱</td><td colspan="5" rowspan="2"></td><td colspan="2">电话</td><td colspan="2"></td></tr>
<tr><td colspan="2">传真</td><td colspan="2"></td></tr>
<tr><td rowspan="5">培训栏</td><td rowspan="3">培训人数</td><td rowspan="2">合计</td><td colspan="5">初学</td><td colspan="4">增驾</td><td colspan="7">从业资格理论</td></tr>
<tr><td>合计</td><td>A</td><td>B</td><td>C</td><td>其他</td><td>合计</td><td>B增A</td><td>C增B</td><td>其他</td><td>合计</td><td>旅客运输</td><td>旅客运输（大客）</td><td>货物运输</td><td>货物运输（列车）</td><td>危险货运</td><td>危险货运（列车）</td></tr>
<tr><td></td><td></td><td></td><td></td><td></td><td></td><td></td><td></td><td></td><td></td><td></td><td></td><td></td><td></td><td></td><td></td><td></td></tr>
<tr><td>合格人数</td><td></td><td></td><td></td><td></td><td></td><td></td><td></td><td></td><td></td><td></td><td></td><td></td><td></td><td></td><td></td><td></td><td></td></tr>
<tr><td>技能检定人数</td><td colspan="2"></td><td colspan="3">技能检定合格人数</td><td colspan="3"></td><td colspan="3">驾照考试送派人数</td><td colspan="2"></td><td colspan="2">驾照考试合格人数</td><td colspan="2"></td></tr>
<tr><td rowspan="4">资质栏</td><td rowspan="2">教练车</td><td colspan="2">合计</td><td colspan="3">大客车</td><td colspan="3">大货车</td><td colspan="3">小型汽车</td><td colspan="2">二、三轮摩托车</td><td colspan="4">其他机动车</td></tr>
<tr><td colspan="2"></td><td colspan="3"></td><td colspan="3"></td><td colspan="3"></td><td colspan="2"></td><td colspan="4"></td></tr>
<tr><td rowspan="2">从业人员</td><td colspan="2">合计</td><td colspan="3">管理人员</td><td colspan="3">理论教员</td><td colspan="3">实习指导教员</td><td colspan="2">操作教练员</td><td colspan="2">汽车维修工</td><td colspan="2">其他人员</td></tr>
<tr><td colspan="2"></td><td colspan="3"></td><td colspan="3"></td><td colspan="3"></td><td colspan="2"></td><td colspan="2"></td><td colspan="2"></td></tr>
<tr><td colspan="2">营收额</td><td colspan="8"></td><td colspan="3">教练车事故次数、原因</td><td colspan="6"></td></tr>
<tr><td colspan="2">意见或建议</td><td colspan="17"></td></tr>
</table>

单位负责人：　　　　填表人：　　　　填表日期：　　年　月　日

复习思考题

1. 道路运输相关业务统计包括哪些内容？
2. 道路运输场站生产统计主要有哪些指标？
3. 车辆维修作业统计范围有哪些？返修率与返工率有何区别？
4. 结合道路运输统计实际，谈谈如何依托道路运输场站进行运输量统计。
5. 驾驶员培训统计包括哪些内容？

第十三章　道路运输经济效益统计分析

提高经济效益是道路运输生产活动的核心问题。道路运输经济效益分析就是通过对道路运输生产经营活动的成果与耗费及占用的对比进行综合统计分析，掌握道路运输生产过程中出现的新情况和新问题，了解道路运输业在国民经济中的地位和作用，进而促进道路运输生产，更好地为社会经济又好又快的发展服务。

第一节　道路运输经济效益统计分析

一、道路运输经济效益的含义

经济效益是指社会再生产活动中，投入同产出的比较，也就是活劳动和物化劳动的消耗、固定资产和流动资金等的占用同劳动有效成果的比较。

道路运输经济效益是道路运输业在道路运输生产活动中，力求选择最优的运输线路和运输工具，以消耗和占用尽量少的人力、燃料、材料等活劳动和物化劳动，安全、迅速、低耗、高质量地完成更多的道路运输任务。

道路运输经济效益既包括道路运输业本部门的经济效益，又包括道路运输业的社会经济效益。道路运输业的快速发展促进地区内的物质文化交流，区域物质文化交流的加强又会引起区域内资源开发扩大，经济发展速度加快，新的投资增加，文化快速发展；资源的开发、经济的发展、投资的增加和文化的发展又会增加就业机会，吸引移民，加快土地开发，从而促进地区的繁荣；而地区经济的繁荣和地位的提升又会加强文化的发展，促进经济的发展，并且还会促进道路运输业的发展，由此形成一种良性的经济社会发展的过程。道路运输业作为交通运输业重要的组成部分，与社会经济的发展密切相关，具有很大的社会效益。目前，我国道路运输统计基础还比较薄弱，统计制度还不够健全，相关统计指标较难落实，道路运输业的社会效益还难以用定量的方法测算，只能进行定性分析。基于此，本书重点讨论道路运输业本部门经济效益统计问题。

二、道路运输业经济效益统计内容

道路运输经济效益主要从以下四个方面进行考核：

（1）反映道路运输为社会提供的工作量及价值量指标，包括道路运输的客运量、旅客周转量、货运量、货物周转量、换算周转量，道路运输总产值和增加值等指标。

（2）反映道路运输生产中劳动消耗和占用的指标，包括反映道路运输生产中物化劳动消耗的各种车辆的燃料消耗指标，也包括反映活劳动消耗的劳动生产率，还包括反映运输工具的效率方面的统计指标和反映物化劳动、活劳动总消耗的各种单位成本指标以及反映劳动占用方面的定额流动资金周转天数、每万元固定资产提供的利税等财务指标。

（3）反映道路运输生产经营成果方面的指标，包括成本利润率、资金利税率等指标。

(4)反映道路运输生产质量方面的指标,包括班车出发、运行正点率、运输货损率、货差率、每万元货运收入赔偿金额等指标。

三、道路运输经济效益主要统计指标

1. 道路运输业对国内生产总值(GDP)贡献率

道路运输业对国内生产总值(GDP)贡献率是指报告期内一定区域内道路运输业增加值占该区域国内生产总值(GDP)的份额。计算单位:%。

计算公式:

$$\text{道路运输业对国内生产总值(GDP)贡献率} = \frac{\text{道路运输业增加值}}{\text{国内生产总值(GDP)}} \times 100\% \tag{13-1}$$

2. 道路运输业对国内生产总值(GDP)增长率的直接贡献

道路运输业对国内生产总值(GDP)增长率的直接贡献是指报告期内道路运输业增加值的增量所引起的国内生产总值的增长率。计算单位:%

计算公式:

$$\text{道路运输业对国内生产总值(GDP)增长率的直接贡献} = \frac{\text{报告期内道路运输业增加值} - \text{上个报告期道路运输业增加值}}{\text{上个报告期国内生产总值(GDP)}} \times 100\% \tag{13-2}$$

3. 道路运输市场占有率

道路运输市场占有率是指报告期内道路运输经营业户所实现的道路运输生产成果占行业生产成果的比重。计算单位:%。

计算公式:

$$\text{道路运输市场占有率} = \frac{\text{道路运输换算周转量}}{\text{全行业道路运输换算周转量}} \times 100\% \tag{13-3}$$

4. 利税占有率

利税占有率是反映报告期内道路运输经营业户经营规模、在行业中的位置和作用的综合指标。计算单位:%。

计算公式:

$$\text{利税占有率} = \frac{\text{企业利税总额}}{\text{全行业利税总额}} \times 100\% \tag{13-4}$$

其中:

$$\text{全行业利税总额} = \text{利润总额} + \text{营业(销售)税金及附加} + \text{应交增值税(销项税额} - \text{进项税额)} \tag{13-5}$$

5. 全员劳动生产率

全员劳动生产率是反映报告期内道路运输行业的生产效率和人均产出水平的综合指标。计算单位:元/人。

计算公式:

$$\text{全员劳动生产率} = \frac{\text{道路运输业增加值}}{\text{平均从业人数}} \tag{13-6}$$

6. 成本费用利润率

成本费用利润率是反映报告期内道路运输行业投入产出效率的综合指标。计算单位:%。

计算公式:

$$成本费用利润率 = \frac{利润总额}{成本费用总额} \times 100\% \quad (13\text{-}7)$$

其中：

$$成本费用总额 = 营业(销售)成本 + 营业(销售)费用 + 管理费用 + 财务 \quad (13\text{-}8)$$

7. 总资产报酬率

总资产报酬率是反映报告期内道路运输行业全部资产的获利能力，从而反映总体管理水平和经营业绩的综合指标。计算单位：%。

计算公式：

$$总资产报酬率 = \frac{利税总额 + 利息支出}{平均资产总额} \times 100\% \quad (13\text{-}9)$$

式中：平均资产总额——期初资产总额和期末资产总额的算术平均值。

8. 净资产报酬率

净资产报酬率是反映报告期内道路运输行业全部资本金的获利能力的综合指标。计算单位：%。

计算公式：

$$净资产报酬率 = \frac{利润总额}{平均所有者权益} \times 100\% \quad (13\text{-}10)$$

式中：平均所有者权益——期初所有者权益合计和期末所有者权益合计的算术平均值。

9. 资产负债率

资产负债率是反映报告期末道路运输行业总体偿债能力和经营风险高低的综合指标。计算单位：%。

计算公式：

$$资产负债率 = \frac{报告期末负债总额}{报告期末资产总额} \times 100\% \quad (13\text{-}11)$$

10. 营运资金比率

营运资金比率是反映报告期末道路运输行业总体偿债能力和利用负债从事经营活动能力的综合指标。计算单位：%。

计算公式：

$$营运资金比率 = \frac{报告期末流动资产总额 - 报告期末流动负债总额}{报告期末流动资产总额} \times 100\% \quad (13\text{-}12)$$

11. 资本保值增值率

资本保值增值率是反映报告期内道路运输行业净资产的变动状况，从而反映发展后劲的综合指标。计算单位：%。

计算公式：

$$资本保值增值率 = \frac{报告期末所有者权益总额}{报告期初所有者权益总额} \times 100\% \quad (13\text{-}13)$$

12. 资产增加值率

资产增加值率是指报告期内道路运输行业单位平均资产所创造的增加值，是反映未来发展能力的综合指标。计算单位：%。

计算公式：

$$资产增加值率 = \frac{增加值}{平均资产总额} \times 100\% \quad (13\text{-}14)$$

式中:平均资产总额——期初资产总额和期末资产总额的算术平均值。

四、道路运输业经济效益分析方法

道路运输常用的经效益分析方法主要有以下几种:

1. 直接对比法

直接对比法是将反映道路运输经济效益的各项指标根据不同要求进行直接对比,包括实际完成数与计划指标数的对比,本期实际与基期或上期的对比,本期实际与历史最高水平的对比以及与同行业先进单位或国际水平对比等。可以用绝对数表现它们之间的差距,也可以用相对数反映其差异的幅度。通过各种对比反映道路运输业经济效益各项指标计划执行情况和完成程度,并从道路运输业经济活动的发展动态和经营管理的改进情况反映和国内外先进水平的差距及变化情况。

2. 指数分析法

指数分析法是在分析相互起作用的各个因素对指标变动的影响程度时,假定其他因素不变而其中一个因素变化,并按一定顺序分别计算各个因素的影响程度。如运输车辆的燃料消耗总量是受运输换算周转量和燃料单耗两个因素的影响,在超额完成运输换算周转量的情况下,燃料单耗下降,即使燃料消耗总量也有所增加,仍然是经济效益好的反映。又如单车产量是反映运输车辆运用效率的综合指标,影响这一指标的因素有完好率、工作率、车日行程、里程利用率、吨位利用率、平均吨位等。这些因素可用指数法对它们分别从相对数和绝对数进行分析。

【例 13-1】 某道路运输业 2007 年、2008 年货车运用情况如表 13-1 所示。

某道路运输业 2007 年、2008 年货车运用情况表 表 13-1

年份	完好率(%)	工作率(%)	车日行程(km)	里程利用率(%)	平均吨位(t)	吨位利用率(%)	单车换算周转量(t·km)
2007	90	93.9	135	67.3	3.8	98.5	104 886
2008	95	94.2	170	70.0	4.0	100.0	155 497
较上年(%)	105.56	100.32	125.93	104.01	105.26	101.52	148.25

2008 年各项指标均比 2007 年有所增长,影响单车产量增长了 48.25%,增加50 611t·km,试应用指数法进行分析。

(1)由于完好率提高使单车产量增加

相对数:$$\frac{365\times(0.95-0.90)\times0.939\times135\times0.673\times3.8\times0.985}{365\times0.90\times0.939\times135\times0.673\times3.8\times0.985}\times100\%=5.56\%$$

绝对值:$365\times(0.95-0.90)\times0.939\times135\times0.673\times3.8\times0.985=5\ 827.7(t\cdot km)$

(2)由于工作率提高使单车产量增加

相对数:$$\frac{365\times0.95\times(0.942-0.939)\times135\times0.673\times3.8\times0.985}{365\times0.95\times0.939\times135\times0.673\times3.8\times0.985}\times100\%=0.32\%$$

绝对数:$365\times0.95\times(0.942-0.939)\times135\times0.673\times3.8\times0.985=379.27(t\cdot km)$

(3)由于车日行程提高使单车产量增加

相对数:$$\frac{365\times0.95\times0.942\times(170-135)\times0.673\times3.8\times0.985}{365\times0.95\times0.942\times135\times0.673\times3.8\times0.985}\times100\%=25.93\%$$

绝对数:$365\times0.95\times0.942(170-135)\times0.673\times3.8\times0.985=28\ 801.75(t\cdot km)$

(4)由于利用率提高使单车产量增加

相对数：$\frac{365 \times 0.95 \times 0.942 \times 170 \times (0.70 - 0.673) \times 3.8 \times 0.985}{365 \times 0.95 \times 0.942 \times 170 \times 0.673 \times 3.8 \times 0.985} \times 100\% = 4.01\%$

绝对数：$365 \times 0.95 \times 0.942 \times 170 \times (0.70 - 0.673) \times 3.8 \times 0.985 = 5\ 612.40$(t·km)

(5)由于平均吨位提高使单车产量增加

相对数：$\frac{365 \times 0.95 \times 0.942 \times 170 \times 0.70 \times (4.0 - 3.8) \times 0.985}{365 \times 0.95 \times 0.942 \times 170 \times 0.70 \times 3.8 \times 0.985} \times 100\% = 5.26\%$

绝对数：$365 \times 0.95 \times 0.942 \times 170 \times 0.70 \times (4.0 - 3.8) \times 0.985 = 7\ 658.24$(t·km)

(6)由于吨位利用率提高使单车产量增加

相对数：$\frac{365 \times 0.95 \times 0.942 \times 170 \times 0.70 \times 4.0 \times (1 - 0.985)}{365 \times 0.95 \times 0.942 \times 170 \times 0.70 \times 4.0 \times 0.985} \times 100\% = 1.52\%$

绝对数：$365 \times 0.95 \times 0.942 \times 170 \times 0.70 \times 4.0 \times (1 - 0.985) = 2\ 332.46$(t·km)

(7)由于完好率、工作率、车日行程、平均吨位、吨位利用率的综合变动使单车产量增加

相对数：$105.56\% \times 100.32\% \times 125.93\% \times 104.01\% \times 105.26\% \times 101.52\% = 148.25\%$

绝对数：$5\ 827.7 + 379.27 + 28\ 801.75 + 5\ 612.4 + 7\ 658.24 + 2\ 332.46 = 50\ 611$(t·km)

3.动态分析法

动态分析法是将道路运输经济效益的各项指标按时间顺序排列，组成动态数列来进行分析的方法。可以根据排列的数据计算定基指数或环比指数，从而研究道路运输经济效益的发展趋势，为制订政策和规划计划提供可靠的依据。

4.综合分析法

由于道路运输经济效益的指标很多，并且相互影响、相互制约，因此不能单独据某一个指标的高低简单地评价综合经济效益的优劣，而需要把各种指标联系起来进行全面研究和综合分析，这种方法称为综合分析法。如考核业户的经济效益，不仅看道路运输工作量是否完成计划或比上期增长，还要从成本的降低和利润的增长的角度来研究其财务是否增收，单位成本是否降低，全面分析道路运输生产财务完成情况。

综合分析法还可以采用综合道路运输动态指数，也就是用百分法进行经济效益综合考核。其方法是从反映经济效益的指标中选出几项有代表性的指标，每项按平均数确定分数，也可以按其重要程度确定不同的分数，总计按100分计算。如每项指标按其动态指数打分，改善得全分，持平得半数分，下降不得分。最后将各项指标得分加总，即可得到综合反映经济效益的得分总数。这就是综合评价一个地区或一个业户经济效益的方法之一。

第二节　道路项目经济效益统计分析

一、道路项目经济效益的分类

道路项目的经济效益有三种分类方法：从效益发生后受益的范围来划分，可以分为内部效益和外部效益；从效益作用的方式和效果上来划分，可以分为直接效益和间接效益；从效益表现的形态上来划分，可以分为有形效益和无形效益。

1.道路项目的内部效益和外部效益

一般来说，项目的内部效益就是项目自身能够得到的效益。如果是私人投资项目，其内部

效益就是项目建成后，私人投资者获得的用货币计量的收入或利润。而道路项目是社会公益性项目，不以盈利为目的，其内部效益表现为道路项目完成后，由于道路交通条件改善、通行效率提高而对道路使用者成本的降低。

外部效益是指项目建成后，被投资者以外社会的其他人无偿取得的效益。这些效益有些也可以被定量计算出来，但投资者却无法为自身取得货币收入。如某道路项目的建成，带动和促进了沿线区域带经济的发展和国民收入的提高，这就是典型的外部效益。

2. 道路项目的直接效益和间接效益

所谓直接效益是在道路项目的直接作用下产生和归集的效益；而间接效益则是道路项目建成导致某些因素的变化（如运输量的增大和运送时间的缩短），再由这些改善的因素作用产生的效益（如国民收入的提高等）。前面提到的道路项目内部效益可以说都是直接效益，而外部效益也有一部分是直接效益。例如，道路运输质量的提高、环境的改善、社会就业数量的增加等，它们既是道路项目的外部效益，又都是直接效益。大部分道路项目的外部效益都属于间接效益。例如，某运煤专用道路的修建，使煤炭及时外运，产量上升，带动了其他地区电力工业、化学工业、轻工业及商业的发展，产生了国民经济各部门各行业的连锁反应。由乘数原理可知，它将使国民收入成倍地提高。这里面固然还有正确的经济政策和新科技推行等多种因素，但专用道路建设成功的间接因素却是毫无疑问的。

3. 有形效益和无形效益

有形效益是指可以直接用货币衡量的效益，而无形效益则是难以用货币衡量效益。前边提到的道路项目成本降低的效益可以用货币数量来计量，就是有形效益。有形效益可以是内部效益，也可以是外部效益；可以是直接效益，也可以是间接效益。前边提到的运输质量的提高，如旅客舒适程度提高、路面改善导致污染的减少等都是无形效益，目前还不能用货币来计量。正如前文所说，从理论上讲，任何一种事务都可以用货币来计量。目前不能计量，只是因为技术手段尚未达到而已。随着更加先进的科技方法的出现，更多道路项目的无形效益将被计量，从而使道路项目的经济效益计算变得更加科学和确切。

二、道路项目经济效益的组成

道路项目的经济效益的内容主要有：

1. 运输成本降低的效益

运输成本降低的效益是道路项目计算的最主要内部效益。它是由于道路技术等级的提高，与以前道路相比较，在保修费用、轮胎、燃料方面的成本节省效益。

2. 运输时间节约的效益

修建一座道路桥梁代替轮渡，修建一条高等级汽车专用道路代替混合交通的普通道路，都可以大量地节约旅客、货物和驾驶员的时间。利用有无分析法计算节约的时间，再利用机会成本测算时间节约的价值，就是运输时间节约的效益。

3. 运输事故减少的效益

运输事故减少的效益就是由于事故次数减少而下降的事故损失。它包括事故发生后人身伤亡、车辆损失和货物损失。在计算事故减少效益时，要采用具有可比性的指标。如新路与旧路比较时，应采用万车公里事故损失额指标，不能简单地用绝对数额比较。

4. 运输里程缩短的效益

两个相同起讫点之间、新路与老路相比，由于等级提高、线路取直等原因使里程缩短，体现了运输成本的减少和时间的节约。利用有无分析法计算运输里程缩短的效益。

5. 促进国民经济发展的效益

这是外部效益，在目前阶段很难用数量计算，特别是难以从国民收入的增长额中剔出由于道路项目原因增加的部分。目前，大部分道路项目的国民经济评价只是对这类效益进行定性的分析。

6. 提供就业机会的效益

道路项目的建设会直接和间接增加大量的就业机会。各国政府在本国经济萧条时期，为了刺激国内有效需求、扩大就业、促进经济繁荣，经常利用扩大对道路建设的投资来实现。扩大就业既体现一定的经济效益(扩大国民收入)，也有一定政治效果。但是在大多数道路项目国民经济评价中，通常对提供就业机会效益并不进行数量计算，而只作定性分析。

7. 治理环境污染效益

道路的环境污染主要有噪声污染、空气污染、环境破坏等。道路项目可以将砂土路面改造成沥青路面，从而有效地减少尘土污染；道路植树绿化、采用改进的新型柴油车、使用无铅汽油、安装发动机消音设备等，都可以有效地控制环境污染、减少噪声；科学的选线、高架道路桥和隧道的建设，可以减少道路对自然环境和人文环境的破坏。这些效益，有的可以量化，有的暂时难以量化，但越来越受到各国的重视。

8. 提高运输质量和信誉的效益

对于旅客运输，其运输质量表现在安全、舒适快捷、方便的乘车旅行上；对于货物运输，其运输质量表现在安全、快捷、方便(门对门运输，简化托运和取货手续等)方面。这是很重要的经济效益，有利于提高工作效率，提高运输企业的信誉。信誉又可以转化为经济效益。目前，这些效益还难以用货币量化。

三、道路项目经济效益计算

1. 运输成本降低效益的计算

高速道路项目降低运输成本带来的经济效益是由高速道路承担的那部分交通量在高速道路上运行比其在一般道路上运行而带来的成本节约，用差额法计算。

$$B = 365 \times 10^{-3} \times 10^{-4} \sum (C_{yn} - C_{gn}) Q_{gn} \tag{13-15}$$

式中：B——成本节约的效益，万元/年；

n——车型，$n=1$ 为客车，$n=2$ 为货车；

C_{yn}——第 n 种车型在一般道路上的单位运输成本，元/千车公里；

C_{gn}——第 n 种车型在高速道路上的单位运输成本，元/千车公里；

Q_{gn}——第 n 种车型在高速道路上的日均交通流量，辆/d。

值得一提的是上述“一般道路”是指与高速道路同起、终点但路线不同的一般道路，后文将其称为相关道路。

2. 运输时间节约的效益分析与计算

运输时间的节约包括旅客在途时间的节约和货物在途时间的节约两方面。

(1)旅客在途时间节约的效益

旅客在途时间的节约，使其有更多的时间参与生产，其效益也就体现为能创造更多的国内生产总值。当然，并非每位旅客节约的时间均用于生产，因此有必要了解在途旅客中生产人员的比率，并且理想地认为生产人员节约的在途时间均用于生产，则旅客节约在途时间的效益计算公式如下：

$$B = 356 \times 10^{-4} \times P \times T \times Q \times K \times M \tag{13-16}$$

式中：B——效益，万元/年；

P——旅客的单位时间价值，元/人·h；

T——高速道路项目节约的运输时间，h；

Q——高速道路上的日均交通流量，辆/d；

K——客车平均载客量，人/辆；

M——旅客中生产人员比率。

旅客的单位时间价值 P 是旅客在单位时间内创造的 GDP，其计算公式如下：

$$P = \frac{G_0(1+S)^i}{R_0(1+H)^i \times 246 \times 8} \quad 或 \quad P = \frac{G}{R \times 246 \times 8} \tag{13-17}$$

式中：G_0——基年 GDP；

G——高速道路项目评价期内当年 GDP；

R_0——基年该地区总人口；

R——评价期当年人口；

S——GDP 的年均增长率；

H——人口年均增长率；

i——年份。

一年中除去 52 个双休日及法定节假日，以 246 个工作日计算，每天 8 小时工作制。

式中的 GDP 的年均增长率 S，评价期以前年度的数值，可根据该地区历史统计年鉴中取得。

（2）货物在途时间节约的效益

货物在途时间的节约，可以提高货物占用资金的周转速度，从而减少占用资金的利息，使得这部分占用资金充分发挥其时间价值，故可得出效益计算公式如下：

$$B = P \times Q \times q \times I \times \frac{T}{24 \times 365} \times 10^{-4} \tag{13-18}$$

式中：B——效益，万元/年；

P——在途货物的平均价格，元/t；

Q——货车年均交通量，辆/年；

q——货车平均载质量，t/辆；

T——全程节约的时间。

其中，在途货物的平均价格 P 是加权平均价格，需要根据专项的 OD 调查来计算，计算公式如下：

$$P = \frac{\sum WP}{\sum W} \tag{13-19}$$

式中：W——货物类型所占比例；

P——相应货物的价格，元/t。

客车、货车不仅在高速道路上会产生节约时间的效益，而且在相关道路上也会产生节约时间的效益，即由于相关道路上交通量的转移，拥挤和交通堵塞减少，一方面会降低运输成本，这将作为减少拥挤的效益另行计算，另一方面也会提高车速，节约运行时间，带来时间效益，其计算方法不变。

3. 运输距离缩短的效益分析与计算

高速道路的设计要求车速高、中线直，设计要求要比一般道路高，故两点之间的高速道路里程一般要比相关道路的里程短。这就使得在高速道路上运行的车辆要比在一般道路上运行的车辆少走一段里程，带来了成本的节约，从而转为效益。当然，若高速道路里程比相关道路里程长，此效益则为负值。

参照有关道路建设项目经济评价方法，采用下式计算运输距离缩短的效益：

$$B = 365 \times 10^{-3} \times 10^{-4} \times L \sum C_n Q_n \quad (13\text{-}20)$$

式中：B——效益，万元/年；

L——高速道路缩短的里程，km；

C_n——第 n 车型在相关道路上的运行成本，元/千车公里；

Q_n——第 n 车型在相关道路上的交通量，辆/d。

4. 交通事故减少的效益分析与计算

高速道路一般采用全封闭、控制出入的通行管理方式，彻底消除了混合交通，使地区间道路交通状况及车辆行驶条件得以改善，高速道路的事故率和货损率可以大大降低。同时，由于高速道路的分流，使相关道路的拥挤程度减少，其事故率、货损率也都相应降低，故道路交通事故减少可带来的效益是上述两项效益之和。当然，高速道路由于车速高等原因有可能使事故的平均损失比相关道路要大，但从总体上看还是正效益。要计算道路交通事故减少带来的效益，应从交通安全管理部门了解以下几个方面的内容：

(1)高速道路事故率、事故平均经济损失。

(2)高速道路通车前相关道路事故率、事故平均经济损失。

(3)高速道路通车后相关道路事故率、事故平均经济损失。

具体计算公式如下：

$$B_1 = (P_{y1}J_{y1} - P_h J_h) \times Q_h \times 365 \times K_h \times 10^{-4} \times 10^{-6} \quad (13\text{-}21)$$

$$B_2 = (P_{y1}J_{y1} - P_{y2}J_{y2}) \times Q_y \times 365 \times K_y \times 10^{-4} \times 10^{-6} \quad (13\text{-}22)$$

式中：B_1、B_2——高速道路、相关道路事故减少的效益，万元/车；

P_{y1}，P_{y2}——高速道路通车前、后相关道路事故率，起/百万车公里；

J_{y1}，J_{y2}——高速道路通车前、后相关道路事故平均损失，元/起；

P_h——高速道路平均事故率；

J_h——高速道路事故平均损失，元/起；

Q_h、Q_y——高速道路、相关道路平均日交通量；

K_h、K_y——高速道路、相关道路总里程。

5. 相关道路减少拥挤的效益分析与计算

如果没有高速道路项目，则原有相关道路的混合交通量将随运输需求的增长而不断增长，引起平均行车速度的降低和单位运输成本的上升。有了高速道路项目后，吸引了相关道路上部分车流量，使相关道路交通量增长相对缓慢，减少拥挤，提高行车速度，降低运输成本，从而产生效益。其数额是通过项目通车前、后旧路运输成本的差额比较计算而得，计算公式如下：

$$B = (C_{y1} - C_{y2}) \times Q \times L \times 365 \times 10^{-3} \times 10^{-4} \quad (13\text{-}23)$$

式中：B——相关道路减少拥挤的效益，万元；

$C_{y1} - C_{y2}$——项目通车前、后相关道路汽车单位运输成本，元/千车公里；

Q——相关道路日均交通量，辆/d；

L——相关道路里程，km。

四、道路项目成本效益分析

道路项目经济成本与经济效益的核算是为了进行成本效益分析。成本效益分析就是通过对一系列评价指标的计算，将各个备选项目的全部预计成本和全部预期效益进行分析比较，优选出最佳道路项目方案的方法。判断道路项目优劣程度并筛选出最佳方案的主要依据指标有：经济效益成本比（EBCR）、经济净现值（ENPV）、经济内部收益率（EIRR）和经济投资回收期（T）4 个指标。也可以说，有 4 种成本效益分析的方法。

1. 经济效益成本比

EBCR 是 Economic Benefit-Cost Rate（经济效益成本比）的缩写。它的基本原理是根据货币时间价值规律，按同一时间和同一折现率计算出项目各年的成本现值和效益现值总和，然后进行比较。如果效益成本比大于 1，则该项目按其所用社会经济贴现率的获利水平来衡量是合格的；如果效益成本比小于 1，则项目是不合格的。这里社会经济折现率是检验项目可行与否尺度。其计算公式如下：

$$\mathrm{EBCR}=\frac{\sum_{t=1}^{n}\mathrm{CI}_t(1+L_s)^{-t}}{\sum_{t=1}^{n}\mathrm{CO}_t(1+L_s)^{-t}} \tag{13-24}$$

式中：CI_t——第 t 年的收益值，万元；

CO_t——第 t 年的成本值，万元；

L_s——社会经济贴现率，%；

n——道路项目计算年限（建设期加竣工后预测使用计算期）。

经济学中将这种计算原理称为动态分析法。以前传统的静态方法不考虑货币的时间价值，而直接将项目使用年限内各年的效益算术和与各年成本算术和进行对比。

2. 经济净现值

ENPV 是 Economic Net Present Value（经济净现值）的缩写。其经济含义是用社会经济贴现率将项目计算期内各年的净效益折算到建设期初的现值之和。其计算公式如下：

$$\mathrm{ENPV}=\sum_{t=1}^{n}(\mathrm{CI}-\mathrm{CO})_t\cdot(1+L_s)^{-t} \tag{13-25}$$

式中：CI——某年度的收益值，万元；

CO——某年度的成本值，万元；

$(\mathrm{CI}-\mathrm{CO})_t$——第 t 年的净收益，万元；

L_s——社会经济贴现率；

n——道路建设项目计算年限。

当计算结果大于零时，表示在国家规定的社会经济贴现率条件下，项目可以得到超额经济效益，项目是可行的；当计算结果等于零时，说明项目占用投资正好满足社会经济折现率的要求，项目也是可行的；而当计算结果小于零时，说明项目达不到在社会经济贴现率条件下为社会作出贡献的要求，项目是不可行的。

3. 经济内部收益率

EIRR 是 Economic Intemal Rate of Retum（经济内部收益率）的缩写。其经济含义是使道路项目经济净现值为零时的贴现率。它是4个经济指标中最常用、也是重要的一个。其计算公式如下：

$$\sum_{t=1}^{n}(\mathrm{CI}-\mathrm{CO})_t\cdot(1+\mathrm{EIRR})^{-t}=0 \tag{13-26}$$

式中： CI——某年度收益值，万元；

CO——年度成本值，万元；

$(\mathrm{CI}-\mathrm{CO})_t$——第 t 年的净收益，万元；

n——道路建设项目计算年限。

经济内部收益率是一个相对指标，表示项目投资对国民经济的贡献能力。当它大于或等于社会经济贴现率时，项目是可行的；当它小于社会经济贴现率时，则项目是不可行的。

前面介绍的效益成本比和净现值两个指标，都是在基本社会经济贴现率标准的基础上计算的，可以判断某个道路项目是合格还是不合格、可行还是不可行。而经济内部收益率则不同，它是试探项目获利水平高低的尺度，可以检验一个道路项目究竟能达到多高的收益水平。而效益成本比和净现值却不能告诉一个项目可能达到的最高获利水平。如果既想知道项目是否可行，又想从选定项目或方案中直接选出获益能力最高的项目，经济内部收益率是一种比较理想的方法。

经济内部收益率的不足在于它是一个相对比率，不能反映项目的效益现值总额，也不能反映成本与效益之间的差异。

4. 经济投资回收期

经济投资回收期是反映项目对投入资源清偿能力的重要指标，其经济含义是通过项目的净收益来回收总投资所需要的时间。计算回收期有静态和动态两种方法。静态计算不考虑货币的时间价值。动态计算则需要将项目的成本和收益按社会贴现率折算到同一时间点上，然后再计算其经济投资回收期。将计算出的投资回收期与部门或行业的基准投资回收期进行比较，经济投资回收期小于基准投资回收期的项目是可行的。道路项目经济投资回收期一般按动态计算。

上述4个评价指标各有长处与不足。经济效益成本比、经济净现值虽然可以对不同备选项目进行比较，确定最佳方案，但社会经济贴现率的选定却有一定的主观因素，而它恰恰又是这两种方法的关键，是影响评估结果的最敏感的因素。这个缺点可以用经济内部收益率来弥补。在应用经济内部收益率这个指标时，计算时采用什么贴现率已不再是关键的因素。但是经济内部收益率也有它自身的不足，如果单凭这个指标取舍项目，就可能丢掉一些经济内部收益率虽然较低但经济净现值很高的项目投资机会。投资回收期容易理解，比较直观，加之我国建设资金缺乏，因而十分重视资金的回收能力。但这个指标却不能反映项目在计算期内的总收益和获利能力，如果仅采用投资回收期指标评价项目，就有可能只注重回收时间，而淘汰了效益最高的方案，导致错误的结论。总之，在评价道路项目时，为了扬长避短，应当同时采用4个指标对项目进行比较与分析，这样才能全面综合地反映项目的优劣，找出最佳方案。

第三节　道路运输固定资产投资经济效益统计分析

一、道路运输固定资产投资经济效益

道路运输固定资产投资经济效益是指道路运输固定资产活动所取得的有效成果与所消耗

或所占用劳动之间的对比关系,即道路运输固定资产投资的投入与产出之间的比率。道路运输固定资产投资经济效益指标按其适应的范围不同,可分为宏观投资效果指标与微观投资效果指标。微观投资效果指标适用于考核建设项目或单项工程的投资效果。宏观投资效果指标适用于考核国家、部门或地区在一定时期内的投资效果。

二、宏观投资效果指标

1. 固定资产投资效果系数

固定资产投资效果系数是指报告期新增国内生产总值与同期固定资产投资额的比率。计算公式为:

$$固定资产投资效果系数 = \frac{报告期新增国内生产总值}{同期固定资产投资额} \tag{13-27}$$

2. 固定资产投资率

固定资产投资率是指一定时期固定资产投资额与同期国内生总值的比率。计算公式为:

$$固定资产投资率 = \frac{报告期固定资产投资额}{报告期国内生产总值} \times 100\% \tag{13-28}$$

3. 投资贡献率

投资贡献率是指投资增量在国内生产总值(GDP)增量中所占的比重。计算公式为:

$$投资贡献率 = \frac{报告期投资增量}{报告期国内生产总值增量} \times 100\% \tag{13-29}$$

4. 固定资产交付使用率

固定资产交付使用率,又称固定资产动用系数,是指一定时期新增固定资产与同期完成投资额的比率。它是反映各个时期固定资产动用速度,衡量建设过程中宏观投资效果的综合性指标。固定资产交付使用率的计算公式为:

$$固定资产交付使用率 = \frac{报告期新增固定资产}{报告期固定资产投资额} \times 100\% \tag{13-30}$$

5. 建设周期

建设周期是指报告期(年)所有正式施工项目全部建成平均需要的时间是从宏观经济角度反映建设速度的指标。建设周期的计算方法有两种:

(1)按建设项目计算

按建设项目个数计算建设周期的方法简便易行,但建设项目规模大小不同会对建设周期有较大的影响。

$$建设周期 = \frac{报告期正式施工项目个数}{报告期全部建成投入生产项目个数} \tag{13-31}$$

(2)按投资额计算

$$建设周期 = \frac{报告期正式施工项目计划总投资之和}{报告期正式施工项目完成投资之和} \tag{13-32}$$

6. 生产能力建成率

生产能力建成率是指一定时期内新增生产能力占同期施工规模的比率,是以实物形态反映建设速度和投资效果的指标。计算公式为:

$$生产能力建成率 = \frac{报告期新增生产能力}{报告期施工规模} \times 100\% \tag{13-33}$$

7. 建设项目投产率

建设项目投产率是建设周期的逆指标，是指一定时期内全部建成投产项目个数与同期施工项目个数的比率。它是从建设速度的角度反映投资效果的指标。计算公式为：

$$建设项目投产率=\frac{报告期全部建成投产项目个数}{报告期全部正式施工项目个数}\times100\% \tag{13-34}$$

这一指标易受大中小项目结构变化的影响，因此应按不同规模分组的项目分别进行计算。

8. 房屋建筑面积竣工率

房屋建筑面积竣工率是指一定时期内房屋竣工面积与施工面积的比率，是从房屋建筑施工速度的角度反映投资效果的指标。计算公式为：

$$房屋建筑面积竣工率=\frac{竣工房屋建筑面积}{施工房屋建筑面积}\times100\% \tag{13-35}$$

9. 未完工程占用率

未完工程占用率是指年末未完工程累计完成投资占全年实际完成投资额的比率，是从资金占用的角度反映固定资产投资效果的指标。计算公式为：

$$未完工程占有率=\frac{年末未完工程累计完成投资额}{全年实际完成投资额}\times100\% \tag{13-36}$$

三、微观投资效果指标

1. 建设工期和平均建设工期

建设工期是指建设项目或单项工程从正式施工到全部建成投入生产（或交付使用）时止所经历的全部时间。

建设工期是以建设项目或单项工程的“建成投产年月”减去“开工年月”计算，一般以年为单位。

建设工期指标既可以投产的单个建设项目或单项工程为对象计算，也可以一个地区、一个部门或全国的投产项目为对象计算平均建设工期。

平均建设工期的计算公式为：

$$平均建设工期=\frac{投产项目（或单项工程）建设工期之和}{投产项目（或单项工程）个数} \tag{13-37}$$

平均建设工期除受各投产项目建设工期影响外，还受投产项目规模、结构等因素影响。一般应按相同行业、相同建设性质、同等建设规模的项目进行计算和比较。

2. 单位生产能力投资

单位生产能力投资，又称单位生产能力工程造价，是指投产项目或单项工程平均新增每一单位生产能力（或工程效益）所耗用的投资。计算公式为：

$$单位生产能力投资=\frac{投产项目（或单项工程）全部投资完成额}{该项目（或单项工程）新增生产能力或工程效益} \tag{13-38}$$

3. 达到设计生产能力年限

达到设计生产能力年限是指建设项目或单项工程从建成投入生产（或交付使用）时起，到实际年产量达到设计能力时止所经历的时间，是反映生产能力利用程度的指标。计算公式为：

$$a=c_1\times(1+v)^n \tag{13-39}$$

$$n=\lg(a\div c_1)\div\lg(1+v)+1 \tag{13-40}$$

式中：a——设计生产能力；

c_1——第一年产量；

v——年产量平均增长速度；

n——达到设计生产能力的时间。

4. 生产能力利用率

生产能力利用率是指建设项目建成投产以后实际产品产量与产品设计能力的比率，是反映建设项目（或单项工程）设计生产能力利用程度的指标。计算公式为：

$$\text{生产能力利用率}=\frac{\text{报告期实际产量}}{\text{设计生产能力}}\times 100\% \tag{13-41}$$

5. 投资回收年限

投资回收年限是指建设项目（或单项工程）从建成投入生产（或交付使用）时起，到累计实现的利税总额达到该项目（或单项工程）全部固定资产投资额时止所经历的时间，通常以年数表示。计算公式为：

$$\text{投资回收年限}=\frac{\text{建设项目全部固定资产投资额}}{\text{建设项目投产后平均年利税额}}\times 100\% \tag{13-42}$$

如果将固定资产折旧作为固定资产投资回收的一部分，则投资回收年限的计算公式为：

$$\text{投资回收年限}=\frac{\text{建设项目全部固定资产投资额}}{\text{建设项目投产后平均利税额}+\text{年平均折旧额}} \tag{13-43}$$

6. 投资回收率

投资回收率，也称投资利税率，是投资回收年限的逆指标，是指建设项目（或单项工程）建成投产后年平均利税额与建设项目（或单项工程）全部固定资产投资额的比率。

计算公式为：

$$\text{投资回收率}=\frac{\text{建设项目投产后年平均利税额}}{\text{建设项目全部固定资产投资额}}\times 100\% \tag{13-44}$$

如果将固定资产投资折旧作为固定资产投资回收的一部分，则投资回收率的计算公式为：

$$\text{投资回收率}=\frac{\text{建设项目投产后年平均利税额}+\text{年平均折旧额}}{\text{建设项目全部固定资产投资额}}\times 100\% \tag{13-45}$$

复习思考题

1. 道路运输经济效益统计内容主要有哪些？主要统计指标有哪些？
2. 道路运输经济效益分析方法有哪些？如何应用其进行统计分析？
3. 道路项目经济效益有哪些？如何对道路项目经济效益进行统计与分析？
4. 道路运输固定资产投资经济效益统计指标有哪些？其各自含义如何？
5. 我国道路运输业经济效益如何？如何对其进行综合统计分析和评价？

第十四章　交通经济运行分析简介

交通经济运行分析是国家宏观经济运行分析的重要组成部分，在交通运输行业管理和经济社会发展中发挥着重要的作用。交通经济运行分析主要内容包括交通建设、运输生产、安全运行、政策落实、存在问题、发展预测、对策建议7个部分。交通经济运行分析利用统计学、运输经济学等学科知识，结合国家宏观经济政策和行业政策，对交通运输未来发展的态势进行综合性分析和判断，为国家宏观经济调控和交通运输行业科学管理提供决策参考。

第一节　交通经济运行分析概述

一、交通经济运行分析的含义

交通经济运行分析是指对一定时期公路、水路交通运输运行的状况，按照国家的法律、法规和方针政策与战略部署，以规划指标、统计数据、调查研究所获得的信息资料为依据，以上下游产业、其他相关行业数据为补充，综合运用产业经济学、统计学等学科理论与分析方法，旨在找出行业运行特点、存在问题、解决问题的途径以及未来发展趋势的综合性分析判断活动。

交通经济运行分析是国家宏观经济运行分析的重要组成部分，在交通运输行业管理和经济社会发展中发挥着重要的作用。

二、交通经济运行分析与统计分析的差异

交通经济运行分析与统计分析的差异主要有以下几点：

(1)统计分析主要是对已发生事实的客观反映，交通经济运行分析更注重对未来发展的预测、预警及对策分析。

(2)统计分析主要是对统计数据和行业自身发展进行分析，交通经济运行分析更注重对数据背后的原因以及与经济社会发展关系的研究。

(3)统计分析主要是关注行业的自身发展，而交通经济运行分析更注重对经济社会发展的影响。

当然，交通经济运行分析中不可能没有统计分析，交通经济运行分析建立在交通运输统计数据的基础之上。交通运行经济分析来源于统计分析，但分析的内容有所扩展和延深。交通经济运行分析是综合了统计学、经济学和宏观调控政策、国家产业政策、交通运输产业政策的理论和实践，而进行的行业经济运行分析。

三、交通经济运行分析的意义

1. 国家宏观经济运行分析的重要组成部分

随着我国社会主义市场体系的不断健全、政府职能的转变，政府迫切需要宏观经济运行分析的资料，以便对宏观经济进行调控。国民经济涉及行业门类很多，各行业发展差异较大，需

要采取的经济调控政策也各不相同。为了提高宏观调控水平，需要各行业根据自身特点和发展水平，对本行业的经济运行情况进行分析，为国家决策部门提供参考。因此，国家宏观经济运行分析不但离不开交通经济运行分析，而且交通经济运行分析在交通运输行业管理和经济社会发展中发挥着重要的作用。

2. 提升交通运输行业管理水平的重要手段

随着我国政府和行业管理水平的不断提高，各级领导高度关注经济运行分析工作，对经济运行分析的广度、深度和时效性的要求越来越高。近年来，交通运输行业通过建立交通经济运行定期分析制度，健全交通经济运行分析的理论和实践模式，提升了交通运输行业科学管理水平，保证了交通运输行业又好又快的发展。具体表现在以下几点：

(1) 系统了解和掌握交通运输行业发展情况。

(2) 及时发现和深入分析交通运输行业发展存在问题。

(3) 准确地把握交通运输发展态势，并科学地提出发展对策。

3. 交通运输行业科学民主决策的具体体现

交通运输经济分析提供了大量的信息资源，通过定期分析保证了信息的连续性、系统性和完整性。完整的经济运行分析能够为全面、系统、科学的行业管理和国家宏观调控提供决策参考和依据。具体表现在以下几点：

(1) 实现信息的连续性、系统性和完整性。

(2) 保证信息的公开、透明和共享。

(3) 提出全面、系统、科学的发展对策。

第二节　交通经济运行分析的内容和方法

交通经济运行分析是宏观经济运行分析的重要组成部分，其分析的主要内容有交通建设投资、运输生产、安全运行、政策落实、存在问题、发展预测、对策建议7个部分，分析方法基本秉承了统计分析的主要思想和方法。交通经济运行分析的主要内容和分析方法是交通经济运行分析的核心，是国家和各级交通主管部门全面、系统了解交通行业发展态势和运行状况的基础，对于加强和促进行业管理和宏观经济调控具有重要意义。

一、交通经济运行分析的内容

1. 交通建设情况分析

(1) 基本情况分析

交通固定资产投资完成情况分析主要是对全国、各省市、自治区及其辖区内的公路、水路、港口固定资产投资完成情况进行分析，主要包括：公路（高速公路、农村公路、路网改造），运输站场，沿海港口，内河港口航道固定资产投资完成情况。

①总量发展特点分析。在进行固定资产投资总量分析时，应结合国民经济发展的需求进行分析。总量的发展态势、速度等特点与国家宏观经济环境密切相关，当国家宏观经济环境较好，经济持续高速增长，那么各行业对交通基础设施的需求就会增加，为了满足经济发展的需要，交通固定资产投资也会迅速增加。交通经济运行分析报告应结合国家宏观经济发展的情况，针对交通行业受到的影响进行客观分析。

②结构变化特点分析。公路交通部分，重点分析高速公路、一二级公路、农村公路建设在

公路交通中所占的比例结构，路网结构是否合理以及结构比例是否适应地区经济社会发展的需要或国家经济社会发展的需要。

③区域发展特点分析。我国幅员辽阔，区域经济发展差距较大，反映到交通基础建设上也非常明显。东中部地区经济发展速度较快，经济基础较好，交通基础设施建设投资力度非常大。经过20多年的发展，东中部地区交通基础设施基本能够满足社会生产和生活的需要；西部地区由于经济发展相对落后和自然条件的限制，交通基础设施建设落后于东中部地区。

(2)重点建设项目完成情况分析

重点建设项目完成情况的分析也属于交通固定资产投资完成情况的分析。交通固定资产投资分析主要是从总体和结构的方面进行分析。重点建设项目完成情况的分析侧重分析具体的工程项目完成情况，因而更具有针对性。

高速公路建设完成情况分析主要分析国道主干线、国家高速公路网的高速公路建设完成情况，还有一些关键特大桥隧的重点工程项目完成情况。沿海港口主要分析专业化码头(泊位)、深水航道等重点工程项目完成情况。另外，还有支持系统，主要是救助设施、国家重点实验室等项目的完成情况。

(3)农村公路建设完成情况分析

在交通运行经济分析报告中农村公路建设完成情况，主要介绍县乡公路改造、通畅工程、通达工程的建设完成情况。

在交通经济运行分析报告中结合国家和交通运输部有关农村公路建设出台的政策和措施，重点分析本地区农村公路建设的总体状况、发展态势。县乡政府基层对国家和交通运输部有关政策的贯彻落实情况，已建成农村公路发挥的作用，即通达、通畅情况，农民对农村公路建设的满意程度，应给予详细阐述。

在交通经济运行分析报告中根据省部共建或其他方式建设的县乡公路改造、通畅工程、通达工程农村公路项目，逐项介绍项目的投资规模，报告期内完成投资情况，施工进展情况。还要重点介绍资金的筹集情况，即资金来源结构、比例、项目总体资金到位率。其中，分别介绍地方政府财政资金的到位情况，交通运输部资金配套到位情况，社会捐助资金到位情况，受益村民筹集资金到位情况。在报告中使用图表的形式，清晰直观地反映农村公路建设建设规模及进展、投资完成额、资金到位率情况，通畅工程、通达工程分别解决的乡镇和行政村的名称、数量，实现路、站、运一体化的情况。

2. 运输生产情况分析

(1)公路运输生产情况分析

在交通经济运行分析报告中，有关本地区公路、水路运输生产的分析对象主要是旅客运量及周转量、货物运量及周转量，有关运输生产中运输能力、运输价格、运输距离、运输生产率、运输效益的分析。春运和黄金周的运输情况要在报告中进行专项分析。如果有条件，还应单独阐述农村客货运输情况。

在重点物质运输保障方面，主要阐述煤、油、钢材、矿石、建材、农资、粮食等重要物质的运输情况。

(2)港口生产和重点物资进出口情况分析

在交通经济运行分析报告中，主要分析沿海港口、内河港口货物吞吐量、外贸进出口吞吐量、集装箱吞吐量。对于重点物资的运输情况，介绍重点物资吞吐量，如煤炭、石油、铁矿石、集装箱货物、钢铁、粮食、焦炭、水泥、矿建材料等。

3. 安全运行情况分析

(1)公路运输安全情况分析

在交通运行经济分析中,该部分内容主要分析发生在报告期内的公路运输事故、交通建设施工安全事故。涉及的数量指标包括:交通事故件数、重大交通事故件数(死亡 3 人以上)、死亡人数、受伤人数、直接经济损失、交通建设生产事故数及死亡人数。

(2)水上运输安全情况分析

在交通经济运行分析报告中,对发生在报告期内的有关水上安全事故进行报告分析。分析对象包括:船舶运输事故、事故件数、沉船艘次、死亡人数、专业救助情况、直接经济损失、救助成功率等。

4. 政策落实情况分析

在进行交通经济运行分析时,要熟悉国家出台的重要调控政策、促进经济社会发展的重大措施。交通经济运行分析应符合中央在不同时期宏观调控的目标和方向。结合中央科学发展观指导思想和全面建设小康社会的奋斗目标,抓住当前经济工作的主要任务,交通运输部门着重在交通投资、行业政策、重点物资运输保障,节能、节地、环保、科技发展等领域落实中央经济工作的精神,交通运行分析报告中应体现对国家宏观经济政策的落实情况。

5. 所关注问题的分析

在交通经济运行分析报告中,对中央所关注的问题(如落实科学发展观重要措施及效果),部、省领导所关注的交通运输行业存在的问题(如事关行业发展的突出问题),社会所关注的问题(如全社会普遍关注的热点、难点问题以及关系广大人民群众切身利益的问题),均应有所体现。

从目前来看,各级政府和群众所关注的问题主要有以下几点:第一,交通基础设施建设;第二,提高运输服务水平、质量和效率的问题;第三,推进农村交通运输业发展的问题;第四,推进交通运输改革和综合运输法规体系建设;第五,推进综合运输体系建设;第六,做大、做强现代物流业的问题;第七,科技创新和节能减排工作;第八,安全监管和水上救助能力建设。在交通经济运行分析报告中,应对各级政府和群众所关注的主要问题有所体现,不断研究交通运输工作发展的态势和规律,对存在的问题能够正确地分析原因,找出科学切实可行的解决办法和政策性建议。

6. 发展预测的分析内容

根据报告期内实际完成的投资额、运输量等指标,综合经济环境和运行中的实际情况,对下一个报告期进行预测。

7. 对策建议的分析内容

交通经济运行分析报告中有关交通基础设施建设、运输生产、安全运输情况、国家和交通运输部政策落实情况、中央部里所关注问题、交通运输发展预测等内容,针对这些方面在现实中存在的困难和需要解决的问题,提出具有科学性、针对性、可行性的意见和政策性建议。

二、交通经济运行分析的方法

交通经济运行分析的方法是交通经济运行分析的核心,是国家和各级交通主管部门全面、系统地了解交通行业发展态势和运行状况的基础,对于加强和促进行业管理和宏观经济调控具有重要意义。其分析方法基本上秉承了对比分析法、增量分析、增速分析、因素分析、时间序列分析等统计分析的主要思想和方法,并根据不同的分析内容和工作要求有所侧重。

1. 交通建设情况分析方法

(1)分析指标及方法

固定资产投资完成情况分为新开工项目和续建项目投资完成情况。常用指标为:本年计划投资、本年完成投资、自年初累计完成投资、自年初累计完成投资占本年计划投资的比例。

固定资产投资完成情况分析通常使用对比分析的方法,即将报告期固定资产投资完成情况同上季度比、同去年同期比、同近几年发展态势进行比较。

本季度固定资产完成投资额与上季度完成额比较,考察本年度不同季度完成投资的增长情况。自年初累计完成投资额与去年同期相比,考察本年度报告期与去年同期相比完成投资的增长情况。利用柱状图反映近几年固定资产投资的完成情况,利用线图反映连续几年固定资产投资的增长情况。

(2)重点项目建设情况的分析方法

对重点工程完成情况的总体态势进行评述,重点说明工程的进展情况、施工所处阶段、投资完成情况。结合国家宏观经济发展情况和地区经济社会发展情况以及相关上下游产业的情况,说明重点工程未来施工的有利条件和不利条件。对重点工程建设进展进行客观全面的预测,防范出现的各种风险,保障工程能够按照计划完工。

重点项目建设一般属于国家重点建设的国道主干线或国家高速公路网的规划项目,而且是地区投资额度大、建设施工周期长、施工难度大的工程。重点项目在路网规划中的地位和对区域之间经济社会发展联系的关键作用及影响,应该在报告中体现。重点工程涉及管理部门多,牵扯到的上下游行业多,受国内国际经济波动影响大。在重点工程项目的建设过程中,常会遇到许多新情况、新问题。在经济分析报告中,应给予认真细致的分析,找出克服困难切实可行的办法。

例如,针对某一重点项目,具体分析内容参考如下:

①重点项目计划总投资额,已经完成的投资额;

②重点项目当年计划投资额占全省当年计划投资额的比重;

③重点项目施工从新开工到报告期已经完成情况,剩余工程还需要计划时间数和投资额;

④重点项目已经交付使用部分路段所发挥的积极作用;

⑤重点项目完成全线通车之后,在地区公路网中所发挥的作用,在国家公路网规划中的影响地位。

(3)农村公路建设情况的分析方法

农村公路设计施工技术相对简单,造价较低,一般项目在当年就可以完成。分析农村公路建设的增量、增速一般进行总量分析:第一,分析某地区报告期内农村公路建设完成的投资总额数,以及与上年同期相比增加数量和增加比例。第二,分析在报告期内建成使用的农村公路里程数,以及与上年同期相比增加数量和增加比例。第三,介绍解决乡镇、建制村的数量,以及与上年同期相比增加数量和增加比例。第四,也可将以上指标与上季度相比。

在交通经济运行年度分析报告中,应将近几年的农村公路的投资额、完成公路里程数、解决乡镇、建制村的数量,以柱状图的形式展现,对农村公路的中长期发展态势进行总结。然后,按照国家《农村公路建设规划》的要求,对照农村公路发展态势,分析农村公路建设发展是否符合国家规划要求,对未来几年农村公路的建设提出政策性建议。

目前,农村公路建设存在的最大困难是资金和管理问题。交通经济运行分析报告在分析农村公路建设情况时,应该深刻领会国家和交通运输部的相关政策,针对农村公路建设中出现的种种问题，给予深入分析，从而暴露矛盾，有针对性地提出解决问题的办法。

2. 运输生产情况分析方法

(1)公路运输生产情况分析方法

交通经济运行分析报告对运输生产分析，先进行运输生产总体态势的分析。在报告期内本地区公路、水路客货运总体生产情况，即旅客运量及周转量、货物运量及周转量数据，还要同上季度比，与去年同期比，进行近几年发展态势分析。具体分析方法通常利用柱状图比较的形式反映运输量在报告期和上季度、去年同期的比较。同时，还可以利用线图反映连续几年的运输量变化，有利于预测本地区中长期运输发展态势，把握运输市场发展规律，使分析内容更具有远见性和深度。

在结构分析方面，应重点把握公路、水路在综合运输体系中的比重，将其与上季度比、同去年同期比、近几年相比，从而了解比重变化趋势 可以利用饼状图的形式来表现在综合运输体系中的比重和比重的变化。在交通经济运行分析报告中，除了对旅客运量及周转量、货物运量及周转量等常用指标的分析外，还可结合全国公路水路运输量专项调查的内容，根据本地区实际情况，适当增加对运力、运价、运距、运输生产率、运输效益的分析内容，充实有关运输生产部分的内容。

在农村客运方面，结合农村客运站建设情况，阐述农村旅客运输网络化的进展情况、农村客运的运力情况(开通的农村班线数量、班线客车数量)、报告期内完成的旅客运输量和周转量以及与上季度或上年同期相比的变化情况。在农村货运方面，结合农村公路的建设情况，即村道、乡道与国道、省道的连接情况，阐述粮食、农副产品的外运情况以及农资的配送情况。

春运和黄金周是客货运输的特殊时间区段，春运的特点是客货流集中，流向集中，各种运输方式都处于饱和状态。黄金周运输的特点是观光、探亲客流集中，中短途旅客较多，尤其是对公路运输压力较大。针对春运和黄金周，报告可以主要分析：

①客、货流特点；

②流向集中地区；

③完成的旅客运量及周转量、货物运量及周转量，与去年同期相比增加或减少的运输量；

④安排的运力、采取的应对措施等；

⑤介绍出现的特殊情况及其应对措施。

在重点物质运输保障方面，主要阐述煤、油、钢材、矿石、建材、农资、粮食等重要物质的运输情况：

①重点物质运输的运量、周转量，与上季度、上年同时期相比运量的变化情况；

②重点物质运输的进出流向，重点物质运输的运力结构，运力是否适应社会经济发展的需要；

③特殊情况，如自然灾害、物资价格剧烈波动等，保障重点物资供应，交通部门采取的应对措施。

在交通经济运行分析报告中，对客货运在报告期内运输情况的态势进行分析，实际上就是对指标的分析。

①针对货运，分析本地区在报告期内运输量与上季度、上年同期相比变化的原因以及近几年运输量持续发展态势的原因，需要结合国家产业政策、宏观经济政策、宏观经济环境、本地区经济发展态势、产业结构特点等。

②针对客运，分析本地区在报告期内运输量与上季度、上年同期相比变化的原因，分析近几年运输量持续发展态势的原因，需要结合本地区社会经济发展情况、居民生活整体水平、居民出行习惯，还要结合本地区旅游业、教育业等与客运相关行业发展情况，阐述对旅客运输的影响。

③分析重点物资运输在报告期内的运输量与上季度、上年同期相比变化的原因，需要结合国家产业政策、宏观经济政策、宏观经济环境、本地区经济发展态势、产业结构特点等。

④分析报告期内农村客货运输的发展变化情况，重点分析农村客货运输的发展对改善农民生活水平、加强农村对外联系、促进农村社会经济发展、推动社会主义新农村建设所起到的积极作用。

(2)港口生产和重点物资进出口情况分析方法

对于有水运的省份，分析沿海港口、内河港口货物吞吐量、外贸进出口吞吐量、集装箱吞吐量，进行增量分析、增速分析和发展态势分析。利用图表可以清晰地看出水运的情况，其分析方法与公路运输量分析类似，这里不再赘述。

我国是外贸出口的大国，尤其是沿海地区对外贸易依存度很高。世界经济(尤其是发达国家的经济发展状况)对我国外贸出口的影响非常大。在交通经济运行分析报告中，重点对沿海港口、外贸进出口吞吐量、重点物资吞吐量的总体态势进行分析。分析报告期内吞吐量的变化情况，主要分析与上季度和去年同期比较增减变化的原因。重点结合国家宏观调控政策、我国宏观经济运行情况、世界经济运行的情况，介绍美国、日本、欧盟等主要发达国家和经济体的经济发展情况。这些国家和经济体的经济发展状况都直接影响到我国港口的外贸和重点物资的吞吐量。对集装箱吞吐量变化的分析，主要分析与我国外贸联系紧密的国家、地区航线的变化情况和区域分布变化情况等。沿海港口、外贸进出口吞吐量、重点物资吞吐量、集装箱吞吐量的变化最能反映出世界经济运行的趋势，可以说是世界经济运行的晴雨表，因此需要在报告中紧密结合当前世界经济运行趋势，分析吞吐量的变化。

3. 安全运行情况分析方法

(1)公路运输安全情况分析

在交通运行经济分析中对交通事故件数、重大交通事故件数(死亡 3 人以上)、死亡人数、受伤人数、直接经济损失、交通建设生产事故数及死亡人数进行增量分析、增速分析和发展态势分析。需要结合路政和交警提供的数据，对本地区公路交通事故发生的态势进行客观分析，总结事故数量、事故特点变化的规律。

随着我国机动车保有量的迅速增加，交通事故发生数量也快速增加。在报告中重点分析本地区交通事故的总体态势和特点，对比近几年有关交通事故的指标，发现其中的规律，分析交通事故多发的原因，找出交通安全管理中存在的漏洞，尤其是对重点事故，应该详细分析发生的共性原因。联合路政和公安部门，集思广益，提出切实可行加强安全管理的措施。

(2)水上运输安全情况分析方法

对发生的船舶运输事故件数、沉船艘次、死亡人数、直接经济损失、救助成功率等量化指标进行增量和增速分析，报告期内数据与上季度、上年同期发生的件数进行比较。分析近几年发展态势，对事故发生件数的态势及规律进行总结，发现安全管理中存在的漏洞。

通过对水上安全事故总体态势的分析，找出未来水上事故发生发展的规律，对未来加强安全管理，提出规划意见。尤其是对重大水上安全事故，要对事故发生的共性原因进行详细的分析，找出事故深刻的主观和客观原因。对安全管理存在的漏洞要有整改措施，并明确安全管理的保障机制。同时，应在报告中总结出事故的经验教训，防止类似事故再次发生。

4. 政策落实情况分析方法

从目前交通运输领域情况看，关系到落实国家政策方面的分析指标主要有：交通固定资产投资、重点物资运输量、春运和黄金周旅客运输量及运力安排数量、农村公路建设里程数、农村客运站建设数量、城乡客运网络化情况、交通安全事故件数及死亡人数等。其中，在交通固定资产投资方面，着重介绍节约土地、节约原材料、节约能源、科技发展情况；在运输生产方面，着重介绍节约能源、环境保护、科技发展情况。尤其是要对重点物资吞吐量变化原因及与国家政策、宏观经济走势关系进行分析，因为保障重点物资的运输是落实国家政策的基点。另外，还要重点阐述落实节能、节地、减排、环保以及行业转变增长方式、调整结构、科技创新、发展公共交通等政策所采取的措施及效果。

5. 所关注问题的分析方法

在报告中，分析中央、地方以及社会所关注的有关交通运输行业的热点问题。首先，准确把握形势和要求，熟悉中央的经济政策和关注的问题，熟悉交通运输部出台的行业政策和文件。其次，能够做到科学分析宏观经济发展的态势和影响、交通运输行业发展的态势、与交通行业相关的上下游行业发展的态势和影响。最后，统筹兼顾，突出重点。重点将社会关注的有关交通运输行业热点、难点问题给予详细阐述，为中央、交通运输部和社会提供问题产生的原因和解决措施。

6. 发展预测的分析方法

运输生产的发展预测，可以根据 2008 年全国公路水路运输量专项调查的结果，利用月度波动系数预测下一报告期的运输量。调查方法以实地调查营业性车辆、船舶为主。具备采用全面调查方法开展月度运输统计基础数据收集的，应优先考虑通过建立相应月度统计报表制度，采用全面调查方法进行统计。对于不具备采用全面调查方法的，应采用典型调查、重点调查、小样本调查和挖掘利用相关业务数据等方法获取基础资料，计算出当前统计报告月份与专项调查实施月份（公路为 2008 年 11 月，水路为 2008 年 6 月）之间的月度波动系数后进行推算。

运输量与经济发展态势密切相关。当经济处于上升态势时，运输量也会增加；当经济紧缩时，运输量会随同经济下滑。在运输量的预测中，应该反映出经济发展的态势，它们的变化是互相印证的。

交通固定资产投资预测应该与国家政策、行业政策相吻合。如果在经济的过热时期，国家严格控制固定资产投资，交通固定资产投资也应该与国家政策保持一致，控制交通行业的固定资产投资。预测时，根据政策精神合理调低下一周期的固定资产投资额。在经济陷入低谷，国家通过基础设施建设投资刺激经济复苏，根据国家促进交通基础设施建设的政策精神合理调高下一周期固定资产投资额。另外，还要结合区域发展政策，合理预测区域固定资产投资的情况。

7. 对策建议的分析方法

交通经济运行分析报告的最终目标是通过分析发现问题，提出对策建议。对策的科学性和可行性是对策建议的基本要求。保证科学性就是要实事求是地反映问题，综合利用各种分析工具透彻分析问题。只有这样，才能发现问题的“病根”，从而开出可行的“药方”。可见，只有利用深厚理论知识和丰富的行业知识，才能够理论联系实际，提出科学、可行的对策建议。

第三节　交通经济运行分析报告的撰写方法

交通经济运行分析报告是交通经济运行分析的成果报告形式，其写作具有一定的原则和程序。坚持这些原则和程序可使分析工作更加科学、规范和有效。当然，要写一份有质量、有水平的交通经济运行分析报告，还需要长期的实践锻炼和探索。

一、交通经济运行分析的基本情况

目前，交通运行分析已经成为常态化的交通运输经济分析活动。经过各级交通部门的努力和探索，交通经济运行分析工作已取得了一定的成绩，但与现实的要求相比，仍存在不少问题。

1. 交通经济运行分析工作取得的阶段性成绩

(1) 资金投入、组织保障、机制建设得到加强

近年来，各省份开始重视交通经济运行的分析工作，交通经济运行分析工作已经在各地有条不紊地展开。为了确保该项工作高质量、有成效的持续开展，交通运输部建立了交通经济运行分析报告制度，对全国的交通经济运行分析工作进行了分工和部署。交通运输部还专门列出了交通经济运行分析专项研究经费，各省交通厅也为参与交通经济运行分析的各个职能部门拨付了一定的活动经费，以保证该项活动的正常进行。

(2) 工作水平和成效日益提高

新的交通经济运行分析报告更加注重调研和分析，保证了报告的高质量和可用性。相比以前的分析工作，分析内容不断扩展，报告的研究深度逐渐加强。

2. 交通经济运行分析工作存在的问题

(1) 水平、质量和效果尚待提高

主要表现：一是交通经济运行分析报告内容重报告，轻分析；二是由于分析的广度和深度不够，提出的解决问题的措施不够明确，措施的可行性有待提高；三是经济分析报告需要更具理论性和实践性；四是交通经济运行分析报告的效果应该提高。分析报告不应该是作为一种形式，而是一项严肃的工作。它能够为行业管理者进行科学决策提供参考，为国家经济管理部门进行产业规划和行业调控提供依据。但是，目前这种效果并没有完全达到，最根本的是要继续提高分析报告的质量。

(2) 组织保障、机制建设亟待解决

交通经济运行分析的组织保障还需要进一步加强，虽然大多数省份都安排了专门负责人和 1 ~ 2 名联络员，交通运输部也对所涉及的 10 多个部门进行了分工，但是交通经济运行分析工作的落实情况还不理想，很多地方交通运行分析工作其实就是 1 ~ 2 个部门或 1 ~ 2 个人的事情，其他部门参与不多，交通经济运行分析报告的质量不高，对工作的指导性不强。另外，由于缺乏配套的工作机制，交通经济运行分析报告的时效性、质量、效果等均不理想，需要进一步加强，要努力探索建立交通经济运行分析的长效机制。

(3) 预警、监测及对策实施有待加强

交通经济运行分析报告重点要求对下一阶段交通经济运行走势作出预测和判断。对存在的突出问题要有监测和预警，以防止问题的扩大化和严重化，同时应该有积极的实施对策。但是绝大多数交通经济运行分析报告只是简单地预计下一时间段的运输生产量、固定资产投资

完成数额等，没有提出预测的依据，所以预计的准确性就打了折扣。

二、交通经济运行分析报告的撰写要求

1. 要实现由表象分析向内在分析转变

交通经济运行分析工作应更多地被视作一项严肃的科学研究工作，应研究更深层次的问题，研究大量数据变化的原因和影响，揭示交通行业发展的态势，预测交通行业未来的发展趋势。

2. 要实现由微观分析向宏观分析转变

交通经济运行分析应注重分析交通运输行业与国家宏观经济运行、社会各行业经济发展之间的互动关系，分析产业发展前景和区域经济发展对产业的要求。交通经济运行分析报告应该跳出交通行业的圈子。交通运输行业是服务行业，是国民经济发展的基础产业，只有跳出交通看交通，才能更好地解读交通运输行业的发展。

3. 要实现由被动分析向主动分析转变

不能只注重经济运行分析内容，必须及早预见和发现事关交通运输全局和长远发展的重大问题，提出具有针对性的政策措施建议，落实解决问题的办法。需要认真调查研究，听取各方面的意见，利用丰富的知识和阅历对各种信息认真梳理、甄别，采纳合理的意见，在报告中提出有分量的政策措施建议。

三、交通经济运行分析报告的撰写程序

1. 收集数据资料

交通经济运行分析涉及交通建设、运输生产、安全运行、政策落实、存在问题、发展预测、对策建议，以及宏观经济运行情况、相关其他行业运行情况，需要大量的数据资料。首先，收集国民经济运行情况的资料，如国家召开的重要会议和出台的宏观调控措施，可以通过各种媒介方便地获取。与交通运输相关行业的运行数据资料，可以通过行业的网络、报刊、专业期刊来获取。交通运输本行业的数据资料，需要向本行业的统计部门索取。交通部门主要统计交通基础设施建设的数据，如年度交通固定资产计划投资额、完成额、完成比例等。运输部门主要统计运输生产数据，如客货运量、周转量等。路政部门统计公路养护、交通运输安全事故等情况。同时，收集交通运输行业出台的文件、政策、法规等。

2. 整理数据资料

对收集到的数据资料进行分类整理加工。首先，按照分类标准对数据进行分类整理，使数据条理清晰，便于使用。其次，按照分析报告的要求对数据进行汇总。汇总时，注意数据的统计口径问题、计算误差问题。最后，对存在问题的数据进行复核，保证数据的准确性。

3. 书写分析报告提纲

书写分析报告首先应列出提纲，按照提纲每一部分进行书写。提纲可起到报告的骨架作用，也可为书写提供思路和脉络，应该引起足够的重视。

4. 撰写分析报告的正文

根据提纲的思路，利用收集到的数据资料进行分析报告的撰写。具体撰写的方法和需要的统计学、产业经济学、行业背景知识等内容在上节已经详细阐述，这里不再论述。需要注意的是，应根据本省本地区的情况，有重点地阐述分析，没必要将全部内容都进行报告分析。但是对于交通运输工作的重点内容、各级各界关注的内容需要进行重点、详细的分析，做到有数

据、有资料、有分析、有举措。

5. 完善和修改

撰写好的分析报告要通过会议、座谈等方式广泛地听取各方的意见，然后对其进行完善和修改。形成定期召开碰头会、座谈会的制度，及时交流、反馈和研究交通经济运行过程中的热点、难点及焦点问题，为提高交通经济运行分析的质量和增强行业的科学发展提供参考和支持。

交通经济运行分析是一个系统工程，其分析研究的内容多、范围广、要求高，单靠一两个人或一两个部门是无法完成的，需要多部门的通力合作和配合。尤其是目前各地交通经济运行分析工作才刚刚起步，分析水平还相对较低，更需要各级领导的高度关注、相关部门的鼎力支持以及全体工作人员的不懈努力。可以说，交通经济运行分析工作任重而道远。

第四节　交通经济运行分析报告撰写实例分析

为进一步做好交通经济运行分析报告的撰写工作，下面以 2007 年吉林省交通经济运行分析报告为例作进一步说明。

2007 年，全省交通工作深入贯彻落实科学发展观，以发展为主题，以服务为宗旨，以改革为动力，努力做好"三个服务"，实现交通又好又快发展，为构建社会主义和谐社会发挥支撑作用，在完善交通发展规划、加快重点交通基础设施建设、提高运输服务保障水平、建立道路运输安全长效机制、加强水上安全监管、服务社会主义新农村、推进创新型交通行业建设等方面取得了显著成效。在国家加强宏观调控、有效抑制固定资产投资过快增长的形势下，全省交通固定资产投资保持稳定的投资规模，并略有增长。全年新开工高速公路项目前期工作稳步推进，部分项目已开工建设。交通固定资产投资结构呈现出以高速公路、农村公路投资为主导，国省干线投资为辅助，场站、内河航道投资为补充的新格局。全省道路运输、交通生产安全监管、公路养护、规费征收等各项工作统筹推进、协调发展，交通经济运行呈现良好态势。

一、2007 年交通发展完成情况

1. 固定资产投资完成情况

2007 年，我省交通固定资产完成投资 153.3 亿元，同比增长 3.9%。其中，公路建设完成投资 152.8 亿元，同比增长 6.6%；内河建设完成投资 0.5 亿元，同比增长 150%。

公路建设中高速公路建设完成投资 56.3 亿元，同比增长 86.3%；国省一般干线公路完成投资 36.7 亿元，同比下降 22.2%；农村公路完成投资 58.2 亿元，同比下降 8.6%；场站建设完成投资 1.54 亿元，同比下降 28.8%。

2. 各项建设目标完成情况

全省竣工公路里程 9 217km。其中，一级公路 17km，二级公路 198km，三、四级公路 9 002km。竣工农村公路水泥(沥青)路 9 154km，干线公路 63km。建成农村客运站 60 个，候车亭 161 个，站牌 24 个，渡口 33 个。

全省公路总里程达到 85 445km。其中，高速公路 542km，一级公路 1 918km，二级公路 8 262km，二级及以上公路占公路总里程的 12.5%。公路密度达到 45.6km/100km^2。新增 1 个乡镇通水泥(沥青)路，乡镇通水泥(沥青)路率达到 98.9%，新增 557 个建制村通水泥(沥青)路，建制村通水泥(沥青)路率达到 76.1%，分别比上年提高 0.2 和 6.1 个百分点。

3. 运输生产完成情况

2007 年,全省共完成公路客运量 2.65 亿人、旅客周转量 112.5 亿人 · km、货运量 3.16 亿 t、货物周转量 124 亿 t · km,同比增长 9.5%、12.2%、9.0% 和 16.7%,增速比上年分别增长 3.7、4.2、3.5、9.1 个百分点,创近几年新高。公路客货运量在综合运输体系中所占比重分别达到 83.5% 和 75.5%,比上年分别增长 0.2 和 1.2 个百分点。公路运输在综合运输体系的主导地位更趋明显。

2007 年,全省共完成水路客运量 116 万人,旅客周转量 1 352 万人 · km、货运量 84 万 t、货物周转量 5 707 万 t · km,分别比上年增长 0.9%、47%、-5.6% 和 16.6%。

4. 春运、黄金周运输生产完成情况

2007 年春运期间,全省日均投入客车 1.06 万台,累计发车班次 88.7 万个,运送旅客 1 693 万人次,约占各种运输方式输送旅客数量的 83%。

"五一"黄金周期间,全省日均投放客车 1.08 万台,累计发车班次 9.0 万个,运送旅客 315 万人次,同比增加 1.64%,约占各种运输方式输送旅客数量的 84%。"十一"黄金周期间,全省日均投放客车 1.1 万台,累计发车班次 9.8 万个,运送旅客 443 万人次,同比增加 1.31%,约占各种运输方式输送旅客数量的 84%。

5. 运输生产安全情况

全省全年公路运输事故次数有所下降,但伤亡数量有所增加。全省全年班车客运发生交通事故 291 起,比上年减少 37 起,下降 11.3%。其中,死亡 38 人,同比增加 8 人,增长26.7%;重伤 200 人,同比增加 108 人,增长 117.4%。据统计,违规驾驶占事故总数的 85.4%(超载和疲劳驾驶占 50.2%,超速行驶占 31.4%,其他违规驾驶占 3.8%),道路条件引发的事故占 10.1%,车辆机械故障引发的事故占 4.5%。图 14-1 为 2003 年 ~ 2007 年班车客运交通事故情况。

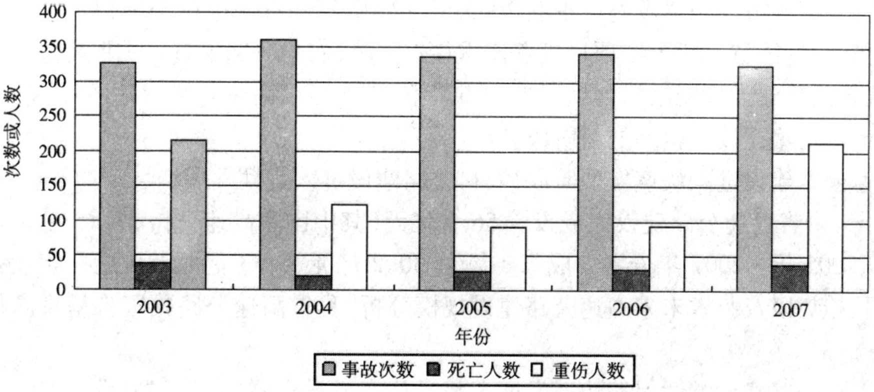

图 14-1　2003 年 ~ 2007 年班车客运交通事故情况

二、2007 年交通发展呈现的特点

1. 交通固定资产投资增速趋缓

从总量上看,全年交通固定资产投资仍处在高投资状态下,投资总额再创我省历史新高,并继续保持增长态势,但增速明显趋缓,与上年相比增幅下降了 7.4 个百分点,远低于上年 11.3% 的增幅。

从交通运输其他行业看,铁路运输业完成投资 22.2 亿元,同比增长 62%;航空运输业完成投资3.8亿元,同比增长65.2%。全年公路水路交通固定资产投资仍占交通各行业投资的主导地位,但投资增速低于铁路和航空运输业。

从全社会固定资产投资看,2005年~2007年我省全社会固定资产投资分别为1 800亿元、2 800亿元、4 000亿元,同比分别增长53.8%、55.6%、42.9%。交通固定资产投资分别为132.6亿元、147.5亿元、153.3亿元,分别增长12.1%、11.3%、3.9%,远低于全社会固定资产投资的增速。交通固定资产投资占全社会固定资产投资比重也呈下降趋势,分别为7.4%、5.3%、3.8%。在全社会固定资产投资中,交通固定资产投资增速远低于全社会固定资产投资增速,交通固定资产投资所占比重呈逐年下降趋势,见图14-2。

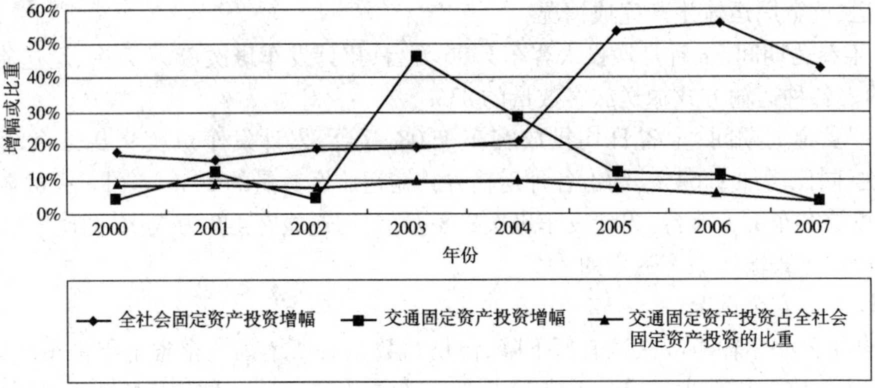

图14-2 交通固定资产投资与全社会固定资产投资比较

2. 投资结构调整卓有成效

高速公路投资比重由2005年的6.1%,到2006年的21.1%,再到2007年的36.8%。而国省一般干线项目则由2005年的44.1%,下降到2006年的32.9%,再到2007年的24%。农村公路投资完成额占公路建设的比重在2005年~2007年一直保持在38%以上。高速公路投资比重逐年上升,国省一般干线项目投资比重逐年下降,农村公路投资比重保持稳定。以上数据表明,我省公路建设投资结构得到了进一步调整,进入了以高速公路、农村公路建设为主导,国省一般干线公路建设为辅助的新阶段。

3. 高速公路建设进入快速发展阶段,农村公路建设进入良性发展期

2007年,全省高速公路建设完成投资56.3亿元(其中国家高速公路39.15亿元),同比增长86.4%,2005年~2007年分别完成7.8亿元、30.2亿元、56.3亿元。从近几年我省高速公路投资增长趋势以及我省未来高速公路建设规模分析,我省高速公路投资将呈现高位运行并大幅增长态势。

全省农村公路建设继续保持快速发展态势。从完成投资看,全年完成投资58.2亿元,同比减少5.5亿元。自2003年国家对农村公路发展实行积极的投资引导政策以来,我省农村公路始终保持着快速发展态势,年度投资保持在相对稳定的规模上,分别为50.6亿元、57.8亿元、61.3亿元、63.7亿元,并于2006年达到投资高峰,今年首次下降。预计"十一五"后三年,我省农村公路投资将基本维持在50亿元的投资水平。

4. 资金到位情况好于往年,资金到位率有所提高

一是受我省公路建设投资结构发生变化、高速公路投资比重逐年增加、由于项目资金落实较好,我省交通建设资金到位率的整体提高,全年高速公路建设项目的资金到位率达到95%;二是国省一般干线公路整体资金到位情况与往年基本持平,全年可达到81%;三是今年农村

公路建设的中央投资下达较早，提高了资金到位率，全年累计到位资金41.7亿元，资金到位率72%，比上年提高6个百分点。

5.春运客运安全有序，重点货运物资运输便捷畅通

2007年"春运"期间，全省日均投入客车10 630台，累计发车班次88.7万班次，运输旅客1 693万人次，约占各种运输方式输送旅客数量的83%。由于"春运"期间我省部分地区出现雨雪天气，在高速公路解除封闭管制后，立即启动"2007年春运遇大雪天输送旅客紧急预案"，组织130多台备用车辆，对滞留旅客进行疏散，确保了春运安全有序的进行。

全年公路运输在重要物资运输保障中发挥了重要作用，不仅为其他运输方式提供了有效的集疏运服务，同时也在重点物资长途运输中发挥了骨干作用。全省重点物资运输便捷畅通，预计运送煤炭5 800万t、石油及天然气1 500万t、粮食3 500万t、化肥800万t、金属矿石2 000万t，占道路货物运输总量的43%。

6.各项交通规费大幅增长，公路养路费增幅最大

2005年~2007年，我省各项交通规费征收总额分别为27.6亿元、30.2亿元、35.2亿元，同比分别增长6.6%、9.3%、16.3%。2007年，交通规费增速明显加快，特别是公路养路费征收，全年净增加2.8亿元，增幅达19%。由于我省经济增长较快，特别是大中型企业生产规模、固定资产投资规模的进一步扩大带动了车辆大幅增加，2007年末全省车辆总数达到94万台，比上年增加15万台，应征吨位增长率达10%，有力地推动了规费征收额的增长。此外，进一步加大征收力度，提高征收率。通过严格执行限制报停政策，加强对报停车辆的管理，全省车辆报停率和欠费率均有所下降；积极开展外挂车辆治理活动，有效地稳定了缴费环境，基本做到了应征不漏。同时，加快信息化建设，以科技手段规范征收管理，有效地提高了规费征收管理水平和服务水平。

三、2007年交通发展主要特点的分析

1.固定资产投资方面

（1）交通固定资产投资增速趋缓符合交通发展客观规律。一是我省从1998年以来加大交通基础设施建设，累计投入达916亿元，包括农村公路在内的公路网已基本完成改造，路网结构、质量发生了较大变化，适应经济社会发展的能力得到大幅提升；二是随着交通建设持续高投入，所面临的资金压力逐年加大，负债空间越来越小，制约了交通建设投资高位运行；三是2007年国家加大了宏观调控，控制固定资产投资过快增长，并严控土地审批。根据对各种因素的综合分析，我省交通固定资产投资已接近投资最高临界点。

（2）高速公路建设的快速发展，是完善路网结构、适应经济社会发展的需要。一是我省高速公路里程少，仅为542km，在全国排第28位，排名仅在新疆、青海和西藏之前；比重低，仅占全国高速公路总里程的10%；密度小，我省高速公路密度2.8km/1 000km^2，远低于全国5.6km/1 000km^2。这与我省当前经济发展极不相称，并远远落后于经济总量相近的省份。二是中央作出振兴东北地区等老工业基地战略决策，经过4年的努力，已经取得了实质性进展，东北区域工业化进程加快，经济总量不断扩大，带动了省际人流、物流的持续增长。东北区域优势互补、经济一体化的趋势显著，带动了省际高速公路通道建设的需求。三是从区位特点看，我省地处东北经济区承北接南的地理中枢，与俄朝两国接壤，无论从我国全球战略，发展中俄、中朝地缘经济关系上，还是应对朝鲜半岛核问题的需要，都有必要加强我省骨架高速公路网的建设。

(3)服务于新农村建设，我省农村公路发展逐渐进入良性阶段。我省是农业大省，农村公路的发展与农业的发展紧密相关。随着国家各种支农、惠农政策的实施，我省农业综合生产能力进一步提高，农民人均纯收入实现较快增长，农民生活水平逐渐提高，农民对农村公路的需求更加迫切。在实现乡镇、建制村通公路的基础上，对农村公路建设提出了更高的要求。经过多年农村公路建设的实践探索，依靠投资引导、科学管理，我省农村公路建设初具规模，并逐步进入了一个趋于稳定的良性发展阶段。2007 年，这种趋势更为明显。

2. 运输生产方面

(1)宏观经济的快速增长强有力地推动运输生产的快速增长。2007 年，我省 GDP 达到 5 000亿元以上，同比增长 16% 以上。规模以上工业总产值超过 6 100 亿元，比去年增长 28%。预计全年地方级财政收入达到 315 亿元，同比增长 28.5%，财政支出超过 800 亿元，增幅 30% 以上。固定资产投资总规模达到 4 000 亿元，比上年增加 1 200 亿元，增长 43%。交通运输作为国民经济基础性、先导性产业，经济的快速发展推动了运输业的快速增长。

(2)会展经济、地方特色的节日经济促进了公路旅客运输量增长。长春亚洲冬季运动会、吉林雾凇节、“第三届东北亚投资贸易博览会”、“2007 中国国际玉米产业博览会”，延边朝鲜族自治州“九三”州庆，查干湖蒙族那达慕大会、生态旅游，长白山、鸭绿江旅游，边境民俗风情旅游等活动，带动了全省旅游业的发展，也带动了公路旅客运输量的增长。

(3)全省公路运输服务保障能力的不断提高为运输生产高位运行提供了保障。预计全省运输经营业户达 16 万户，从业人员 32 万人以上，营运汽车 19 万辆，同比分别增长 1.9%、5.8%、5.6%。班线客车高中级比重达 64.5%，同比提高了 3 个百分点。重型普通货车近 2.5 万辆，同比增长 10.8%。农村公路建设使公路通达水平进一步提高，农民出行条件逐步得到了改善，乡镇、建制村通客车率达到 100%。预计全省拥有农村客车 6 700 辆，农村客运线路 3 600条。运输能力的提高、基础设施的改善，有力地保障了运输生产高位运行。

四、需要关注的主要问题

从全年交通经济运行情况看，我省交通发展虽然取得了长足进步，但仍需关注以下几个方面的问题：

(1)部分高速公路项目前期工作进展缓慢，影响了高速公路的建设速度。从目前交通经济运行形势看，高速公路续建项目进展良好，大部分都超额完成了年度计划，但新开工项目受国家审批放慢、评估时间延长、环评审批趋严、土地指标趋紧、银行放款增设条件等宏观调控措施影响，部分项目由于前期工作不完备，尚不具备开工建设的条件，在一定程度上影响了高速公路建设的整体进展。

(2)高速公路建设规模增加，资金、筑路材料、管理人员等方面供求矛盾突出，应进一步做好应对工作。预计 2008 年，我省 11 条高速公路将全面开工建设，在建里程达到 1 564km。经测算，尚需投入资金超过 400 亿元。虽然资金已经落实，但面对国家即将实行的从紧货币政策，将会加大贷款资金的使用难度。我省西部平原区筑路材料原本就较为缺乏，2008 年将有 4 条 686km 高速公路同时建设，绝大部分项目工期接近，部分筑路材料需外购，高速公路筑路材料价格上涨、材料短缺的问题将影响工程成本及工程进度。高速公路建设需要大量专业水平高、经验丰富的人员参与管理，而符合相应条件的人员有限，由于建设规模加大，管理人员供求矛盾日显突出。以上不利因素会在一定程度上增加高速公路建设和管理的难度，应尽早筹划，积极应对。

(3)普通公路养护资金不足,影响了公路网养护的协调发展。根据《吉林省"十一五"公路养护规划》确定的基本目标,"十一五"期间,全省平均每年安排干线公路养护改建、大中修里程将不低于干线总里程的13%,到2010年底全省干线公路好路率将达到90%。经初步测算,"十一五"期间全省普通公路养护资金需求为74.4亿元,预计可落实资金53.4亿元(养路费征收为47亿元),尚有资金缺口21亿元。我省为暂时满足养护需求,使用养路费抵押贷款,但无法从根本上解决资金不足的问题,使得达到养护周期的路段不能及时安排养护工程,影响了路况水平的稳定,间接增加了养护成本,降低了资金的使用效率。

(4)农村公路建设进入攻坚阶段,地方筹措资金的压力趋大。我省农村公路在近几年投资政策引导下,经济条件较好、距国省干线较近、人口较密集的乡村已经抓住机遇修建了农村公路。而未来需修建的农村公路则多为经济落后、地处偏远、人口相对较少、路线较长、技术复杂、工程量大的通乡、通村工程。加之近几年公路建设原材料供不应求,价格上涨,致使工程成本增高。而中央投资却从30万元/km减到10万元/km,造成地方配套资金比例增大,筹措难度增加,农村公路建设资金严重不足,影响了农村公路的良性发展。

(5)农村公路养护管理薄弱,影响其可持续发展。随着近年来农村公路里程的增加,我省农村公路已由建设为主,进入建设、养护、管理、运营协调发展的新阶段,农村公路养护逐渐成为重要任务。按照国务院的要求精神,农村公路建设养护管理要认真贯彻国家确定的"统筹规划,分级负责,以县为主,乡村配合"的方针,发挥政府的主导作用,明确县级人民政府为农村公路建设养护管理责任主体。然而,多数县级政府没有把农村公路养护工作纳入到政府工作中,把农村公路发展当作部门行为。同时,市、县财政困难,转移支付资金投入到公路建设外,再无力对养护工作进行投入,日常养护资金难以落实,大部分农村公路基本处于失养状态。如何建立农村公路养护的长效机制、建立稳定的资金来源渠道是摆在农村公路发展面前的重要课题。

(6)道路运输发展还不能满足社会经济发展与消费者需求。道路运输向现代化服务转型步伐慢,低水平运力过剩,资源浪费较大,运输结构欠合理,缺乏主导行业发展的大型骨干运输企业。全省运输经营业户平均拥有车辆不足两台,无法形成规模效益,导致运输效率和效益较低。运输市场行为不规范,缺乏诚信经营意识,运输安全隐患依然存在,非法经营、倒客、甩客、超员等现象时有发生,严重制约了道路运输的可持续发展。

(7)安全隐患依然不同程度存在,安全生产工作不容轻视。交通基础设施安全方面还存在一些亟待解决的问题:一是农村公路小桥涵中危桥多,由于受资金限制,很难在短时间内进行全部改造,导致危桥隐患依然存在;二是山区、半山区公路落石问题突出,滑坡现象时有发生,很容易诱发安全事故;三是大吨位车辆对老旧桥梁有一定危害,在治理时缺乏必要的法律政策支持,现行管理手段很难发挥作用。公路建设施工安全监管还存在盲点,个别施工单位安全生产责任未层层落实,重大危险源等管理制度和各项应对措施不健全,安全隐患仍然存在。

五、对策建议

为全面落实科学发展观,实现交通经济平稳运行,促进交通又好又快发展,针对我省交通经济运行中存在的问题提出以下建议:

(1)建议对纳入国家"十一五"规划的国家高速公路网项目加快工可、土地审批,并在资金方面给予支持。国家"十一五"交通发展计划已经确定,我省正按照既定目标加快开展工作,以确保我省"十一五"目标圆满完成。由于受气候因素影响,我省新建高速公路项目工期约为3~4年。如果高速公路项目不加快审批,很难保证国家既定目标如期完成,建议尽可能考虑欠发达省份的经济增长需求，真正采取“有保有压，区别对待”政策，在项目工可研、土地审批上予以支持。《吉林省高速公路网规划》于2007年10月进行了调整完善，其中包含为发展区域经济而建设的高速公路项目。建议国家有关部、委对符合国家“十一五”规划及投资方向，但未纳入国家规划的高速公路项目也给予一定资金支持，帮助解决资本金短缺的问题，以减轻我省高速公路建设资金压力，确保完成国家高速公路网、战略通道项目的建设。

（2）加大中央车购税和地方财政投入，为农村公路建设和养护建立长期稳定的资金保障制度。一是建议结合国家加强农业基础设施建设精神，考虑农村公路建设的实际困难，适当增加中央对农村公路的补助投资，特别是应增加对桥涵构造物的中央补助投资，以缓解农村公路建设的资金矛盾。二是由于农村公路的发展对促进农业发展至关重要，为加强农业的基础地位，考虑到我省是全国重要的粮食主产区，建议从每年的中央财政增量中拿出一定比例资金专项用于我省农村公路建设。三是由地方政府制订相关建设社会主义新农村政策时，考虑加快农村公路发展的有关支持政策，确保农村公路建设和养护管理有稳定的资金来源，把农村公路的建设和养护纳入财政支持范围。

（3）从做好“三个服务”出发，对公路养护投资政策进行调整。交通事业从“又快又好”到“又好又快”的转变，从实践“三个服务”到“发展现代交通业”，均对公路建设和养护如何协调发展提出了更高的要求。我省公路建设正处于路网工程改造基本完成、高速公路发展起步的新阶段，高速公路的建设资金流量已经达到历史最高，且供求关系趋紧，公路养护面临的任务繁重，但资金严重短缺的问题难以解决。建议国家本着“建设是发展，养护也是发展”的理念，达到交通事业向“好”的方向转变，国家出台新的政策，对公路养护投资有所提高。

（4）努力转变运输市场的“多小散弱”状况。研究并制订政策法规，促进培育统一、公平、有序竞争的运输市场，克服计划经济体制下遗留下来的条块分割、部门分割的弊端，发展多种所有制形式的运输和物流企业，发挥区域性大型运输、专业运输或物流企业在行业发展中的主导地位，逐步转变经营体制和机制。加强骨干运输企业整合与利用社会运输资源的能力，提高市场集中度，改善“多小散弱”的状况。同时，运管部门要加强对运输市场的监督检查，规范经营行为，特定时期可启动紧急运输预案，不断提高运输服务质量。

（5）建议国家出台投资政策引导地方渡船改造工作。我省义渡船舶绝大多数是为地处偏僻、经济落后的村镇百姓服务的，农民群众生活水平较低，很难筹集配套资金，船只也主要是历史遗留或由当地农民集资建造的。绝大多数未经船检部门检验的非机动船，船龄一般都在10年以上，没有基本的安全设施，船况很差，急需改造。在渡船改造方面，我省各级政府做了大量工作，但从近年来的改造工作实践看，仍需国家出台政策进行扶持。

（6）建议国家加强对中朝界河的管理。中朝界河航道管理属中央事权，在中朝界河管理和维护上，以吉林省自身力量，无论是从财力，还是从协调能力上，均无法完全保障中朝边界国土安全和中朝界河航运权，也难以满足国防建设和地方经济发展对中朝界河航运的需求。建议国家加大对中朝航运合作委员会的领导和指导力度，以便充分发挥双方委员会的协调影响力和能力，争取实现良好的航运发展环境，并建议由交通运输部牵头研究并建立适合中朝界河管理的新模式和界河管理维护资金筹措渠道。

（7）加强安全生产措施的落实，促进交通事业和谐发展。一是进一步明确责任，全面落实安全生产责任制。完善安全生产目标责任体系，层层落实责任，狠抓责任制的落实。二是标本兼治，将安全生产专项整治工作常抓不懈。主要开展交通基础设施建设安全专项整治，险路、险桥专项整治，道路危险品货物运输专项整治，渡口渡船安全管理专项整治及强化治理车辆超限超载工作。三是进一步完善预案,加快应急救援体系建设步伐。四是进一步加强教育培训,大力倡导行业安全文化,提高全交通系统安全生产监管水平。

复习思考题

1. 交通经济运行分析的定义是什么?

2. 交通经济运行分析与统计分析的区别是什么?

3. 交通经济运行分析报告主要包括哪些内容?

4. 交通经济运行分析报告中主要采用哪些分析方法?试以交通固定资产投资情况和运输生产情况为例进行阐述。

5. 交通经济运行分析报告的写作原则和方法是什么?

参 考 文 献

[1] 左庆乐,张志俊. 公路运输统计理论与方法. 西安:陕西科学技术出版社,2007.
[2] 交通部. 公路、水路、港口主要统计指标及计算方法规定. 北京:人民交通出版社,2002.
[3] 成定荣. 汽车运输企业统计. 大连:大连海运学院出版社,1993.
[4] 郗恩崇. 公路经济学. 北京:人民交通出版社,1999.
[5] 刘延平. 运输统计理论与方法. 北京:中国铁道出版社,2005.
[6] 谢家法. 统计分析方法:应用及案例. 北京:中国统计出版社,2004.
[7] 杜栋. 现代综合评价方法与案例精选. 北京:清华大学出版社,2005.
[8] 赵淑芝. 运输经济分析. 2 版. 北京:人民交通出版社,2008.
[9] 严作人,张戎. 运输经济学. 北京:人民交通出版社,2003.
[10] 陈贻龙,邵振一. 运输经济学. 北京:人民交通出版社,1999.
[11] 许庆斌,荣朝和,马运. 运输经济学导论. 北京:中国铁道出版社,1995.
[12] 左庆乐,徐伟欣. 统计学原理. 西安:西北大学出版社,1999.
[13] 贾俊平. 统计学. 北京:清华大学出版社,2005.
[14] 李纪治,季晓风,马江洪. 抽样调查理论与技术应用. 北京:人民交通出版社,1997.
[15] 卢希强. 交通运输统计学原理. 北京:人民交通出版社,2001.
[16] 方举. 交通运输统计学. 吉林:吉林人民出版社,1986.
[17] 朱艳茹. 交通运输企业管理. 东南大学出版社,2008.
[18] 张志俊. 道路运输业能源消耗统计方法研究. 统计与决策,2009(19).
[19] 交通运输部. 交通运输综合统计报表制度,2008.
[20] 交通运输部. 全国公路运输量专项调查方案,2008.
[21] 交通运输部. 道路运输行车事故统计报表制度,2008.
[22] 李纪治,丁岳维. 汽车运输抽样调查方法研究. 西安公路学院学报,1994(3):88-93.
[23] 张志俊. 公路运输量月度波动系数研究. 统计与决策,2009(21).
[24] 袁长伟. 公路运输统计体系与方法研究. 西安:长安大学,2007.
[25] 左庆乐,林文新. 建立我国高速公路运输量统计调查制度的思考. 交通标准化,2004(8):106-109.
[26] 左庆乐,张莹. 我国公路运输量统计调查的新思路. 交通标准化,2005(2):40-43.
[27] 袁长伟,焦萍,吴群琪. 美国的交通运输统计. 中国统计,2005(12).
[28] 张志俊. 道路运输业经济财务指标统计调查方法. 长安大学学报,2008(1):43-46.
[29] 刘莉,董国亮,王云龙. 公路运输能源消耗统计指标研究. 交通节能与环保,2008(3).
[30] 蔡凤田. 公路运输行业能源消耗统计及分析方法. 交通部公路科学研究院,2007.
[31] 李显生,王云龙,蔡凤田. 道路运输能源消耗统计模型的对比研究. 交通与计算机,2007(6).
[32] 樊一江,马天山. 交通运输企业节能降耗管理方法实证研究. 交通企业管理,2008(1):20-22.

[33] 岑晏青,等. 公路货物运输量统计方法制度改革的设想. 交通战略与决策,2006(1).
[34] 陈荫三. 高速公路运输量研究. 中国公路学报,2005(2):94 - 98.
[35] 张琪. 交通运输统计的现状与发展. 统计方略, 2004(11).
[36] 刘东霞. 浅谈运输统计面临的挑战. 山西统计,2003(6):34,44.
[37] 汤利平. 浅谈公路运输抽样调查中的误差控制. 浙江统计,2001(2):36 - 37.
[38] 朱兆普. 湖南省公路运输行业抽样调查处理研究. 湖南交通科技,1997(4):45 - 48.
[39] 2007 年吉林省交通经济运行分析报告. http://jjyxfx. moc. gov. cn/Show News. asp? ID =333.